美股配息
獲利法

持續買進3個月就能賺到股利，
213檔高股息清單輕鬆選

매주 달러 받는 배당주 통장

張佑碩 장우석 ──── 著　　李于珊 ──── 譯

高寶書版集團

序言

把配息當作月薪領，再也不是夢！

　　在講座分享配息投資和解說是我主要的活動之一，除了 2016 年我第一本書《美股就是解答》出版的那年外，我所撰寫內容的幾乎都是跟配息相關，包括美國配息股的特徵、理解、投資方法等多樣的主題。所以我曾經非常推崇華倫‧巴菲特，研究他到甚至在 2017 年出版《華倫巴菲特買什麼，不買什麼》一書，不過現在已絕版了。

　　上一張照片是 2017 年 7 月左右一場研討會的場景，當

時在說明，選擇可口可樂的配息股，而取得驚人獲利的巴菲特式投資方法的場面。

下一張照片也是 2017 年的研討會，當時說明績效和配息的相關性，雖然是常講的內容，但績效好的企業配息經常會增加，長期穩定配息的企業，即使不看績效也能歸結出好的成果，相反的績效不好的企業，會中斷或減少配息，最終導致股價下跌，所以績效和配息是一體的。

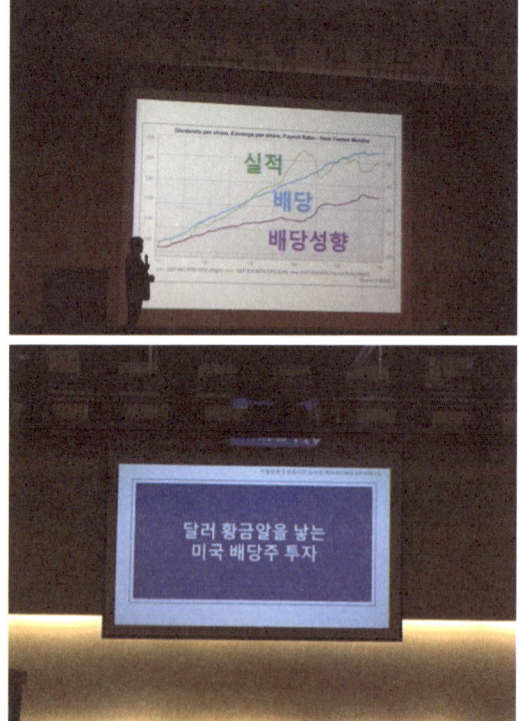

這樣來看對於配息投資，尤其對於投資標組合的問題就更多，最終就需要舉行更多講座，下一頁的照片也是 2019 年當時在一間證券公司進行配息相關講座的樣子。

我就這樣舉辦許多講座，與許多投資人見面，聽取在講座上對於配息投資渴望越來越高的投資者給我的反饋，最終，我也開始建立自己最佳的投資組合。

因此誕生的首檔配息投資組合就是「配息 23（用美國配息股領月薪的方法）」，這個方法比本書介紹的「每週獲利的投資組合」還要更早問世，大約運作超過 3 年，現在操作中的個股減少到 21 檔，組成的個股也變了很多，秉持對配息投資豐富的經驗和見解，建立出現在的「每週獲利的投資組合」。

但是許多人在看這種投資組合時，都只將眼光放在收

益率上。配息組合的優點並非單純股價漲幅或配息殖利率，重要的是總收益率（Total Return），只要掌握這點的話投資就沒問題了。

總收益率，就是在持有期間的市價價差獲利與配息獲利，這裡的配息獲利包含不再投資的配息收益與每次加碼的部分，若為後者就會產生複利收益。為了能簡單說明這項概念，以下舉三個跟可口可樂有關的有趣例子。

第一，稍微再勤快一點就能養小孩到上研究所。

投資資本1萬美元，持股數為217.91股，持有期間設定為從2020年4月30日到2023年4月28日為止的3年，該期間的價差獲利與配息獲利總和計算如下。

配息不再投資時

投資開始	04/30/2020
投資結束	04/28/2023
開始時股價	$45.89
結束時股價	$64.15
總股利（不再進行投資將其存下的策略）	$5.13
總收益率（Total Return）	50.97%
年平均收益率	14.75%
開始時投資金額	$10,000.00
結束時投資金額	$15,098.39

將每季流入的股利再投資時

投資開始	04/30/2020
投資結束	04/28/2023
開始時股價	$45.89
結束時股價	$64.15
總股利（不再進行投資將其存下的策略）	$5.13
總收益率（Total Return）	53.41%
年平均收益率	15.36%
開始時投資金額	$10,000.00
結束時投資金額	$15,340.01

這裡可以發現沒有將配息再拿去投資時，收益率為50.97%，這是加總持有期間的價差獲利與總股利5.13美元的收益率，是從最初持有的股數為217.92時產生的結果。但是把每季進帳的配息每次都拿去再投資時就不同了，收益率比前面出來的50.97%還要高，總計為53.41%，我們來看看差別在哪。

持有期間的價差獲利與總股利5.13美元合計收益率雖相同，這裡用2020年當時的季股利0.41美元、2021年0.42美元、2022年0.44美元、2023年0.46美元買進可口可樂的股票，有些券商可以買賣碎股，所以這個方法是可行的。

所以將配息再拿去投資時，持有股數就從最初的217.91增加21.24股變成239.15股，如果把股利領出拿

來買牛肉吃或買衣服花掉，即便 3 年股數仍然只有 217.91 股，但是若能穩定不懈地再投資的話，股票就能增加到 239.15 股，當然增加的 21.24 股所帶來的股利又是追加收益的這件事就不用多說了。

最終，總收益率會變成 50.97% 與 53.41%，差別就在收到同樣的股利有沒有持續投入擴大收益、享受複利效果。讀者中有子女的人就把投資期間拉得更長吧，如前所述，有人能藉此供小孩上到大學，有人甚至能供到研究所。

再來看一次，投資資本同樣設為 1 萬美元，持有期間設定從 2000 年 5 月 1 日起到 2023 年 4 月 28 日為止的 23 年，來計算看看這段期間的價差獲利與配息收益總和。

ⓢ 小常識

碎股交易服務：可交易美股不到 1 股的碎股數，用小額也能投資美國優良個股的服務，適用個股、最小單位、最小金額可向往來的證券商詢問。

序言　009

配息不再投資時

投資開始	05/01/2000
投資結束	04/28/2023
開始時股價	$23.13
結束時股價	$64.15
總股利（不再進行投資將其存下的策略）	$23.48
總收益率（Total Return）	278.84%
年平均收益率	5.96%
開始時投資金額	$10,000.00
結束時投資金額	$37,879.36

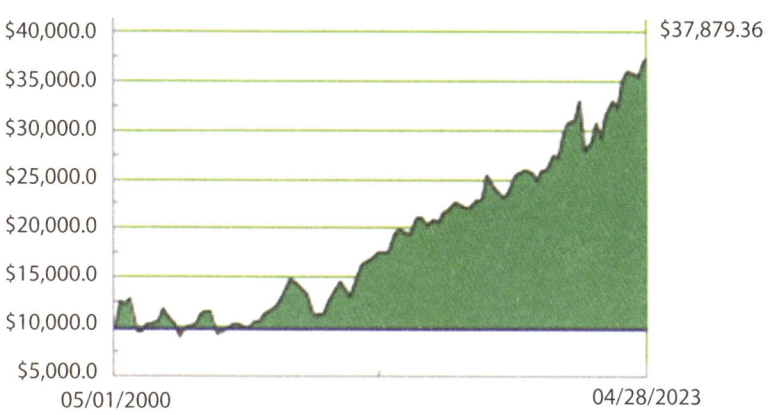

出處：Tickertech. 2023.5.6

將每季流入的股利再投資時

投資開始	05/01/2000
投資結束	04/28/2023
開始時股數（Starting shares）	432.34
結束時股數（Ending shares）	814.39
總股利（不再進行投資將其存下的策略）	$23.48
總收益率（Total Return）	422.43%
年平均收益率	7.45%
開始時投資金額	$10,000.00
結束時投資金額	$52,229.83

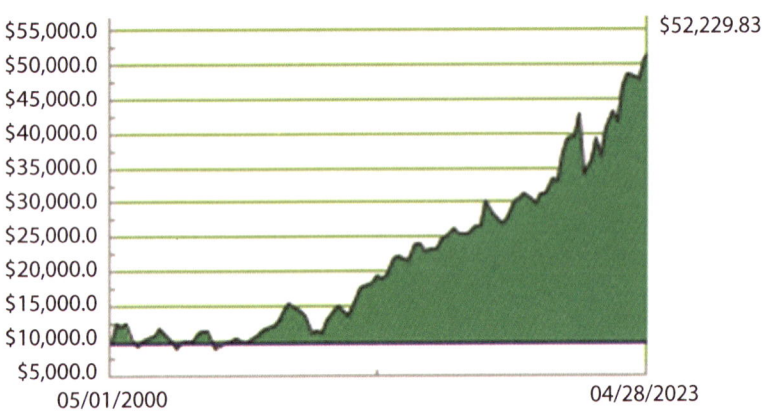

出處：Tickertech. 2023.5.6

從結果就能看到收益率的差異非常大，投資可口可樂 23 年，沒有將股利再投資時總收益率為 278.84%，最終投資金額為 $37,879.36，有將股利再投資時總收益率為 422.34%，最終投資金額為 $52,229.83，最後可以看到將配息再投資所帶來持股增加，讓持股數從最初的 432.34 大幅增加到 814.39，同樣的金額與同樣的投資期間，誰能供子女念到大學、誰能將子女供到研究所就一目了然了。這時候你應該對配息投資應該漸漸開始產生興趣，這裡給各位看看另一個有趣的結果。

第二，像烏龜的公共事業產業能夠贏像兔子的技術產業嗎？

將公共事業比喻為烏龜，將技術產業比喻為兔子的原因是因為股價表現的差異，通常公共事業就像韓國電力公司一樣股價漲跌很少，成長性也緩慢，所以比喻為烏龜；而技術產業的股價漲跌相當大、成長性也快，所以比喻為兔子。

那麼真的是這樣嗎？我們一起來查證一下。作為參考，投資期間和投資金額會如同前面一樣設定相同，然後用各自代表該產業的的 ETF，XLU（公共事業 ETF）與 XLK（技術產業 ETF）來比較。

配息不再投資時（公共事業）

投資開始	05/01/2000
投資結束	04/28/2023
開始時股價	$28.48
結束時股價	$68.98
總股利（不再進行投資將其存下的策略）	$31.27
總收益率（Total Return）	251.96%
年平均收益率	5.62%
開始時投資金額	$10,000.00
結束時投資金額	$35,179.68

配息不再投資時（技術產業）

投資開始	05/01/2000
投資結束	04/28/2023
開始時股價	$55.78
結束時股價	$150.83
總股利（不再進行投資將其存下的策略）	$12.38
總收益率（Total Return）	192.58%
年平均收益率	4.78%
開始時投資金額	$10,000.00
結束時投資金額	$29,276.16

確認後發現如果沒有把配息拿來再投資的話，總收益率251.96%比192.58%，技術產業小輸一些。現在重要的是把配息再投資時的情況。

將每季流入的股利再投資時（公共事業）

投資開始	05/01/2000
投資結束	04/28/2023
開始時股價	$28.48
結束時股價	$68.98
開始時股數（Starting shares）	351.07
結束時股數（Ending shares）	763.70
總股利（不再進行投資將其存下的策略）	$31.27
總收益率（Total Return）	426.80%
年平均收益率	7.49%
開始時投資金額	$10,000.00
結束時投資金額	$52,678.98

將每季流入的股利再投資時（技術產業）

投資開始	05/01/2000
投資結束	04/28/2023
開始時股價	$55.78
結束時股價	$150.83
開始時股數（Starting shares）	179.27
結束時股數（Ending shares）	232.70
總股利（不再進行投資將其存下的策略）	$12.38
總收益率（Total Return）	250.98%
年平均收益率	5.61%
開始時投資金額	$10,000.00
結束時投資金額	$35,103.13

配息再投資完全推翻我們先入為主的觀念，23年期間的投資成果，公共事業總收益率達到426.80%，年平均為7.49%；相反地，技術產業總收益率達到250.98%，年平均為5.61%。簡單來說雖然是以股價無聊聞名的公共事業，但僅透過將配息再投資就能贏過技術產業。

　　理由很簡單，主要就是股價趨勢，技術產業的股價趨勢很不一定，其中包含了各位喜歡的APPLE、Microsoft、NVDIA等個股，這類個股在2000年初網路泡沫和金融危機時股價下跌嚴重，且因為被分類為成長類股，沒有配息或是配息很少，下表為23年來的圖表（包含將配息再投資）。

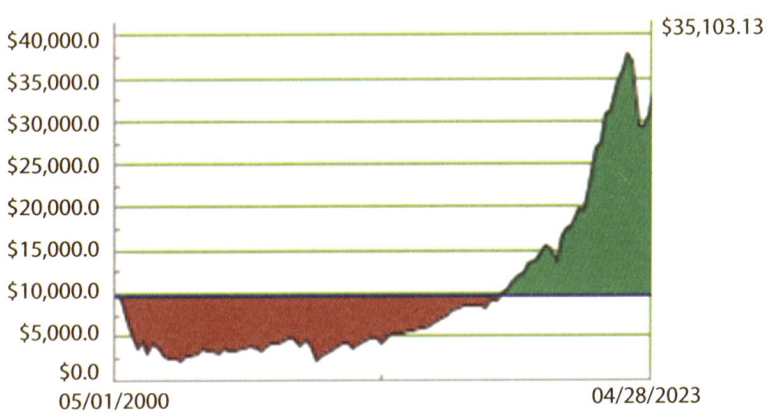

出處：Tickertech. 2023.5.6

相反，防禦型的產業公共事業股價漲跌小，因為成長停滯所以是會支付很多配息的業種，下表為 23 年來的圖表（包含將配息再投資）。

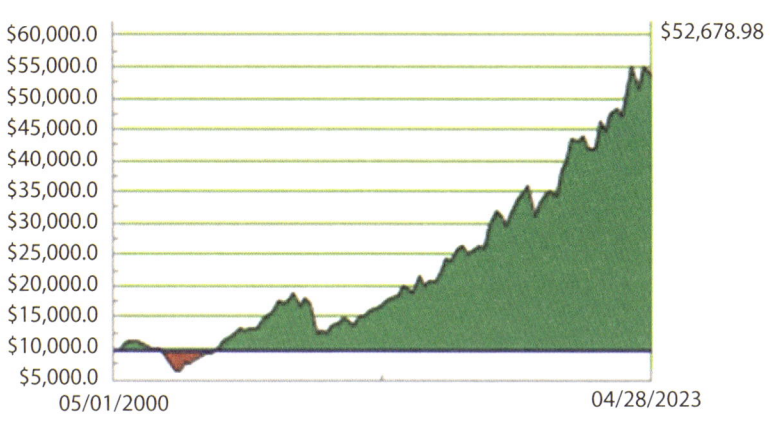

出處：Tickertech. 2023.5.6

第三，高配息的 QYLD 是每個月賺配息的 ETF。

以高配息聞名的有 QYLD，它是在 2013 年 12 月上市的，QYLD 是 Global X NASDAQ 100 掩護性買權（Covered Call）的 ETF，包含選擇權交易在其中，初階投資人可能會難以理解，但是年平均配息率達 10% 以上，偏好配息投資的人一直都非常喜歡它，目前年配息收益率為 11% 後半（2024 年 2 月基準），缺點是股價會隨著時間越往下走，以下來看月線圖。

出處:Finviz 2023.5.6

　　高點從 25 美元穩定掉到近期的 17 美元，看收益率的話是負 32%，那麼跟前面一樣將每月進帳的配息都再投資時，就會如同下表。

將每季流入的股利再投資時

投資開始	12/13/2013
投資結束	04/28/2023
開始時股價	$25.02
結束時股價	$17.29
開始時股數（Starting shares）	399.68
結束時股數（Ending shares）	1,016.87
總股利	$20.76
總收益率（Total Return）	75.82%
年平均收益率	6.20%
開始時投資金額	$10,000.00
結束時投資金額	$17,576.25

約 9 年 3 個月期間總收益率為 75.82%，年均收益率為還不差的 6.20%，考量疫情過後反而是有助於防守的結果，把收到的月股利持續再投資的話，隨著時間收益率將會更大。

以下將多少有點無聊的配息投資，舉了三種例子盡量有趣地說明。

配息投資總歸一句就是與時間的戰爭，這裡的時間指的不是「時機（Timing）」，而是「時間（Time）」，要抓準買和賣的時機幾乎是不可能的，但是將閒置資金投資後獲得的配息再投資的這件事，連小學生都學得會。每次進行配息講座時，我都會在結尾說這段話：

把美股配息投資想成你是持有一棟很大建築物的房東，建築物只要不拆掉，它就不會不見。配息投資也是，只要不把個股賣掉，市場迎來危機或是被套牢也沒關係，甚至在景氣低迷時，只要能好好選投資的個股，配息還是能一直進帳。我的投資是永遠的，這就是配息投資的妙處與魅力。

為大家總結一個最重要的資訊，有趣的配息故事和總收益率的概念聽一聽會產生這種想法：「咦，你的意思是散戶做配息投資時，在每次配息入帳時，還要再計算股數後進行再投資嗎？」

沒錯，這不是件簡單的事，為了解決這件難事，美國

當地有提供「配息再投資計畫（DRIP）」這種服務，DRIP是「Dividend Reinvestment Plan」的縮寫，投資人不拿配息的現金，而是直接買入轉為持股，依照設定條件自動完成的一種證券商服務。最後投資人只要輕鬆地等待就可以了，隨著時間經過就會產生非常大的複利收益率，最近韓國證券商也可能要導入這樣的服務，我們先靜待即可。

但是如果是才剛開始投資或是首次嘗試配息股的話，我推薦可以體驗看看每週確認進來的配息後再投資的經驗，畢竟賺錢是世上有最有樂趣的事不是嗎？直接體會最初小額的錢最後滾成雪球般的大錢，一定會很有趣的。

以下就要開始具體說明配息投資的方法，初學者也不會覺得難，本書教你建立跟月薪一樣能穩定獲得收益的投資組合，從累積對於配息股的基礎知識開始，到213間能讓你每週穩定獲利的企業介紹，不藏私地涵蓋了這些資訊，接下來，我們一步步來看吧。

目錄 Contents

序言　把配息當作月薪領，再也不是夢！　　　003

第一部
為什麼是配息股？

我關注配息股投資法的原因？　　　　　　　　024
配息股的功能　　　　　　　　　　　　　　　029
為什麼需要關注美國股票的配息股？　　　　　035
完整攻略配息股基礎用語　　　　　　　　　　040
不要掉進高配息收益率的陷阱！　　　　　　　051
配息股裡也有貴族和王族嗎？　　　　　　　　061
只要知道資本利得稅和配息稅就好　　　　　　067
對於配息股的誤會與事實　　　　　　　　　　072
200% 去體驗複利之力的配息股投資組合魔法　　077

第二部
投資配息股的核心要素

投資前需要放入我的最愛的網頁　　　　086
只投資績效良好的業種　　　　　　　　090
每週入帳股息的投資組合核心三要素　　094

第三部
實踐！打造每週入帳的配息投資組合

每週入帳股息的祕訣　　　　　　　　　102
每週入帳股息的投資組合範例　　　　　108

第四部
213間每週入帳配息企業名單

第一部

為什麼是配息股？

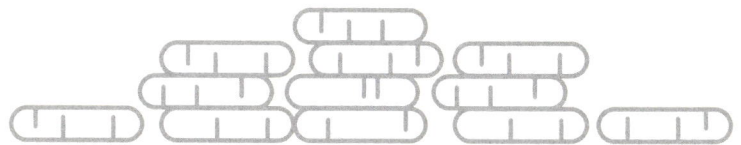

我關注配息股投資法的原因？

我不是喜歡配息,而是對於配息投資有信心。許多人想到配息投資時,只關注一年能產生多少收益率,我當然也覺得殖利率很重要,但股息比這個更重要。我認為股息投資的主要目的是長期投資同時享受樂趣,不會對所投資的股票感到厭倦。

其實配息投資不是很有趣,是滿無聊的沒錯,會給配息的企業有著成長停滯、股價上漲緩慢的特徵,所以才會把獲利的一部分回饋給股東,是一種補償的概念。且這樣的補償有每季、每月,或是每半年、每年,各自在不同的週期支付,這就叫做股東回饋政策,就是將獲利還給股東。許多投資人希望投資的企業能穩定成長帶來巨大收益,同時股價也能大幅上升產生股價套利,但並非所有企業都是成長股,還是有像電信股這種用戶已飽和狀態,即便有獲利也難以再成長的企業,此時不管喜不喜歡,企業都會把一部份獲利透過配息返還給股東,配息之外也有買入庫藏股等其他回饋方法,這雖然也是防止股價下跌的方法,但很難產生像成長股這樣大幅股價上漲。

> 💲 **小常識**
>
> **股東回饋政策**：是指擴大配息、買入庫藏股等能提供股東價值的政策總稱，配息增加回饋股東的錢就會增加，買入庫藏股的話市場流通的股數減少，就會帶來股價上漲的效果。
>
> **買入庫藏股**：一般當公司股價過度被低估時，為了因應惡意併購、保護經營權讓股價回穩，企業就會用自有資金買入庫藏股。

那麼這裡換個思考方式，像現在因為突如其來的全球戰爭，導致能源與穀物價格急漲，在過去這段期間因經濟繁榮貨幣流入市場，導致物價暴漲時會如何呢？

曾經讓全世界人仰馬翻的新冠疫情使得所有國家封鎖國境，自營商家倒閉，為了要因應這個狀況，政府的貨幣政策採用非常強的量化寬鬆當作救急藥，而現在快速轉為緊縮政策。聯準會先是快速升息，在 2024 年初已經達到 5% 的利率，利率上調後，成長中的企業現在得開始擔心負債帶來的借款使成本增加，於是努力透過減少員工來降低各種費用，這些措施會對股市帶來何種變化呢？

利率上升消費者會減少消費，企業商品賣不出去就會累積庫存，銷售和獲利減少，企業降低所有費用，時隔 40

年的快速升息讓股市主要指數下跌 20～30%，我們曾最喜歡的大型科技股，少則下跌 20%，多則下跌超過 50% 的比比皆是，沒有獲利性的成長股甚至下跌到 90%，讓你深刻有感。2020～2021 年是不管買什麼個股都會上漲的天堂，但疫情期間掉到極度恐怖的地獄，對於這樣的情形，如果你是持有 S&P 500，這個指數挑選的股票是已經過驗證的，應對方法有兩種，不是賣掉就是繼續持有。

這時投資人需要許多耐心和信心忍著撐下去，然後也需要一點希望，別人我不清楚是如何，但依照我近 23 年來美股經驗，我相信，不，我確信，能夠持續保有耐心最好的方法就是能拿到配息。

配息規模並不重要，因為對於被套牢而大幅虧損的人來說，現在重要的不是大幅獲利，而是想要止血保住本金。在所有人都因為股價下跌而痛苦時，我的帳戶定期還有股利入帳？這是多麼令人開心的消息啊！

那更進一步來看，如果能建立每季固定有股利進帳的投資組合如何呢？再更仔細去研究，如果能建立讓每月都有股利進帳的投資組合呢？不然來建立每週都有股利進帳的投資組合如何呢？因為建立這種投資組合需要花很多時間，若能打造出來，那沒有人會不投資的。這就是我的出發點。

股價若下跌，各位腦中就會浮出要不要賣出止損的念

頭，這時，當每週從證券商接到股利進帳的通知後，就會遲疑要不要賣出，再下週又想賣掉時又收到配息簡訊，這種事情重複1年52週的話，不知不覺也會認知到自己已經成為長期投資人了。

可以參考下面呈現出這點的表格，依照持有期間分別標記獲利的機率，只持有一天的話獲利機率是56%，虧損機率是44%，幾乎一半一半；持有20年的話獲利機率則是100%，投資金額不論多寡，都會獲利的意思。當然請一定要記得這時的條件是投資在S&P 500指數中的個股上，本書提到的配息投資組合也是都是S&P 500內的個股，本書不會提到該指數外其他個股。

從 1926 年到 2020 年 S&P 500 持有期間別獲利 & 虧損機率

持有期間	獲利機率	虧損機率
1 天	56%	44%
1 年	75%	25%
5 年	88%	12%
10 年	95%	5%
20 年	100%	0%

出處：Dimensional Fund Advisors

然後下一頁是持有期間的收益率的表格，像這樣穩定長期持有股票的話，年平均可達到 10～11% 的獲利。

從 1926 年到 2020 年 S&P 500 持有期間別具體收益率

	5 年	10 年	20 年	30 年
最高收益率	36.1%	21.4%	18.3%	14.8%
最低收益率	-17.4%	-4.9%	1.9%	7.8%
平均收益率	10.1%	10.4%	10.9%	11.2%

出處：Dimensional Fund Advisors

其實即使沒有這個表格和說明，不管是不動產或股票，幾乎沒有投資者不知道長期投資就是正確答案，但是即便知道答案，人們還是無法遵守的理由是什麼呢？因為是人所以才會如此。市場下跌時陷入恐慌而不自知，害怕所有的投資會化為烏有的恐懼下，就會急著停損退出市場，此時配息股就能成為被恐懼包圍的投資人明燈，戰勝股市下跌的恐懼，為長期投資奠定基礎。希望你能轉換想法，認知到每週進帳的股利，不是股價而是多出來的紅利。

配息股的功能

配息能提升股東士氣打造穩定獲利

　　配息能提供穩定收入並提升股東的士氣，企業可以隨時宣佈特別配息（Special Dividend），對於大多數投資人而言，配息因為對投資獲利有相當大的影響，所以更偏好現金配息的公司，且根據標普（S&P）的資料顯示，1926年以後配息佔整個美股收益達40%。

　　下頁圖表中，以S&P 500指數為基準，可看到各年度投資收益率中配息所佔的比重，藍色是配息的貢獻度，可看到每10年比重會有多少變化。

1940年代起到2020年代，各年度投資收益率中配息所佔比重

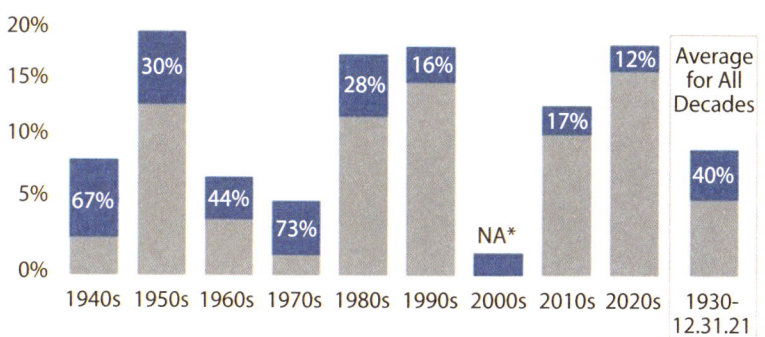

出處：hartfordfunds.com

從 1940 年代足足達到 67%、50 年代是 30%、60 年代是 44%，然後 70 年代 73%、80 年代 28%、90 年代 16%，甚至 2000 年代隨著市場下跌拉長，幾乎沒有價差獲利，全部都是配息獲利。

　　尤其 2000 年代的數值令人驚訝，當時因為網路泡沫和全球經濟危機，全球各地發生像現在一樣的經濟停滯，這時只有配息是唯一的獲利，配息投資在市場低迷難以獲利的狀況下，也能創造獲利的精品投資。

1960 年起到 2021 年，是否有把配息再投資的收益率差異

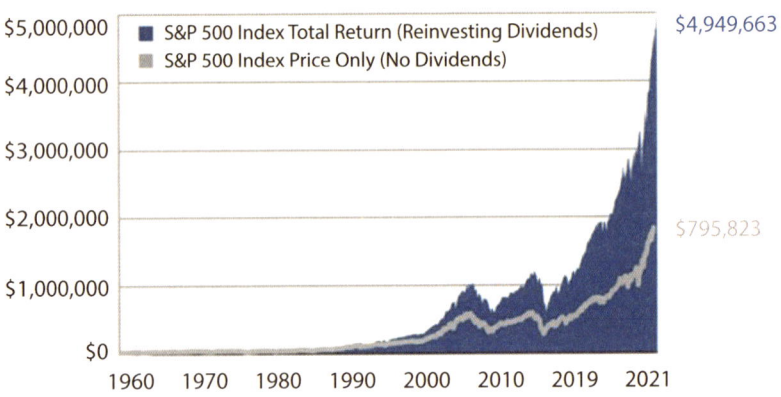

出處：hartfordfunds.com

長期投資再投入，配息更能發光

如前所述，配息投資的好處可以用上圖來說明，上圖藍色代表把配息再投資，灰線表示不投入配息，只投資現金的比較。

1960 年到 2021 年，將配息再拿去投資最終的獲利達到 $4,949,663，不這麼做時的獲利 $795,823，兩者差異甚大，大概達到 6～7 倍差異，可以說如果要長期投資的話，一定要把配息股放到投資組合中。

殖利率不是高就好

本書雖會多次提到，但並非無條件選配息高的個股績效就會最好，這點希望讀者都能謹記。

配息初學者最常問的問題：「只要投資在網路上搜尋的高殖利率股企業清單就可以了嗎？」但是如果只看給很多股利就決定投資，多多少少有點草率。

下圖要說的就是這點，將配息規模分為 5 個等級，配息最多的個股為等級 1，次多的個股為等級 2，然後最少的為等級 5。接下來計算 80 年來的獲利統計，結果如下。下圖中百分比為和 S&P 500 指數比較時超額獲利的部分，績效最好的是等級 2，從結果來看並非一定是配息最多績效就

會最好,適當配息在績效面來看表現就很出色。

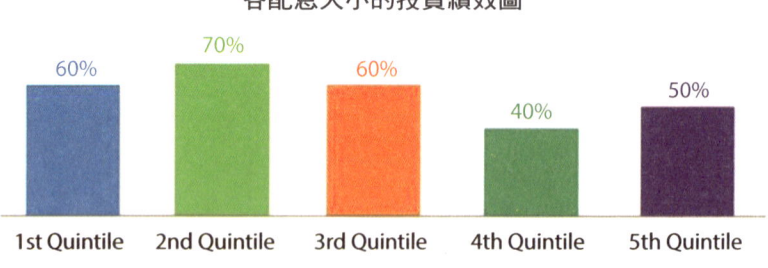

各配息大小的投資績效圖

出處:hartfordfund.com

以 10 年為單位再更仔細說明,可以看到大部分都超過 S&P 500 指數獲利,但還是等級 2 績效更亮眼,尤其 2000～2009 年 4.15% 的紀錄,比起 S&P 500 指數收益率 -0.44%,表現更優越。

10 年為單位,各配息大小的投資績效表

Compound Annual Growth Rate (%) for US Stocks by Dividend Yield Quintile by Decade (1929-2021)

	S&P 500	1st Quintile	2nd Quintile	3rd Quintile	4th Quintile	5th Quintile
Jan-1930 to Dec-1939	-0.20	-2.36	0.61	-2.34	-0.38	2.07
Jan-1940 to Dec-1949	9.51	13.92	13.06	10.26	8.63	6.83
Jan-1950 to Dec-1959	18.33	18.52	20.31	18.47	16.57	19.81
Jan-1960 to Dec-1969	8.26	8.82	8.90	6.46	7.97	9.30
Jan-1970 to Dec-1979	6.05	9.67	10.22	7.00	7.57	3.94
Jan-1980 to Dec-1989	16.80	20.23	19.62	17.20	16.19	14.65
Jan-1990 to Dec-1999	17.96	12.37	15.54	15.06	18.10	18.93
Jan-2000 to Dec-2009	-0.44	5.57	4.15	4.21	1.99	-1.75
Jan-2010 to Dec-2019	13.56	12.98	13.25	14.15	13.68	10.85
Jan-2020 to Dec-2021	23.45	12.44	16.98	15.04	31.83	29.47

出處:hartfordfund.com

看到前面表格的人都會有同樣疑問,為什麼等級 2 會比配息最高的等級 1 績效更好?硬要說的話,就是因為配息率(Payout Ratio),後面會更仔細說明,但配息率是將年度每股股利除以每股盈餘,配息率高代表公司盈餘有很大部分都使用在配息,對於未來事業成長的投資比較少。

下圖可看到 1979 年以後 Russell 1000 指數中,有配息的前 2 個等級的平均配息率,等級 1 股票的平均配息率為 74%,等級 2 股票的平均配息率為 41%,高配息的 74% 因為跟獲利規模相比,配息比重太重,而當公司獲利減少時,公司就會減少配息,配息減少在金融市場被視為走弱的訊號,便會導致公司股價下跌。

1979 年後,Russell 1000 指數中依配息規模分類的企業等級別配息率

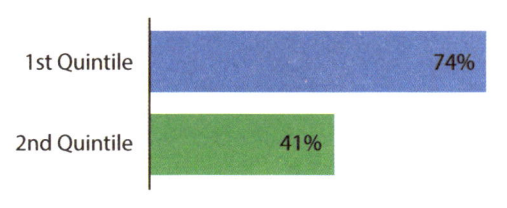

1st Quintile	74%
2nd Quintile	41%

出處:hartfordfund.com

一起來投資開始時很微小,但最後會壯大的配息股吧!

下面圖表說出結論,如果想要更多獲利的話一定要攻略配息股,因為它是開始時可能很少,但最後卻能讓收益壯大。下圖為1973年從100美金開始投資,根據是否有支付配息,到2021年為止的總獲利的圖表,你想要成為賺14,405美元的投資人,還是單純賺989美元的投資人?

1973年至2021年從100美元投資(含或不含股息)總回報圖表

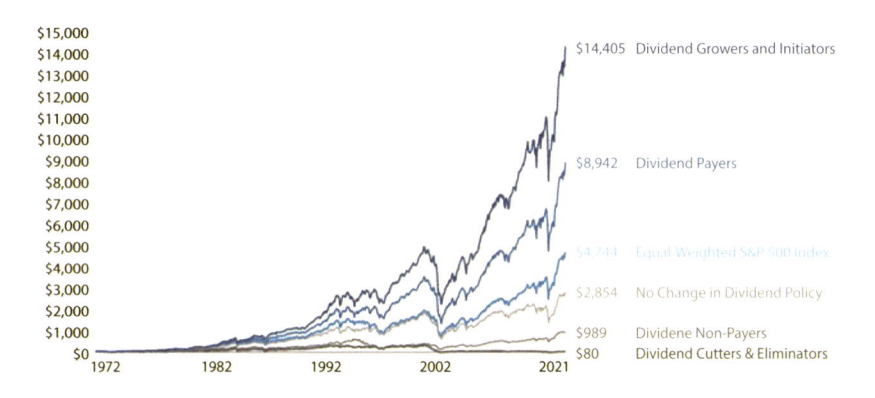

- $14,405 Dividend Growers and Initiators
- $8,942 Dividend Payers
- $4,744 Equal-Weighted S&P 500 Index
- $2,854 No Change in Dividend Policy
- $989 Dividene Non-Payers
- $80 Dividend Cutters & Eliminators

為什麼需要關注美國股票的配息股?

配息是什麼?是將企業的獲利與投資人分享的行為

配息指的是企業將獲利分配給股東,法人賺到獲利或盈餘時,可將該獲利的一部份以配息的方式分給股東們,通常配息會想到現金,但並非全都是現金,也可以是股票,也可以是如不動產這樣的資產。

配息的類型

現金	公司向股東直接支付現金,是最普遍的支付方式。
股票	發行公司新股支付給股東,會依照投資人以持有的股數比例進行支付。
資產	不限於只能用現金或股票支付給股東配息,雖並非一般常見慣例,但公司也可支付投資有價證券、物理資產與不動產這種其他資產,韓國國內尚未有這樣的例子。
特別	在公司原有政策外(即每季、每年等)所支付的配息,通常不管什麼理由,手中持有大量現金時支付。
其他	選擇權、新股認購權、新的分割公司股票等,一般不常見類型的金融資產也可作為配息支付。

配息支付須獲得董事會核准,且並非所有公司都會支付配息,尤其韓國以企業的配息率低聞名,有每季支付定額的公司,也有根本不給的公司,也有偶爾才給一次的公司,通常配息會透過 5 個階段決定是否配息與執行。

配息支付的階段

第 1 階段	公司創造獲利並保留盈餘
第 2 階段	經營團隊決定將部分獲利支付給股東而不拿去再投資
第 3 階段	董事會核准擬定的配息金額
第 4 階段	公司公告配息(配息金額、支付日、基準日等)
第 5 階段	向股東支付配息

沒有被分配的金額會再投資到公司事業中,這被稱為保留盈餘,今年的獲利和前年的保留盈餘可以被拿來分配,而企業通常會禁止從資本支付配息。分配給股東可以用現金(通常是直接入帳到銀行帳戶)或發行股票,或是買入庫藏股進行支付。配息依照每股固定金額分配,股東依持有股數依比例獲得配息。我們用大部分的人熟悉的可口可樂舉例。

- 第 1 階段,可口可樂創造獲利,保留 23 億 8,000 萬美元的獲利
- 第 2 階段,可口可樂在董事會中決定第一季配息

- 第 3 階段，董事會核准獲利的 83% 拿來配息（19 億 8,900 萬美元的規模，總股數為 43 億 2,500 萬股 × 季配息 46 美分）
- 第 4 階段，2023 年 2 月 16 日公告配息（配息金額 46 美分，支付日 2023 年 4 月 3 日，除權息日 2023 年 3 月 16 日）
- 第 5 階段，2023 年 4 月 3 日支付配息

為什麼要選美國配息股呢？

韓國當然也有配息股，但我們為什麼要關注美國配息股呢？第一，國內配息股通常在年底，相反地，美國配息股很多在每季或每月支付，這樣的配息週期讓除權息日帶來的影響變少，實際上 67 年來持續配息的 P&G（寶僑），在除權息日股價下跌後恢復僅需 6.3 天。另外 61 年來持續配息的可口可樂在除權息日後股價恢復平均只需要 11.2 天，華倫巴菲特最愛個股 APPLE 12 年來持續配息只需要 1.1 天就能將除權息日的股價恢復。

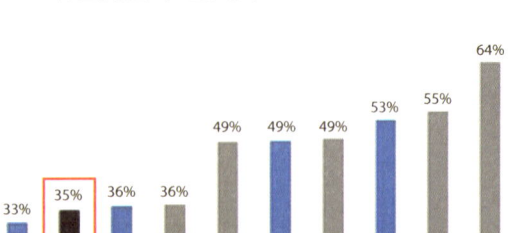

各國配息率差異圖

國家	配息率
South Korea	15%
Japan	24%
China	31%
Emerging Markets	33%
United States	35%
Taiwan	36%
Germany	36%
France	49%
South Africa	49%
Developed international	49%
Brazil	53%
Switzerland	55%
United Kingdom	64%

出處：static.seekingalpha.com

第二，從配息率層面來看，美國和韓國國內配息股差異甚大，如果用企業賺的獲利使用多少在配息上的配息率指標來看，差異非常大，美國是 35%，而韓國以 15% 敬陪末座。

美國配息股的特色

簡單整理美國配息股的特色。

第一，美國配息股 365 天都有，相反，韓國國內股票集中在年底。

第二，配息週期多樣，分為月、季、半年、一年、特別配息，但通常以季（1年4次）配息較為普遍，例如APPLE 每年 2、5、8、11 月支付配息，Realty Income 是每個月中支付配息。

第三，美國配息入帳快，韓國國內最少需要花到 3 個月以上，但美國支付配息通常在 1 個月內完成，快的話在 10 天內支付，慢的話也會在 2 個月以內全部完成。例如 APPLE 除權息日過了之後，3 天內完成配息入帳，Realty Income 在配息日後半個月就會配息入帳。

第四，韓國因為和美國有時差，所以在當地支付日起到收到為止大概還會需要 1 週的時間。

第五，股票配息時，會預扣 15% 的配息稅（台灣為 30%），如果帳戶沒有事先存錢進去，交易證券商可能會打電話來請你放入小額的預存款，請謹記參考。

完整攻略配息股基礎用語

在 WALLSTREETZEN 網站首頁中，搜尋想要的企業名稱，按下「Dividend（配息）」的話，就可以看到該企業的配息資訊。例如輸入寶僑的股票代號「PG」，就能看到該企業配息資訊。

WALLSTREETZEN 首頁的股票代號搜尋畫面

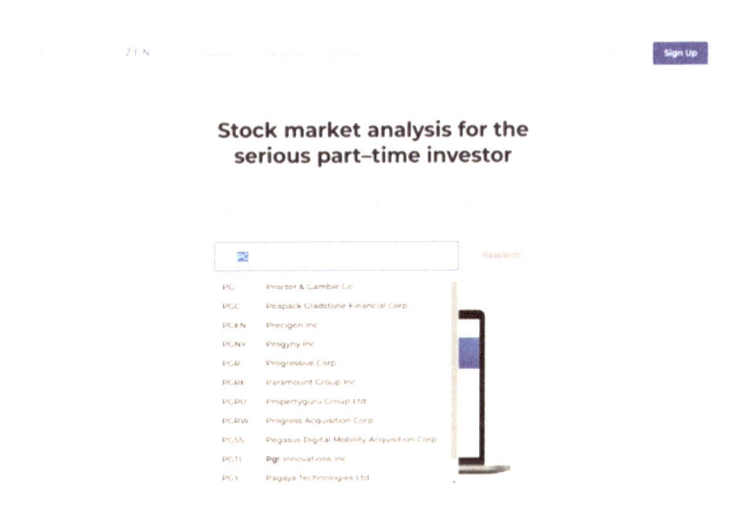

1. Ex-Dividend Date: 除權息日

按下「Dividend」畫面後滑動下去看的話，可以看到企業除權息日的說明頁面，除權息日指的是劃分股東能獲得該次配息的基準日，在除權息日一天前買進股票的話，任何人都能得到配息。

例如，2024年1月18日星期四是除權息日的話，為了能獲得配息，需要在除權息日一天前的1月17日星期三前買進股票，才會成為配息對象。當然若是遇到美國的假日或公休日，要記得考量這點再往前計算，但是這部分不受韓國假日的影響，會搞混的話就安全一點在除權息日前3天買進。

PG dividend dates

Feb 15, 2023

Jan 19, 2023

除權息日在獲配現金股利時通常會出現。除權息指的是過了配息基準日後就沒有取得該次股利的權利，所以實際除權息日那天，為了公平，股價會開始下跌，跌幅相當於配息金額。如果沒有除權的話，沒有資格獲得配息的

投資人就不會想買入股票,所以強制讓股價跌幅與配息金額相當,可以想成如此一來可以打造讓獲得配息的投資人和無法獲得的投資人在公平同等的投資環境。

看下頁的圖就能理解,股息為 1 美元,目前股價若為 10 美元時,在除權息日,那些沒有獲得配息資格的投資人就能以 9 美元買入股票,才是公平的環境。

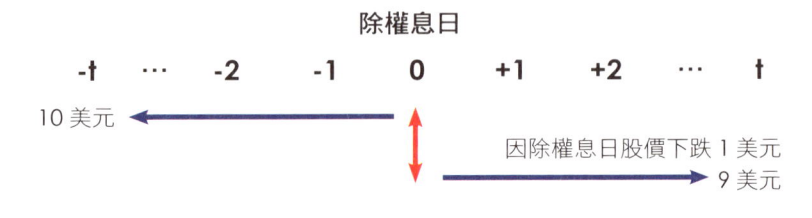

除權息日

-t … -2 -1 0 +1 +2 … t

10 美元 ←

因除權息日股價下跌 1 美元
→ 9 美元

除權息前日	配息 =0 美元	股價 =10 美元
除權息日	配息 =1 美元	股價 =9 美元

蘋果配息基準日表

AAPL Dividend History

EX-DIVIDEND DATE: 02/10/2023
DIVIDEND YIELD: 0.55%
ANNUAL DIVIDEND: $0.92
P/E RATIO: 29.47

Ex/EFF DATE	TYPE	CASH AMOUNT	DECLARATION DATE	RECORD DATE	PAYMENT DATE
02/10/2023	CASH	$0.23	02/02/2023	02/13/2023	02/16/2023
11/04/2022	CASH	$0.23	10/27/2022	11/07/2022	11/10/2022
08/05/2022	CASH	$0.23	07/28/2022	08/08/2022	08/11/2022
05/06/2022	CASH	$0.23	04/28/2022	05/09/2022	05/12/2022
02/04/2022	CASH	$0.22	01/27/2022	02/07/2022	02/10/2022
11/05/2021	CASH	$0.22	10/28/2021	11/08/2021	11/11/2021
08/06/2021	CASH	$0.22	07/27/2021	08/09/2021	08/12/2021
05/07/2021	CASH	$0.22	04/28/2021	05/10/2021	05/13/2021
02/05/2021	CASH	$0.205	01/27/2021	02/08/2021	02/11/2021
11/06/2020	CASH	$0.205	10/29/2020	11/09/2020	11/12/2020
08/07/2020	CASH	$0.82	07/30/2020	08/10/2020	08/13/2020
05/08/2020	CASH	$0.82	04/30/2020	05/11/2020	05/14/2020
02/07/2020	CASH	$0.77	01/28/2020	02/10/2020	02/13/2020

（出處 :Nasdaq.com）

2. Record Date: 股東名冊登錄日

　　股東名冊登錄日指的是為了能決定股東是否能有獲得股利資格，公司訂定的截止日。可以在納斯達克首頁

（www.nasdaq.com）中確認，看下一張圖就可以知道要在何時之前買進股票才能獲得配息，為了獲得配息，要在股東名冊登錄日與除權息日前的 5 號買進。

星期一	星期二	星期三	星期四	星期五
5 號	6 號	7 號	8 號	9 號

（除權息日：星期二 6 號；股東名冊登錄日：星期三 7 號）

出處：Investopedia.com

除權息日和股東名冊登錄日若會搞混的話，只要記得這個就好，我們要在除權息日一天前，股東名冊登錄日兩天前買進股票就好。

3. Payment Date: 配息支付日

配息支付日指的就是實際上股利入帳的日子，但是要注意的是美國當地配息日和在韓國收到的配息日會有差異，因為不是直接進帳，中間還要在經過韓國證券商，一不小心就會往後延 1 週左右。每間證券商多少有差異，通常會需要 1～2 天，幾乎沒有超過 1 週的狀況。本書中的配息支付日全部都是美國基準，當地配息與實際我拿到的配息日會有落差這點，在建立投資組合時要參考。

4. Total return: 總獲利

就是股價上漲（資本利得或是價差獲利）加上股利，例如價值上漲 1 美元，且配息 0.5 美元股利的股票，若是花 10 美元買的話，1.50 美元的獲利相當於總收益率的 15%。

許多人投資是追求眼下的股價價差獲利，但長期追加配息去計算的話，收益率就會顯而易見的有差距。下列圖表針對價差獲利與價差獲利加上配息的總收益進行比較，投資期間為 32 年時，光價差獲利就達到 10,000 美元，加上配息後總獲利達到 20,000 美元，準確來說是兩倍差異，可以明顯看到配息的力量。

從 1990 年起到 2022 年價差獲利與價差獲利加配息的總獲利圖表

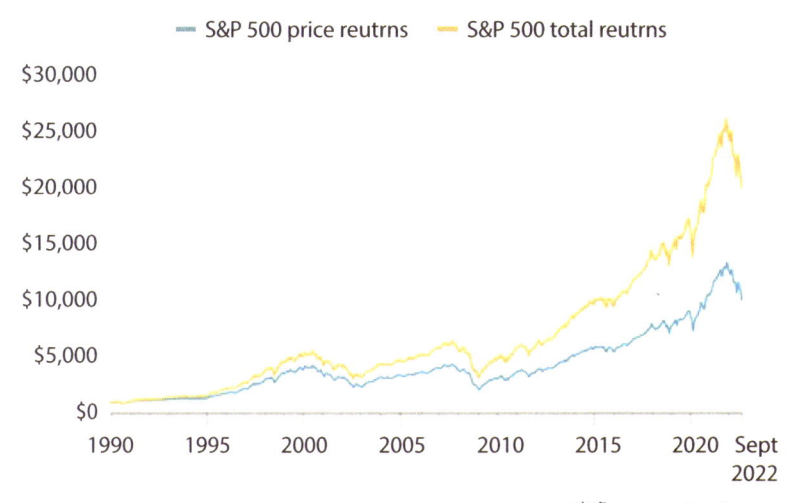

出處：www.schwab.com

總獲利可以在 Dividend Channel 網站中確認，下列範例畫面是手機版畫面，用手機版查詢是因為可以免費使用，首頁左上角的功能中，點擊「DRIP Returns Calculator」，輸入想知道的商品和投資期間後，按下送出鍵即可。例如在欄位中輸入 SPY 後，輸入投資期間按下送出，就能看到下圖的畫面。

總獲利圖有兩類：將收到的股利再投入與不投入，當然再投資時的收益率更傑出。

總獲利計算畫面（出處：www.dividendchannel.com）

≡　　　　　DividendChannel.com

DRIP Returns Calculator:
Step 1: Enter your dividend stock's symbol
Step 2: Choose investment start & end dates
Step 3: Optionally, compare to another symbol or index
Final Step: Click 'Chart $10K Invested' and see the hypothetical returns with and without dividend reinvestment

Symbol: [____]
Start date: Jan ∨ 1 ∨ 1995 ∨
End date: Oct ∨ 30 ∨ 2023 ∨
Compare to: ● None, ○ S&P 500,
　　　　　○ Nasdaq 100, ○ Dow 30,
　　　　　○ Other: [____]

Chart $10K invested

對於 SPY 各期間別總獲利圖（出處：www.dividendchannel.com）

SPY	
Start date	08/01/1995
End date	05/05/2023
Start price/share	$56.06
End price/share	$412.63
Starting shares	178.37
Ending shares	285.27
Dividends reinvested/share	$82.45
Total return	1,077.10%
Average Annual Total Return	9.28%
Starting investment	$10,000.00
Ending investment	$117,648.49
Years	27.78

Growth of $10,000.00 With Dividends Reinvested: $117,648.49

SPY	
Start date	08/01/1995
End date	05/05/2023
Start price/share	$56.06
End price/share	$412.63
Dividends collected/share	$82.45
Total return	783.08%
Average Annual Total Return	8.16%
Starting investment	$10,000.00
Ending investment	$88,370.44
Years	27.78

Growth of $10,000.00 Without Dividends Reinvested: $88,370.44

5. Dividend payout ratio: 配息率

　　是股利在企業獲利中所佔的比例，假設公司淨獲利每股賺 1 美元，每股獲配 0.5 美元股利的話，配息率就是 50%，通常配息率越低越有可能持續配息，也有能提高的餘力。美國市場的平均配息率在 30～40%，詳細算式如下。

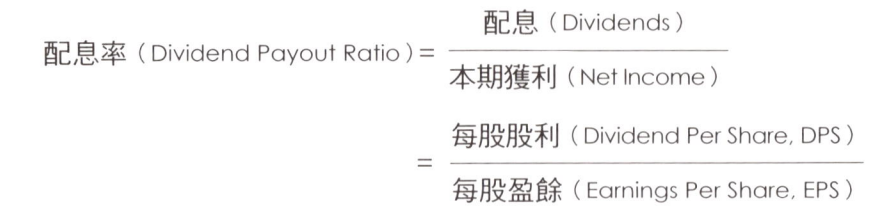

$$配息率（Dividend\ Payout\ Ratio）= \frac{配息（Dividends）}{本期獲利（Net\ Income）}$$

$$= \frac{每股股利（Dividend\ Per\ Share,\ DPS）}{每股盈餘（Earnings\ Per\ Share,\ EPS）}$$

PG dividend payout ratio

Procter & Gamble Co paid out 61.3% of its earnings over the trailing twelve months.

Annual Earnings
$14.8B

● Retained Earnings　　● Payout Ratio
　　38.7%　　　　　　　61.3%

PG earnings ($14.77B) are sufficient to cover PG's dividend payouts (61.3%)
✓ Dividend Payout Ratio　　　　　　　　Dividend

　　上圖是能在 WALLSTREETZEN 網站中確認的 P&G（寶僑）配息率圖表，看上表的話可以知道 P&G 的總盈餘是 147.7 億美元，其中配息支付了 61.3%，剩下保留 38.7%。

下列個股是 S&P 500 指數內，配息率在 30% 以下，可以持續提升配息的企業，投資時可以參考。

S&P 500 指數內，配息率在 30% 以下個股（2024.2.25 基準）

蘋果（AAPL）	14.82%
微軟（MSFT）	25.75%
VISA（V）	22.24%
摩根大通（JPM）	24.90%
好市多（COST）	27.76%
T Mobile（TMUS）	18.52%
丹納赫（DHR）	10.63%
開拓重工（CAT）	25.20%
Elevance Health（ELV）	23.92%
迪爾（DE）	15.30%

6. Dividend Yield: 年配息殖利率

將全年股利除以股價的百分比，例如公司支付全年股利 1 美元，股價在每股 20 美元時，年配息殖利率就是 5%。殖利率作為價值指標，會用在比較股票現在殖利率與過去水準時。

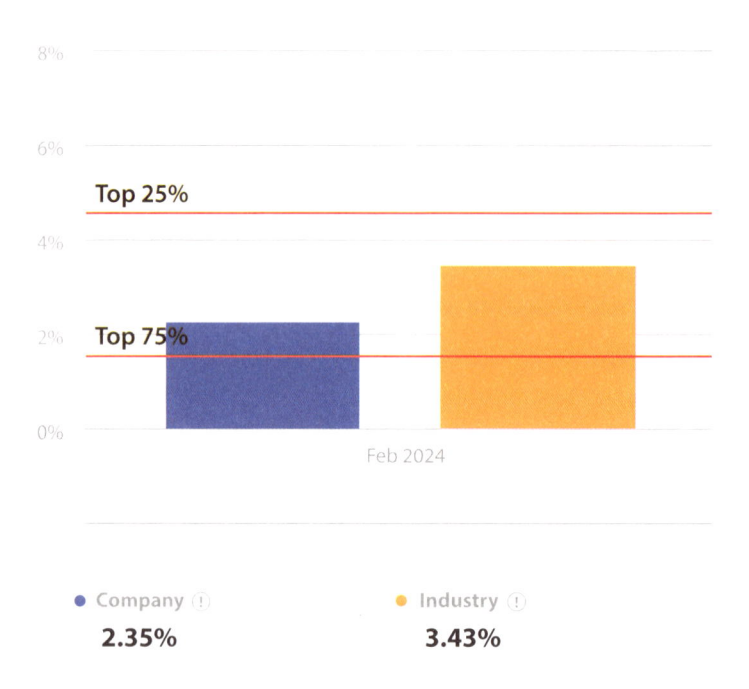

P&G 與 P&G 所屬產業的年配息殖利率比較表

Top 25%

Top 75%

Feb 2024

● Company
2.35%

● Industry
3.43%

（出處：www.wallstreetzen.com）

　　其他所有條件都同樣的話，越高的配息殖利率當然更好，但能夠維持配息，長期能往上調的企業能力更為重要。

　　上圖呈現有配息的企業其年配息殖利率，以及該個股所屬產業的年配息殖利率比較的畫面，建議比較值得投資像 P&G（寶僑）或年配息殖利率比產業高的企業。

不要掉進高配息收益率的陷阱！

配息投資時最容易踩雷的就是高配息殖利率的陷阱，本章會詳細說明辨別的技巧，有許多人會追求高配息殖利率，希望能趁著這次機會好好重新建立觀念。

法律規定要給很多配息：REITs和MLPs

因為股利支付是來自公司獲利，所以給投資人的錢是不會再投資回公司的錢，例如將重點放在成長的新生企業通常不會發配股利，這是因為想要把錢使用在公司成長上，相反長久獲利穩定的公司，在成長潛力不高時，會發配股利給投資人分紅。如果經營團隊不將獲利重新投資到公司上，而是給股東太多股利的話，反而為削弱成長潛力，也是值得擔憂的，但像不動產投資信託（REITs）和有限合夥人公司（MLPs）這類的則是例外。

不動產投資信託又被稱為 REITs，REITs 是高股息，必須將大部分的獲利（90%）以股利發放，因此不期待它會像其他公司一樣，為了讓業務成長使用許多資本，也就是說

它並不是能自己決定想配息就配息，不想配息就不配的企業，所以分析這類企業的股利或配息是沒有意義的事，對此證券交易委員會（SEC）對於 REITs 的 90% 規則制定了下列方針：

「若要取得不動產投資信託（REITs）的資格，公司須持有與不動產投資相關資產與大部分所得，每年課稅對象所得的 90% 以上須以股利形式分配給股東。」

可以定義為是為了持有人、合夥人或是股東而持有或者經營不動產的公司，不動產投資信託可持有或經營的不動產包含辦公大樓、公寓、飯店、醫院、購物中心、倉庫建築等。

部分投資人為賺取投資收益，比起現有的配息股，會選擇高股息的 REITs，也有其他投資人為了讓投資組合多元化選擇 REITs，通常 REITs 被看作所得的原因就是信託課稅對象所得的 90%，需要以股利方式支付給股東。簡單來說，REITs 讓投資人不直接持有不動產，也能取得被動的不動產獲利。

REITs 是為了被動的不動產所得而設計的，REITs 成立條件與課稅規則受美國國稅法規範，例如依據該法規，REITs 資產的 75% 必須要是不動產、國債或持有不動產，每年課稅對象所得的 90% 必須以股利形式支付給股東，對於 REITs 的規定和條件如下：

- 資產的 75% 需投資在不動產。
- 每年課稅所得的 90% 以上須以股利形式支付給股東。
- 總所得的 75% 以上需來自於租賃收入、不動產出售或不動產籌資產生的抵押利息。
- 必須要是以法人作為課稅對象。
- 需要是信託或董事會來管理。
- 至少需要有 100 名以上的股東。
- 不得由少於 5 人的個人持有 REITs 50% 以上的股票。

ⓢ 小常識

REITs: 不動產投資信託的縮寫，英文為「Real Estate Investment Trust（REITs）」。

REITs 的種類大致分為 5 類，我們一項項來看。

1.辦公大樓REITs

辦公大樓 REITs 透過持有並管理辦公大樓，將空間租賃給該不動產的承租人，或透過二次租賃創造收入。辦公大樓 REITs 有像城市中心高樓辦公大樓或郊區辦公園區不同的市場，也能針對技術企業或政府機關這樣以承租人類

型區分。

投資人在投資前需要考量會影響辦公大樓 REITs 的要素,如經濟狀況與位置等,失業率低、經濟成長穩定的大城市地區,就會比夕陽產業城市能夠收到更高的租金。

2.居住型REITs

居住型 REITs 是持有並管理公寓、學生宿舍、獨棟住宅、民宿等居住型建築物的不動產投資信託,因為住宅為必需品,即使景氣低迷也能維持某個程度穩定需求的這點,讓居住型 REITs 具備防守性質的特徵。

考慮居住型 REITs 時,需評估的幾個因素包含人口、工作機會、租賃不動產中可使用單位的比例之空屋率,例如工作機會增加率越高,空屋率減少的趨勢,對於部分居住型 REITs 就會是正面的環境。

3.Retail(零售) REITs

零售 REITs 指的是持有購物中心、Outlet、大型量販業者等零售用不動產的不動產投資信託,零售 REITs 的主要收入來源為出租費以及來自承租人(主要為大型量販業者)的租賃費。

4.抵押型REITs

抵押型 REITs 持有抵押貸款或抵押貸款證券這類的資產，透過利息創造收入的不動產投資信託。這和主要持有建築物或土地這類實物資產的 REITs 不同。

抵押型 REITs 的特色是對利率敏感這點，例如升息時，抵押型 REITs 的帳面價值就有下跌壓力，在像近期高利率環境中，可以說是最辛苦的 REITs。

5.混合型REITs

混合型 REITs 同時持有股票和抵押型資產，若能混合持有兩種主要類型 REITs 的話，比起辦公大樓 REITs 或零售 REITs 這樣集中在特定不動產領域的 REITs，可以提供給投資人更大的多樣性。

有限合夥（MLP）是「Master Limited Partnership」的縮寫，是可以公開交易的有限合夥型態的商業公司，融合合資公司的稅金優惠與上市公司的流動性之型態。

有限合夥公司可在美國交易所交易。MLP 通常現金流穩定，依照合夥契約規定須分配給投資人一定金額的現金，另外這種結構在能源產業這種資本高度集中的產業，有助於降低資本成本。

最初的 MLP 雖然出現於 1981 年，但 1987 年國會限制

使用在不動產和天然資源產業，這種限制起因於法人稅收虧損太多，而 MLP 不需要繳納聯邦所得稅。

目前大部分的 MLP 都在能源產業中經營，能源有限合夥（EMLP）通常為其他能源基礎產業提供並管理資源，例如提供石油公司管線運輸、煉油服務、供應與物流支援服務的公司就屬於這裡。

許多石油和天然氣公司以成立 MLP 取代發行股票，若使用 MLP 架構的話，就能從投資者手中籌措資本，維持營運所需持股，部分企業能夠持有相當於 MLP 規模的持股，另外也能成立另外發行股票的公司，擔任持有企業 MLP 持股的角色，透過這種架構，能透過法人將被動所得重新分配成定期配息。

支付配息這件事到底是收益還是負債

通常負債比率越高公司風險就越高，公司負債多時還支付股利的話，當景氣不佳時，股利就很有可能會減少。部分高配息股為了讓股東能安心，常常會勉強去配息。所以一定要好好看所投資企業的負債比率，財政健全的公司，為了讓股東開心持續投資，就不該負債，而是要能從獲利中支付股利。

股價下跌對配息殖利率造成的影響

最近很多企業股價下跌而讓配息殖利率上升，投資時需要特別注意，為此必須理解配息殖利率，這裡用名為 ABCD 公司的配息殖利率來進行範例說明。

ABCD 公司
年度股利 =$1／股
股價 =$20
年度股利／股價 = $1/$20=0.05=5%

看上述例子的話能知道配息殖利率有 5%，5% 代表什麼呢？5% 代表持有該股票期間的投資收益，例如投資 ABCD 公司 10,000 美元的話，每股 20 美元能買 500 股，股利是 $1 美元／1 股，以手中持有 500 股來說，意思就是持有這檔股票且公司持續支付 1 美元股利，大概每年就能獲得 500 美元的股利。配息殖利率是計算每年股利能獲得金額的最快方法，很多人在配息投資時會把它當作重要的基準，例如計算投資本金 10,000 美元的 5% 帶來的股利時算式如下。

$10,000 的 5%=0.05×$10,000 = $500

> **💲 小常識**
>
> **配息殖利率**：是「年度股利」除以「股價」的值，以百分比表示。

換句話說，可以知道從 ABCD 公司每年能取得 500 美元的股利，股利會以現金直接進到交易帳戶中，想要時能使用或將它再拿去投資。那麼如果股利維持，股價下跌的話會如何呢？來參考下面例子。

年度股利 / 股價 =$1/$4.50=0.22=22%
年度股利 / 股價 =$1/$10=0.10=10%
年度股利 / 股價 =$1/$20=0.05=5%
年度股利 / 股價 =$1/$30=0.03=3%

從上述例子中可以看到，股價開始上漲的話配息殖利率會開始下跌。相反地像下方例子這樣，股價開始下跌的話，配息殖利率會上升，當然前提是股利仍然是 1 美元。

年度股利 / 股價 =$1/$25=0.04=4%
年度股利 / 股價 =$1/$10=0.10=10%
年度股利 / 股價 =$1/$5=0.20=20%

年度股利／股價 =$1/$2=0.50=50%

從上述例子看到，50% 的配息殖利率看起來非常有吸引力，但為什麼會這麼高呢？是因為股價低的關係，股價為什麼會這麼低呢？因為誰都不想買這檔股票，價格才會低，就會得出 50% 的殖利率一點也不重要的結論。

例如奇異公司（General Electric Company, GE）的製造與能源事業部從 2015 年到 2018 年績效開始低迷，獲利減少同時股價下跌，價格下跌同時配息殖利率從 3% 跳升到 5%，從下圖中可看到股價下跌且配息殖利率變大時，總獲利的層面反而是虧損，最終 GE 減少配息時虧損又更擴大。

GE 的股價與股利趨勢比較表（出處:www.investopedia.com）

我們不要被高配息殖利率迷惑，追根究柢，比起配息重要的是公司的獲利和股利本身，稍微搜尋一下可以發現很多地方都能搜尋到美股的公司績效。

配息股裡也有貴族和王族嗎?

股息貴族與股息王族

被稱為股息貴族(Dividend Aristocrats)的個股,指的是 25 年連續調升配息的公司,這樣的股票必須要納入 S&P 500 指數,市值至少要 30 億美元以上才會被分類為股息貴族。

也有個股被稱為股息王族(Dividend King),它們是 50 年連續調升配息的企業,與股息貴族最大差異就是不限於 S&P 500 成分股。

若投資股息王族的話一定會獲利嗎?也並非如此

股息王族並不一定適合所有投資人,這樣的股票中許多都呈現相對較低的成長,例如調升配息紀錄越久的企業,過去 10 年期間績效都比 S&P 500 還要低迷,但是對於退休投資組合來說卻是最佳成分標的,適合想找穩定所得的投資人。

下列是以 2024 年 1 月為基準，53 檔美股配息王的個股，補充說明此表的科赴（Kenvue）是從嬌生分割出來的公司，所以股利調升年數相同。

美股配息王企業（2024 年 1 月基準）

企業名	市場與 股票代號	業種 （產業）	連續調升 配息年數
美國州立水務 American States Water	NYSE, AWR	公共事業 Utilities	69
都福集團 Dover Corporation	NYSE, DOV	工業 Industrials	68
西北天然氣 Northwest Natural Holding	NYSE, NWN	公共事業 Utilities	68
通用配件公司 Genuine Parts	NYSE, GPC	消費品 Consumer Goods	67
寶僑 Procter&Gamble	NYSE, PG	消費品 Consumer Goods	67
派克漢尼汾 Parker Hannifin	NYSE, PH	工業 Industrials	67
艾默生電氣 Emerson Electric	NYSE, EMR	工業 Industrials	67
3M	NYSE, MMM	工業 Industrials	65
辛辛那提財務 Cincinnati Financial	NASDAQ, CINF	金融 Financials	62
嬌生 Johnson&Johnson	NYSE, JNJ	健康保健 Healthcare	61

企業名	市場與股票代號	業種（產業）	連續調升配息年數
科赴 Kenvue	NYSE, KVUE	消費品 Consumer Goods	61
可口可樂 Coca-Cola	NYSE, KO	消費品 Consumer Goods	61
蘭卡斯特 Lancaster Colony	NASDAQ, LANC	消費品 Consumer Goods	61
高露潔棕欖 Colgate-Palmolive	NYSE, CL	消費品 Consumer Goods	60
諾森 Nordson	NASDAQ, NDSN	工業 Industrials	60
農商銀行 Farmers & Merchants Bancorp	OTH, FMCB	金融 Financials	58
荷美爾食品 Hormel Foods	NYSE, HRL	消費品 Consumer Goods	57
ABM 工業 ABM Industries	NYSE, ABM	工業 Industrials	57
加州水務 California Water Service Group	NYSE, CWT	公共事業 Utilities	56
史丹利百得 Stanley Black&Decker	NYSE, SWK	工業 Industrials	56
聯邦不動產投資信託 Federal Realty Investment Trust	NYSE, FRT	不動產 Real Estate	56

企業名	市場與股票代號	業種（產業）	連續調升配息年數
史潘達公司 Stepan Company	NYSE, SCL	工業 Industrials	55
科默斯銀行 Commerce Bancshares	NASDAQ, CBSH	金融 Financials	55
SJW 集團 SJW Group	NYSE, SJW	公共事業 Utilities	55
西斯柯 Sysco	NYSE, SYY	消費品 Consumer Goods	54
富樂 H.B. Fuller	NYSE, FUL	材料 Materials	54
奧馳亞集團 Altria Group	NYSE, MO	消費品 Consumer Goods	54
全國燃料瓦斯公司 National Fuel Gas	NYSE, NFG	能源 Energy	53
MSA 安全 MSA Safety	NYSE, MSA	工業 Industrials	53
環球公司 Universal Corporation	NYSE, UVV	消費品 Consumer Goods	53
伊利諾伊機械 Illinois Tool Works	NYSE, ITW	工業 Industrials	53
黑山公司 Black Hills Corp	NYSE, BKH	公共事業 Utilities	52
W.W 格雷杰 W.W. Grainger	NYSE, GWW	工業 Industrials	52
目標百貨 Target	NYSE, TGT	消費品 Consumer Goods	52

企業名	市場與 股票代號	業種 （產業）	連續調升 配息年數
禮恩派公司 Leggett&Platt	NYSE, LEG	工業 Industrials	52
PPG 工業 PPG Industries	NYSE, PPG	工業 Industrials	52
碧迪醫療 Becton, Dickinson & Co.	NYSE, BDX	健康保健 Healthcare	52
艾伯維 AbbVie	NYSE, ABBV	健康保健 Healthcare	52
亞培 Abbott Labs	NYSE, ABT	健康保健 Healthcare	52
坦能 Tennant	NYSE, TNC	工業 Industrials	52
金百利克拉克 Kimberly Clark	NYSE, KMB	消費品 Consumer Goods	51
百事可樂 PepsiCo	NASDAQ, PEP	Consumer staples	51
勞氏公司 Lowe's companies Inc	NYSE, LOW	消費品 Consumer Goods	51
紐柯鋼鐵 Nucor	NYSE, NUE	工業 Industrials	51
戈爾曼魯普 THE GORMAN-RUPPCOMPANY	NYSE, GRC	工業 Industrials	51
標普全球 S&P Global	NYSE, SPGI	金融 Financials	50
寶貝捲糖業 TOOTSIE ROLL INDUSTRIES	NYSE, TR	消費品 Consumer Goods	50

企業名	市場與股票代號	業種（產業）	連續調升配息年數
沃爾瑪 Walmart INC	NYSE, WMT	消費品 Consumer Goods	50
米德爾賽克斯水務 MIDDLESEX WATER	NASDAQ, MSEX	公共事業 Utilities	50
阿徹丹尼爾斯米德蘭 ADM	NYSE, ADM	工業 Industrials	50
福蒂斯 Fortis inc	NYSE, FTS	工業 Industrials	50
聯合銀行 United Bankshares	NASDAQ, UBSI	金融 Financials	50
聯合愛迪生 Consolidated Edison	NYSE, ED	公共事業 Utilities	50

提供參考，NYSE 是指紐約證券交易所，NASDAQ 是指納斯達克交易所，OTH 或 OTV 是 OTCBB（Over-the-Counter Bulletin Board）的縮寫，可理解為為了那些無法滿足上市條件的小規模公司建立的一種場外交易所，但主要有兩個風險，一是交易量小、流動性差，二是企業缺乏可靠資訊。

只要知道資本利得稅和配息稅就好

資本利得稅

　　資本利得稅是對買賣股票後產生的獲利所課徵的稅金，美國的資本利得稅是22%，例如用100萬元時買了股票並用200萬元賣出，賣出價差為100萬元，這裡就會課徵22%的稅金，賺100萬元的話就要繳納22萬的稅金，只能拿到剩餘的78萬元，這樣想就知道稅金的占比很大。

```
美股稅金22%  =  資本利得稅20%
                +
               地方所得稅2%
```

*年度最多可基本折抵 250 萬

　　此時基本折抵最多可到250萬，也就是說計算每年1月1日到12月31日透過美股交易實現獲利超過250萬韓元的話，超出的獲利22%需要在5月申報綜合所得稅自行

繳納。[1]

此時許多投資人會混淆的就是日期的計算，美股的交割日是 T+3，所以不是從每年的 1 月 1 日起算到 12 月 31 日，而是需要算到 12 月 26 日。（以 2024 年為基準）

這種資本利得稅是分離課稅，與金融所得綜合課稅不同，不會和原有的其他所得合併計算，而是獨立計算稅額。簡單來說不管你平常賺多少，只要繳納超過基本扣抵 250 萬的獲利的 22% 即可。[2] 另外，大部分證券商提供代理申報資本利得稅，可以更方便的繳納稅金，如果 1 年期間透過交易產生 1,000 萬獲利的話，資本利得稅是這樣計算的：

（1,000 萬韓元－基本扣抵 250 萬韓元）×
（利得稅 20% ＋地方所得稅 2%）＝ 165 萬韓元

做為參考，不申報或未繳納時會有如下的加算稅。

---

[1] 以台灣的規定來說，美股資本利得在美國不需繳稅，但領到的配息會先被美國政府預扣 30% 的股息稅。在美國股市賺到的錢（買賣價差、現金股息）需按照台灣稅法申報海外所得。
[2] 台灣投資人的海外所得扣稅基準如下：個人海外所得 100 萬元以下免申報、不用計入基本所得額；個人海外所得 100 萬元以上，且個人基本所得額小於 750 萬元需要申報、不用計入基本所得額；個人海外所得 100 萬元以上，且個人基本所得額大於 750 萬元需要申報、計入基本所得額。

- 資本利得稅未申報加算稅：算出稅額 ×20% 或 40%
- 未繳納加算稅：未繳納稅額 × 未繳日數 ×0.03%（換算年利率為 10.95%）

不小心多繳納這種稅金的投資人很多，22% 的高稅率也讓人嚇到，但是對於實際產生獲利的部分繳納稅金是非常理所當然的事。想想兩者中何者更好，獲利後繳稅，還是投資虧損連稅金都不用繳。

配息稅

海外股票投資中，配息收入會被美國政府先預扣稅，扣除後剩下的金額會入帳到投資人帳戶。

配息稅 15% = 15% 就源扣繳[3]

*LP（Limited Parter, 有限責任合夥人）則被徵收 39.6% 配息稅（36%+3.6%），稅金很高

LP 是在法人稅上得到相當優惠的企業，可以取得高配息的狀況很多，因此，從公平性角度出發，會適用較高的配息稅。

---
3 台灣投資人投資美股，股息稅為30%。

例：Genesis Energy, L.P.（GEL）, Holly Energy Partners, L.P.（HEP）等。

LP 有時候不需要繳法人稅，就會在配息稅適用高稅率。

資本利得稅有節稅祕訣嗎？

一般舉行講座時，經常聽到別人問我資本利得稅如何規避的祕訣，但以我長期交易美國股票的經驗來說，坦白說沒有什麼祕訣。不，更直接地說，跟買賣相關的稅金祕訣我也不喜歡。

即使如此，如果一定要說祕訣的話，年底左右，如果該年度有產生獲利的個股和產生虧損的個股的話，可以透過買賣讓獲利與虧損實現，這裡重要的是要有「虧損的個股」，資本利得稅因為是每 1 年為單位計算，為了能活用基本扣抵 250 萬，將該年度的虧損部分實現，讓其可反映進去，硬要說的話這可以算是祕訣吧。

但是如前所述，我不喜歡這種要利用買賣來避稅的做法。在我看來，資本利得稅讓許多投資人頭痛的原因在於產生獲利的年與繳納稅金的年不一樣，也就是賺的錢都花完後在下一年 5 月要繳稅。雖然前面有獲利沒錯，但要拿來繳稅的錢已經都花完，只能用自己的錢去繳的感覺。

所以我的結論是，先把股票賣掉實現獲利後，在把大約 20% 左右另外拿出來放到不管是 MMF 還是銀行帳戶中保管就好，那麼在 5 月申報綜合所得稅時就能毫無負擔的繳納稅金。

對於配息股的誤會與事實

當然,說到高配息股,大部分人都會想到公共事業和低成長企業,由於投資人普遍追求高收益股票,所以最先想到的就是這種企業。

企業的基本理念是股東利益的最大化,最直觀的就是股價上漲。 問題是股價上漲是只有成長中的企業才能享受的紅利,企業成長越大,股東們的利益就能極大化。

以電力公司為例的公共事業,使用電力的消費者不會突然增加或減少,但是不論景氣好或壞,消費者規模都會固定,此時股價幾乎不動的可能性很大,沒有起伏的意思,那麼這種電力公司要怎麼讓股東獲利?就是配息。

另外,來看消費必需品產業的代表企業 P&G(寶僑),景氣好薪水上漲,民眾也不會買兩倍的牙膏,景氣不好薪水減少的話,民生用品也不能減半,就是照著原本用的繼續用,那麼就會與前面提到的電力公司沒有不同,是比起成長,獲利相較穩定的企業,同樣可以看成比起股價上漲,會用支付配息的方式讓股東利益最大化。

> ⓢ 小常識
>
> **財政上的彈性**：股票的配息率低，但盈餘現金流水準高的話，很有可能會有提高股利的空間。
>
> **機能性的成長**：獲利成長是一個指標，但也需要注意現金流與獲利，公司若能機能性的成長的話（例如：來客數、銷售、毛利增加），股利增加就只是時間的問題了。

配息股最大特色之一是公佈新的配息、近年最高的配息成長指標，或給更多股利的可能性（即便現在收益率低），這樣的消息公佈後影響股價而能帶來更大的總獲利。當然經營團隊的配息與預測未來配息股是否會上漲的並不簡單，但是可以來看幾個案例。

2003年在微軟上看到的變化完美地展現公司成長停滯時，配息中可能發生的事情。2003年1月，微軟終於宣佈發放配息，微軟儘管有很多資金，卻找不到值得的項目來投資，因此選擇與股東們分享公司獲利。

不管什麼樣的股票都無法永遠成長，總有一天所有的企業都會停止成長或鈍化，微軟開始配息的事實，並不意味著公司的終結，相反地，微軟成長為龐大的公司，進入生命週期延長新階段。可以說它不會再用以前的兩倍、三倍速度成長，2018年9月微軟宣佈將股息上調9.5%到每股

46 分美元，2023 年的現在迎來第 2 全盛期，我就是因此才將微軟放進配息投資組合中，這是用微軟來當作財政上的彈性的例子。而最近訂閱服務成長同時，也再讓我們看到其成長股的面貌。

同樣的內容也能在蘋果開展，蘋果並非在停止成長或鈍化時配息，而是做為股東提升政策的一環，持續地在成長中也支付股利。2012 年蘋果開始支付股利，2017 年超越有名的配息股埃克森美孚，成為全球配息最多的股票，2023 年現在蘋果支付給股東們每股 23 分的股利，雖然成長鈍化，但仍舊是穩定成長的例子。如果我從一開始就對股息投資感到厭倦的話，我就不會將蘋果和微軟納入我的投資組合。如果投資並不無聊，請記住股息股票也不無聊。

配息股總是安全的？NO！

配息股的特色就是安全且值得信賴，其中多數都是價值股，股息貴族（過去 25 年每年增加配息的企業），當然也會被看作安全的企業，若看美國最大且穩健的 S&P 100 指數，可以知道其中安全同時成長的配息公司很多。

但是會發放股息的公司並非全部都是安全的，這是因為在股價不動時，經營團隊會使用股利來安撫感到挫折的投資人（實際上許多公司都會這樣做）。所以想要避開配息

陷阱的話，很重要的是要考慮經營團隊在企業政策上如何使用股利，因為成長不足、要安撫投資人而發放股利，可說是很不好的想法。

2008 年因股價下跌，許多股票配息殖利率因而提高，配息殖利率暫時看起來很有魅力，但金融危機擴大，獲利驟減同時，很多的配息也因此沒有了，突然的配息減少讓許多股票開始暴跌，以下是 2008 年當時華爾街日報的新聞。

2008 年再次削減配息（出處 :www.wsj.com）

THE WALL STREET JOURNAL.

English Edition • Print Edition • Video • Podcasts • Latest Headlines • More •

Home World U.S. Politics Economy Business Tech Markets Opinion Books & Arts Real Estate Life & V

Another Dividend Cut in 2008

By David Gaffen
Feb 26, 2008 1 19 pm ET

PRINT TEXT

MBIA's announcement that it was cutting its dividend brings the total number of S&P 500 companies that have reduced their dividend payouts in 2008 to six, which may not seem like a lot, but it equals the total number of dividend decreases for the first two months of the year from 2004 to 2007.

Taking Action on Dividends

2008年2月金融危機當時華爾街日報中刊登的報導，內容提到績效低迷的企業公司財政惡化，最後的處理就是削減配息。為了防止投資在這種企業而後悔，也要一直去觀察支付配息的企業的績效和股利調升趨勢。

　在這世上沒有簡單的投資，配息投資跟一般股票投資相比可能會感覺比較安心，但沒有做功課的投資是不會有獲利的。

200% 去體驗複利之力的配息股投資組合魔法

這本書介紹的「每週入帳的配息投資組合」，年配息收益率為 2.01%（以 2024 年 2 月為基準）。

該投資組合由包括 SPY ETF 在內的 17 檔個股組成，股利沒有想像中那麼大，只關注股利的散戶投資人可能會感到失望。但是，若是持續長期投資「每週入帳的配息組合」，當企業每年持續上調股利，那麼實行將每週獲得的股利再投資會怎麼樣呢？就可以體驗到「Compound」，也就是複利的魔法。

想體驗複利的經驗的話，需要有幾個條件，我們一個個來詳細說明。最重要的是投資組合中個股的獲利成長，因為要有獲利成長股利才會上調，現在組成的 17 檔個股各自的成長率都不同，但預估全部的配息都會成長。

首先簡單地來看除了 SPY ETF 之外的 16 檔個股各自的配息成長預估值。

1. 金百利克拉克（KMB. Kimberly-Clark Corporation）

會計年度 Fiscal Period Ending	預估股利 Consensus Rate	預估年配息殖利率 Consensus Yield
2023 年 12 月	$ 4.71	3.87%
2024 年 12 月	$ 4.90	4.03%
2025 年 12 月	$ 5.11	4.20%

2. 默克（MRK. Merck & Co., Inc.）

會計年度 Fiscal Period Ending	預估股利 Consensus Rate	預估年配息殖利率 Consensus Yield
2023 年 12 月	$ 2.97	2.58%
2024 年 12 月	$ 3.20	2.79%
2025 年 12 月	$ 3.57	3.11%

3. 富美實（FMC. FMC Corporation）

會計年度 Fiscal Period Ending	預估股利 Consensus Rate	預估年配息殖利率 Consensus Yield
2023 年 12 月	$ 2.31	4.31%
2024 年 12 月	$ 2.39	4.45%
2025 年 12 月	$ 2.57	4.78%

4. 思科（CSCO. Cisco Systems, Inc.）

會計年度 Fiscal Period Ending	預估股利 Consensus Rate	預估年配息殖利率 Consensus Yield
2024 年 7 月	$ 1.58	3.32%
2025 年 7 月	$ 1.63	3.42%
2026 年 7 月	$ 1.71	3.38%

5. 達登餐飲（DRI. Darden Restaurants, Inc.）

會計年度 Fiscal Period Ending	預估股利 Consensus Rate	預估年配息殖利率 Consensus Yield
2023 年 5 月	$ 4.89	3.30%
2024 年 5 月	$ 5.33	3.60%
2025 年 5 月	$ 5.77	3.89%

6. 勞氏公司（LOW. Low's Companies, Inc.）

會計年度 Fiscal Period Ending	預估股利 Consensus Rate	預估年配息殖利率 Consensus Yield
2023 年 1 月	$ 3.82	1.91%
2024 年 1 月	$ 4.29	2.15%
2025 年 1 月	$ 2.29	2.29%

7. 蘋果（AAPL. Apple Inc.）

會計年度 Fiscal Period Ending	預估股利 Consensus Rate	預估年配息殖利率 Consensus Yield
2023 年 9 月	$ 0.95	0.50%
2024 年 9 月	$ 1.01	0.53%
2025 年 9 月	$ 1.12	0.59%

8. 寶僑（PG. The Procter & Gamble Company）

會計年度 Fiscal Period Ending	預估股利 Consensus Rate	預估年配息殖利率 Consensus Yield
2023 年 6 月	$ 3.80	2.52%
2024 年 6 月	$ 3.98	2.63%
2025 年 6 月	$ 4.16	2.76%

9. 星巴克（SBUX. Starbucks Corporation）

會計年度 Fiscal Period Ending	預估股利 Consensus Rate	預估年配息殖利率 Consensus Yield
2023 年 12 月	$ 2.30	2.18%
2024 年 12 月	$ 2.46	2.33%
2025 年 12 月	$ 2.94	2.78%

10. 科磊（KLAC, KLA Corp.）

會計年度 Fiscal Period Ending	預估股利 Consensus Rate	預估年配息殖利率 Consensus Yield
2023 年 6 月	$ 5.69	1.04%
2024 年 6 月	$ 6.22	1.14%
2025 年 6 月	$ 6.62	1.22%

11. 嬌生（JNJ. Johnson & Johnson）

會計年度 Fiscal Period Ending	預估股利 Consensus Rate	預估年配息殖利率 Consensus Yield
2023 年 12 月	$ 4.73	3.16%
2024 年 12 月	$ 4.89	3.27%
2025 年 12 月	$ 5.14	3.43%

12. 微軟（MSFT. Microsoft Corporation）

會計年度 Fiscal Period Ending	預估股利 Consensus Rate	預估年配息殖利率 Consensus Yield
2023 年 6 月	$ 2.96	0.80%
2024 年 6 月	$ 3.22	0.87%
2025 年 6 月	$ 3.55	0.96%

13. 應用材料（AMAT. Applied Materials, Inc.）

會計年度 Fiscal Period Ending	預估股利 Consensus Rate	預估年配息殖利率 Consensus Yield
2023 年 8 月	$1.25	0.84%
2024 年 8 月	$1.39	0.93%
2025 年 8 月	$1.55	1.04%

14. 艾利丹尼森（AVY. Avery Dennison Corporation）

會計年度 Fiscal Period Ending	預估股利 Consensus Rate	預估年配息殖利率 Consensus Yield
2023 年 12 月	$3.11	1.63%
2024 年 12 月	$3.18	1.67%
2025 年 12 月	$3.39	1.78%

15. 洛克希德馬丁（LMT. Lockheed Martin Corporation）

會計年度 Fiscal Period Ending	預估股利 Consensus Rate	預估年配息殖利率 Consensus Yield
2023 年 12 月	$12.16	2.73%
2024 年 12 月	$12.87	2.89%
2025 年 12 月	$13.66	3.07%

16. 高盛（GS. The Goldman Sachs Group, Inc.）

會計年度 Fiscal Period Ending	預估股利 Consensus Rate	預估年配息殖利率 Consensus Yield
2023 年 12 月	$10.51	3.10%
2024 年 12 月	$11.39	3.36%
2025 年 12 月	$11.99	3.54%

17. SPY - SPDR S&P 500 ETF Trust

　　如前所述,無論配息多寡都需要持續再投資,那所有人都會問類似以下問題:金百利克拉克(Kimberly-Clark)季股利為1.16美元,那要怎麼用股利來買1股呢?是的,金百利克拉克1股價格在120美元左右,1.16美元很難買進1股,但是隨著近期幾乎所有證券商都上線碎股交易的服務,也解決了這個不便之處。將入帳的股利去買相符數量的碎股就可以了,金百利克拉克的話,假設每股市價137美元,剛剛提到的季股利1.16美元在投資進去,就能買到0.008股。

　　當然對於投資金額大、股利相對較多的人是不太適用,現在提到的內容是寫給小額投資人看的,事實上現在能提到配息投資組合,也是因為韓國證券商最近開始上線碎股交易,對於這項制度想聽取更詳細內容的話,請去詢問目前交易中的證券商。

　　重新回到複利的話題。每週進帳季股利的話,是每年會入帳52次的股利,這裡如果都拿去再投資的話,就有52週再投資。事實上對配息投資沒有關心的人,也會對此感到相當有興趣,以下如實分享複利成果,列出每週再投資的結果,因為內容太多就用年度別來看。

每週股利進帳的投資組合，年度透過再投資的收益率變化

年度	收益率
2023年	2.46%
2024年	5.26%
2025年	8.47%
2026年	12.18%
2027年	16.50%
2028年	21.57%
2029年	27.62%
2030年	34.93%

2035年第2季為104.66%，12年後獲利成長兩倍。
2040年第1季終於超越1,000%來到1,215.84%，後面經過2季後的2040年第3季則會變成2,114.34%。

將此用金額來表現的話，2023年1月初期投資金額為330萬韓元（2,528美元），17年後的2040年第4季就會增加到1億韓元。換句話說，因為17年期間將收到的配息進行的再投資，體會到複利的力量，本金也暴增到29倍，股價假設都停滯不動，只計算股利，並考量華爾街預測的配息率。

不要太驚訝，試著增加金額看看，假設你是父母，這個配息複利帳戶是你的子女帳戶，想像看看經過17年、27年、37年後的樣子，可能你的嘴角已經開始露出微笑了。

第二部

投資配息股的核心要素

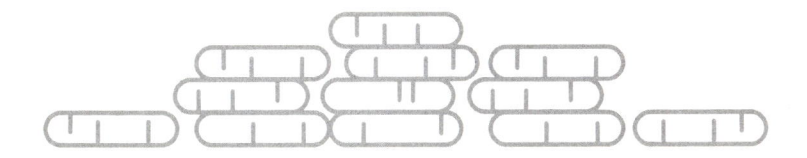

投資前需要放入我的最愛的網頁

　　認為配息投資比一般的股票投資更難，其實是種誤解。只要做到兩點就行。第一，瞭解想投資的個股除息日；第二，最晚在除息日前一天買入個股。只要知道在除息日前一天買入個股這個簡單原理，就可以建立每週入帳配息的投資組合。首先，要從哪裡知道個股的除息日呢？本章將向各位讀者介紹幾個有用的網頁。雖然是全英文頁面，但同樣的單詞在同一個位置反覆出現，只要對照書中內容一點一點嘗試，讀者完全可以獨自完成搜尋。

1. 納斯達克（www.nasdaq.com）

打開網頁後，在右上方放大鏡符號旁的空欄處輸入想搜尋的個股代碼。例如，輸入蘋果代碼「AAPL」搜尋後，點擊左側功能表之「Dividend History」，在這裡可以確認該個股最新除息日、股利支付日及過往記錄。

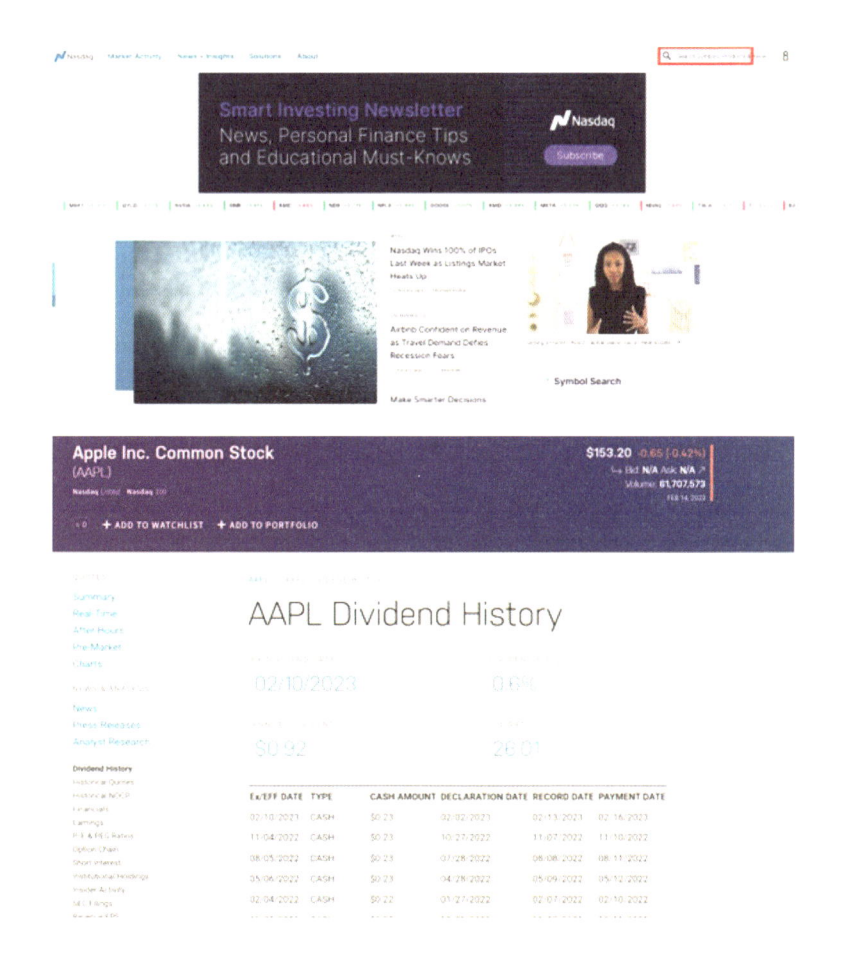

2. TipRanks（www.tipranks.com）

　　打開網頁後，點擊上方功能表中「Research Tools」，然後選擇「Dividend Calendar」，就可以確認除息日即將到來的個股。

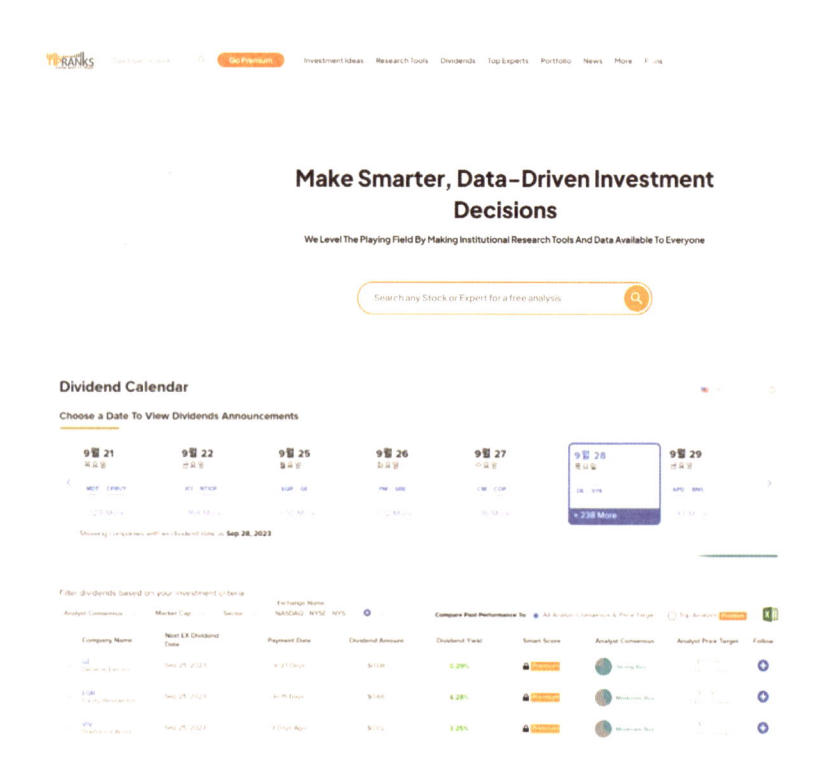

3. Dividend（www.dividend.com）

打開網頁後，展開上方功能表中「Dates」，選擇畫面中的「This Week's Ex-dates」或「This Month's Ex-dates」，可確認當週、當月之配息日程。

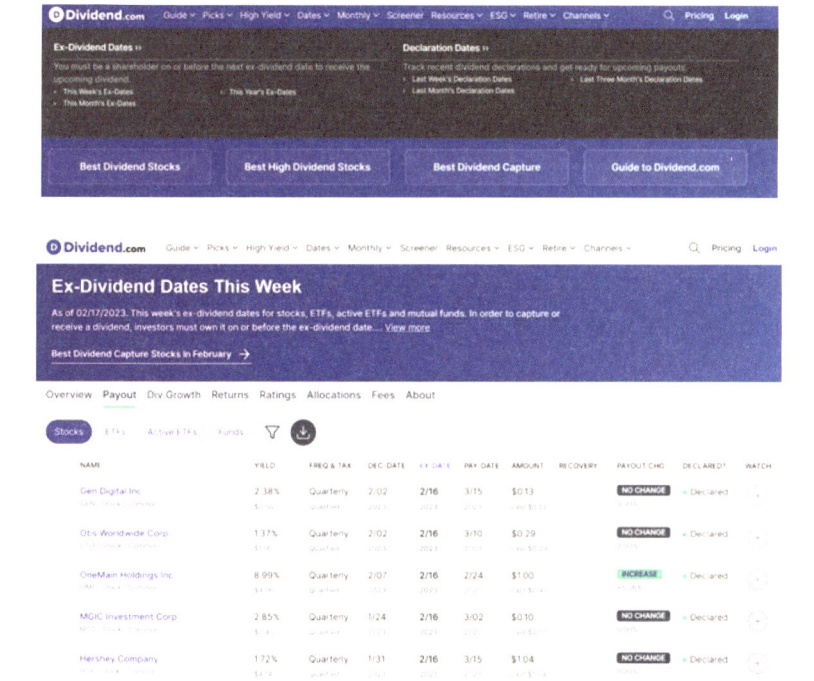

只投資績效良好的業種

想要建好房子，用好材料就可以。同理，建立好的投資組合，要從選擇好的業種出發。那麼什麼是好的業種呢？績效好的業種就是利於投資的業種。我為了發掘好的業種，常參考在 Yardeni Research 上定期發刊的〈S&P 500 業種未來及目前指標（S&P 500 Sectors Forward & Actual Metrics）〉。試著在 Google 搜尋一下吧，如果出現下一頁的封面，那就說明找對了。

在這裡嘗試尋找〈S&P 500 Sectors Quarterly Earnings Per Share〉和〈S&P 500 Sectors Quarterly Revenues Per Share〉中，曲線一直向上延展的產業。大概可以客觀地發現，映入眼簾的當然是 IT 以及醫療保健、工業材料、非必需消費品、必需消費品等。

業種別收益率趨勢表
（出處：S&P 500 Sectors Forward & Actual Metrics）

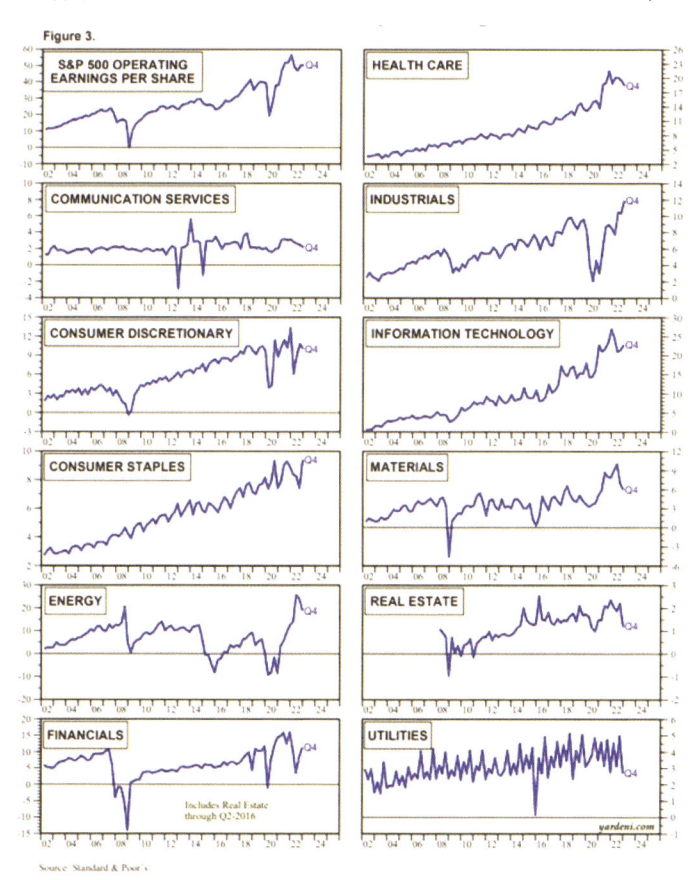

我依據上述數據進行之業種及比重分類如下。

業種別個股數、市值佔比對照表

業種	個股數佔比	市值佔比
Technology（科技）	31.3%	78%
Consumer Cyclical（非必需消費品）	25.0%	4%
Consumer Defensive（必需消費品）	12.5%	5%
Healthcare（醫療保健）	12.5%	9%
Industrials（工業材料）	6.2%	1%
Financial（金融）	6.3%	2%
Basic Materials（基本材料）	6.2%	1%

前面我所選的投資組合中，除 SPY 以外 16 檔個股中，5 檔個股為科技業佔比最多。即，蘋果、微軟、科磊、應用材料、思科。醫療保健業，我選入默克、P&G、嬌生等；工業材料業，選入艾利丹尼森和洛克希德馬丁。必需消費品業選入金伯利；非必需消費品業選入星巴克、達登餐飲及勞氏公司。同時，為了分散投資，基本材料業選入富美實；金融業選入高盛。另外，追加個人青睞之 ETF SPY，由此就誕生了由 17 檔個股組成的全球首創「每週入帳股息投資組合」。

這裡全球首創一詞並非我自創，是 2022 年秋天我與資產運用公司 Direxion 進行電話會議時，對方負責人對我說的。雖說要看績效選業種，但並不代表新手需要細部瞭解

企業內部狀況。因為，市場上數不清的專家們會分析業種及企業績效供我們參考。個人意見是主觀的，但數據不會說謊。評估顯示業種別績效之數據，作為建立自己投資組合的可靠資訊。

每週入帳股息的投資組合核心三要素

1. 個股要很大很大

前面筆者介紹之 17 檔個股的另一共同點，即全部歸類於大型股以上。通常，在美國 100 億美元以上之個股為大型股。超大型股（Mega Cap）通常是 2,000 億美元以上之個股，在我的投資組合中，蘋果和微軟屬於此類。

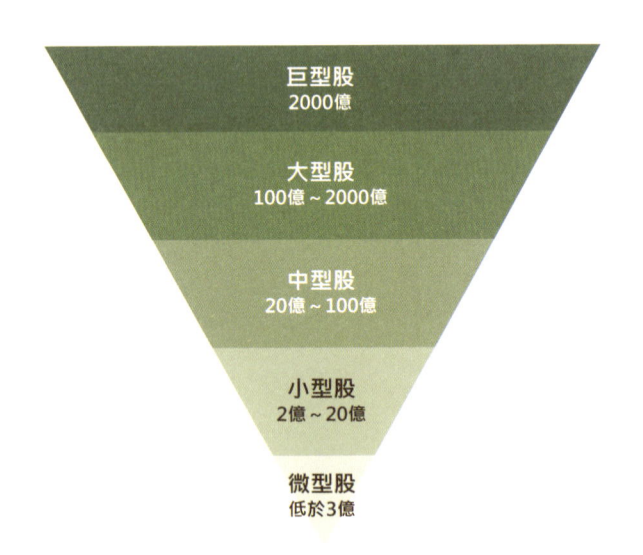

巨型股
2000億

大型股
100億～2000億

中型股
20億～100億

小型股
2億～20億

微型股
低於3億

我建議在選擇投資對象個股時，務必包含「大型股」以上之個股，理由是其高收益率及持續上升之配息殖利率。從下圖可見，藍色代表 S&P 400 的中型股、紅色代表 S&P 500 的大型股，綠色代表 S&P 600 的小型股。其中由藍色中型股構成的 S&P 400 收益率最高。但收益率就是全部嗎？再仔細看看各指數的收益率趨勢。

中型股、大型股、小型股收益率對照表
（出處：www.indexologyblog.com）

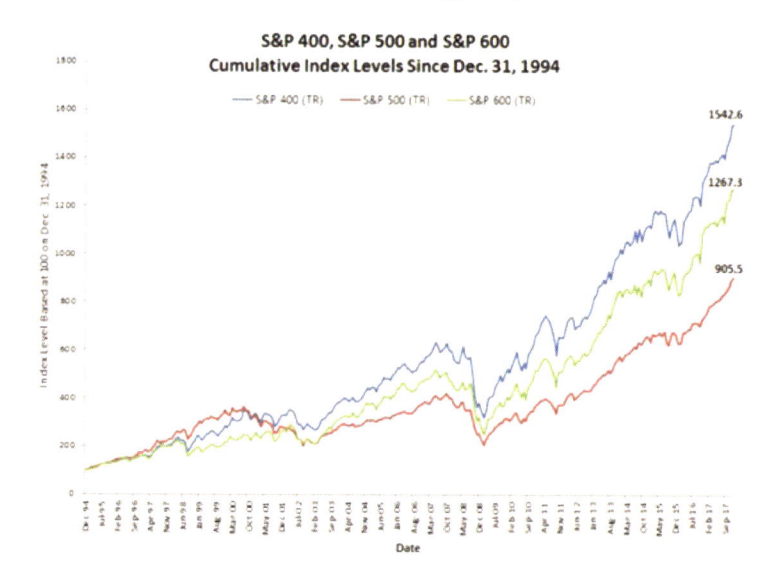

簡稱為 S&P 400 的 S&P MidCap 400 指數是 S&P Dow Jones Indices 股市指數。這個指數是美國中小型類股指標，也是使用最為廣泛的中小型股指數。S&P 500 是美國信

評公司S&P Global，以美國上市之市值前500個大型股所開發的指數，並定期修訂及發表的美國三大證券市場指數之一。簡稱為S&P 600的S&P SmallCap 600指數是標普（Standard & Poor's）開發之股市指數，使用股價加權指數，涵蓋美股之小型個股。若想成為該指數之成分股，個股之市值需在7億5,000萬美金至46億美金之間。再來看一下追蹤代表大型股之S&P 500的SPY ETF圖表。年配息殖利率為1.57%，但從近期趨勢可看出，配息殖利率在持續上升。

SPY（S&P 500藍色柱狀圖）配息趨勢，年配息殖利率1.57%（出處：en.macromicro.me）

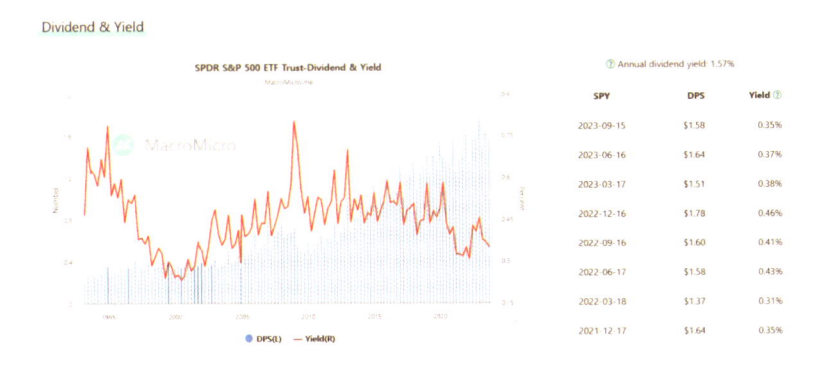

再看看代表中型股之S&P 400的SPMD ETF。配息殖利率為1.61%，低於後面小型股ETF配息殖利率1.70%。收益率較低，配息殖利率也較低，不建議投資。

SPMD（S&P 400）配息趨勢，年配息殖利率 1.61%
（出處：en.macromicro.me）

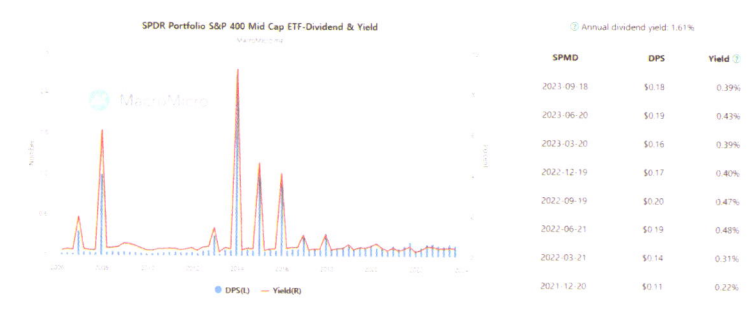

SPMD	DPS	Yield
2023-09-18	$0.18	0.39%
2023-06-20	$0.19	0.43%
2023-03-20	$0.16	0.39%
2022-12-19	$0.17	0.40%
2022-09-19	$0.20	0.47%
2022-06-21	$0.19	0.48%
2022-03-21	$0.14	0.31%
2021-12-20	$0.11	0.22%

　　再看看代表小型股之 S&P 600 之 SLY ETF。配息殖利率為 1.70%，相較來說最高，但收益率曲折且指標不佳。同時，配息殖利率之成長指標不明顯，導致投資者猶豫不決。

SIY（S&P 600）配息趨勢，年配息殖利率 1.70%
（出處：en.macromicro.me）

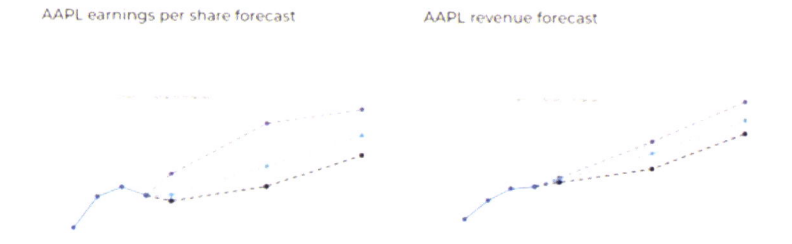

AAPL earnings per share forecast

AAPL revenue forecast

可以從這些指標確認到什麼呢？比起單純選擇收益率高的指標，更重要的是找到指標中隱含的意思。追蹤大型股以上的 S&P 500，收益率並非最高，但配息殖利率持續上升。我正是因為這個理由，選擇大型股以上的企業組成投資組合，像前面說的推薦提高 IT 科技、醫療保健業種。

2. 變動性很小很小

我的投資組合中 17 檔個股之另一個共同點是 BETA（變動性）小。大家常說無聊的投資才是真正的投資。我們應該關注那些變動性小、無聊到打哈欠的企業，這是長期投資的核心原動力。股價無波動，可以說是無聊的投資組合，但也是世界上最安全的投資組合。通常 BETA 值為 1 表示與市場變動性相同，在 1 以下則是相較市場變動性更小，SPY 除外之 16 檔個股的平均 BETA 值為 1.05。16 檔個股的變動性如下。

	個股名	代碼	BETA
1	蘋果	AAPL	1.24
2	艾利丹尼森	AVY	0.98
3	思科	CSCO	0.96
4	達登餐飲	DRI	1.25
5	應用材料	AMAT	1.59
6	富美實	FMC	0.85

	個股名	代碼	BETA
7	高盛	GS	1.39
8	嬌生	JNJ	0.58
9	金伯利	KMB	0.32
10	洛克希德馬丁	LMT	0.68
11	默克	MRK	0.33
12	微軟	MSFT	0.92
13	科磊	KLAC	3.4
14	P&G	PG	0.35
15	星巴克	SBUX	0.95
16	勞氏公司	LOW	1.1

3. 績效很棒很棒

不用說也知道投資績效持續上升的企業是最好的。為了找到這樣的企業，我常用 Wallstreetzen（www.wallstreetzen.com）所提供的績效預估值數據。註冊會員後，可以免費使用。雖然也有付費會員，但其實不太需要。打開官網後，搜尋企業名或個股代碼，就可以看到複雜的英文資料，我們要找的資料在上端預估（Forecast）功能處可以看到。

下頁的圖表是Wallstreetzen官網搜尋蘋果（代碼：AAPL）的結果。預估菜單中間可以看到預估績效（Earnings）和預估銷售額（Revenue）。

蘋果的圖表中向上揚數值較高，未來成長趨勢令人驚

艷。因此,我在打造投資組合時,將蘋果作為最核心的支柱,圍繞蘋果選擇其他個股。

蘋果之績效預估值及銷售額趨勢

PG earnings per share forecast

PG revenue forecast

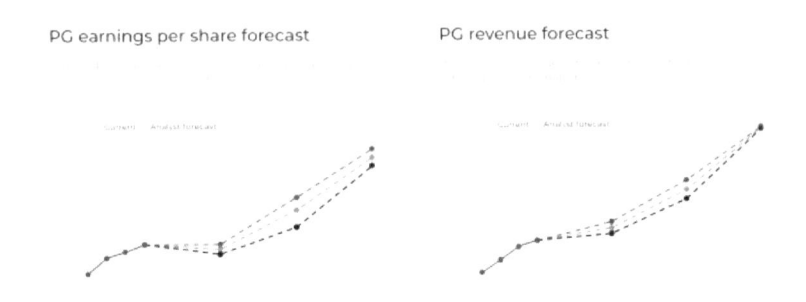

P&G 是筆者投資組合之第二支柱。P&G 穩定成長令所有人垂涎。

P&G 之績效預估值及銷售額趨勢

AAPL earnings per share forecast

AAPL revenue forecast

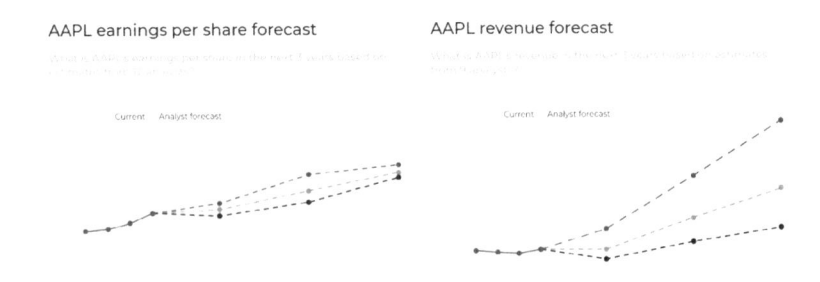

第三部

實踐！
打造每週入帳的配息
投資組合

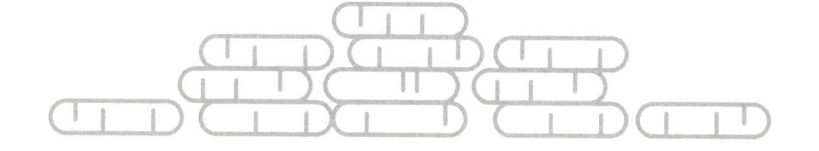

每週入帳股息的祕訣

1. 注意配息支付日而非除息日

在美股相關網站上可以輕鬆找到除息日（Ex-dividend date）及配息支付日（dividend payment date）。在前面講到的 Wallstreetzen 官網上搜尋企業名，選擇上端功能列中的「Dividend」，可以找到企業近期除息日及配息支付日，如下圖。

> **PG dividend dates**
>
> Last dividend payment date　　Feb 15, 2023
> Last ex-dividend date　　　　　Jan 19, 2023

這表示，並非買入股票後立即產生獲得配息之資格，而是指直到除息日（Ex-Dividend Date）你仍持有股票，才可在配息支付日獲得配息。或者在被稱作股東登記日「Record Date」之前兩天前持有股票，也可以獲得配息。

例如，若在 2024 年 1 月 17 日前買入股票，則 2024 年 2 月 15 日可獲得配息。中間有假日，須在 T+2 天前買入股票，如果感到困惑，建議保險一點在除息日 3 天前買入。除息日很容易確認。因為前面介紹的納斯達克（www.Nasdaq.com）或 Dividend（www.dividend.com）或 Tipranks（www.tipranks.com）網站上都有公佈企業除息日。不過，配合配息支付日比較麻煩。因為當地除息日與韓國到帳的配息日存在差異，一不小心就可能遞延到下一週。各證券商存在差異，通常需要 1 ～ 2 天時間，不會超過一週。

本書是以美國配息支付日為準打造投資組合，可能會跟在國內拿到股息的日子不同，但不影響每週入帳美元股利之投資組合的目的。實際上入帳日並無太大差異，僅供參考。

2. 選擇最具代表性的企業

選擇因為非常無聊只能進行長期投資的代表企業。這裡所謂代表企業，可以是市值排名靠前的個股，也可以是長時間連續上調配息的個股。選擇前面提到的大型股以上企業中收益率排名第一的企業，也屬於選擇代表企業。簡單介紹一下順序。

1. 首先打開 www.sectorspdrs.com

2. 產業別收益率（Performance）按不同期間顯示

SECTOR TRACKER
Today's Performance

S&P 500 INDEX	+1.85%	
XLC COMMUNICATION SERVICES	+1.25%	
XLY CONSUMER DISCRETIONARY	+2.02%	
XLP CONSUMER STAPLES	+0.93%	
XLE ENERGY	+2.71%	
XLF FINANCIALS	+2.47%	
XLV HEALTH CARE	+0.90%	
XLI INDUSTRIALS	+1.51%	
XLB MATERIALS	+1.68%	
XLRE REAL ESTATE	+1.55%	
XLK TECHNOLOGY	+2.51%	
XLU UTILITIES	+0.64%	

VIEW FULL SECTOR TRACKER ›

3. 選擇技術（Technology）業種

∧ XLK **TECHNOLOGY** +2.51%

Technology Holdings

Number of Holdings: 64　Total % Change: +2.51%

Symbol	Company Name	Index Weight	Last	Change	% Change
FTNT	Fortinet Inc	0.57%	61.18	+3.47	+5.57%
AAPL	Apple Inc	24.29%	165.79	+7.78	+4.69%
ON	On Semiconductor Corp	0.47%	77.83	+3.19	+4.36%
SEDG	SolarEdge Technologies Inc	0.22%	281.22	+12.77	+4.32%
GEN	Gen Digital Inc	0.19%	16.45	+0.70	+4.26%
FSLR	First Solar Inc	0.24%	171.59	+7.65	+4.29%
NVDA	Nvidia Corp	4.66%	275.62	+11.18	+4.06%
ADBE	Adobe Inc	2.15%	335.83	+12.57	+3.74%
AMD	Advanced Micro Devices	1.95%	86.61	+3.23	+3.73%
LRCX	Lam Research Corp	0.96%	512.24	+17.52	+3.42%

4. 按照收益率（Performance）排序

Technology Holdings

Number of Holdings: 64
Total % Change: +21.54%

Symbol	Company Name				
NVDA	Nvidia Corp				
CRM	Salesforce Inc				
AMD	Advanced Micro Devices				
AAPL	Apple Inc				
FTNT	Fortinet Inc				
ON	On Semiconductor Corp				
MSFT	Microsoft Corp				
CDNS	Cadence Design Systems Inc				
LRCX	Lam Research Corp				
ANSS	ANSYS Inc				

3. 來看一下績效好的配息股

所謂績效好的配息股，換句話說就是配息率高的企業。在 Dividend（dividend.com）官網上搜尋企業，可以確認其目前配息率及連續配息期間。

下面是 P&G 的搜尋結果。可以看到，配息率連續上升的期間是（Years of Dividend Increase）68 年。這展現出極高的可信度。也可以看到配息殖利率為 2.35%（2024 年 2 月基準）。但我並不推薦只看配息殖利率來投資，不要忘記綜合圖表波動、企業成長價值等多個因素來選擇個股。

P&G 之配息率及連續配息期間（出處：www.dividend.com）

Avg Price Recovery	4.4 Days	
Payout Ratio (FWD)	61.57%	
Years of Dividend Increase	66 yrs	
Dividend Frequency	Quarterly	
Consumer Staples Avg Yield	1.89%	

NAME	PRICE	AUM/MKT CAP	YIELD & DIV
Procter & Gamble (PG｜STOCK)	$138.18 / -2.07%	$334 B	2.64% / $3.65

4. 在3個月內確實執行

1 年 52 週，為了每週獲得配息需要 52 檔個股嗎？絕對不是這樣。雖然各企業存在差異，但通常按季度支付配息。1、3、6、9月以及 2、5、8、11 月，或者也有企業不按季度支付配息。通常只要選擇 1、2、3 月配息的個股重複，建立 3 個月份的就可以了。例如，我 2024 年 2 月的投資組合就是這樣做的，首先選擇核心的所謂支柱企業；我的情況就如前面所說，選擇蘋果。將蘋果的配息支付日 2 月 15 日寫在月曆上，將星巴克放在後一週。就這樣打開 1～3 月的月曆，把企業一個一個寫進去。寫寫改改，找公司的過程中，可以養成宏觀的眼光看市場。

2024 February

Sunday	Monday	Tuesday	Wednesday	Thursday	Friday	Saturday
				1 達登餐飲	2	3
4	5	6	7 勞氏	8	9	10
11	12	13	14	15 蘋果 寶僑	16	17
18	19	20	21	22	23 星巴克	24
25	26	27	28			

每週入帳股息的投資組合範例

我打造的「每週入帳股息的投資組合」包含 16 檔個股和 1 檔 ETF。如下一頁的表格所呈現，從 1 月到 12 月全部列出來。從投資組合可以看出，1～3 月配息日程在 4～12 月持續重複。因為大部分美國股票通常按季度支付配息，打造投資組合時，請記住只要定好 1 月、2 月、3 月，就等於剩下的 9 個月也都定好了。

需要注意的是，書中配息股構成基準全部為美國當地配息支付日，偶爾因個股個別情況，配息支付遞延或國內券商內部情況實際入帳時間可能發生變化。但以筆者的經驗來說，差異不大，不太需要擔心。

月份	第1週	第2週	第3週	第4週	最後一週前幾日	最後一週後幾日
1	金伯利	默克	富美實	思科		SPY
2	達登餐飲	勞氏公司	蘋果 P&G	星巴克		
3	科磊	嬌生	微軟應用材料	艾利丹尼森	洛克希德馬丁 高盛	
4	金伯利	默克	富美實	思科		SPY
5	達登餐飲	勞氏公司	蘋果 P&G	星巴克		

月份	第1週	第2週	第3週	第4週	最後一週前幾日	最後一週後幾日
6	科磊	嬌生	微軟應用材料	艾利丹尼森	洛克希德馬丁高盛	
7	金伯利	默克	富美實	思科		SPY
8	達登餐飲	勞氏公司	蘋果 P&G	星巴克		
9	科磊	嬌生	微軟應用材料	艾利丹尼森	洛克希德馬丁高盛	
10	金伯利	默克	富美實	思科		SPY
11	達登餐飲	勞氏公司	蘋果 P&G	星巴克		
12	科磊	嬌生	微軟應用材料	艾利丹尼森	洛克希德馬丁高盛	

在後面的第四部，我將選為投資組合的個股和其他推薦個股全部整理為候選個股。例如，1月第一週我整理了與金伯利（KMB）配息的21檔備選個股。如果已經持有金伯利，可以從其他21檔個股中選一檔打造和我不同的投資組合。

針對所有個股都有整理配息概要、企業概要、配息評價及最重要的後續配息預估值。配息評價參考最可靠的美國股票評價企業 Seeking Alpha（seekingalpha.com）官網，其評價標準所包含之要素如下：

- 配息穩定性：持續支付目前配息金額之公司能力
- 配息成長性：相較競爭同業配息成長率之吸引力（對

後續配息上調的展望）
- 配息殖利率：相較競爭同業配息殖利率之吸引力（目前配息殖利率水準）
- 配息持續性：支付相同配息金額之公司績效

　　為了投資的安全性，個股是從 S&P 500 中挑選，因此 1、4、7、10 月最後一週選擇將不是個股的 ETF「SPY」放入投資組合。請諒解本書沒有針對 SPY 的詳細說明。有時候備選個股太多難以選定，有的週可選個股太少也很困難。不過，試試參考我截至目前提及的基準，從第四部備選個股中選出自己的投資組合吧。

　　前面雖已經介紹了由我組成的 17 檔投資組合，但大家自己打造的投資組合無論在配息金額或資本利得層面，都可能超過我的投資組合。重要的是自己去嘗試，仔細查看，希望大家也能享受打造自己投資組合獲得收益的喜悅。

第四部

213 間每週入帳配息企業名單

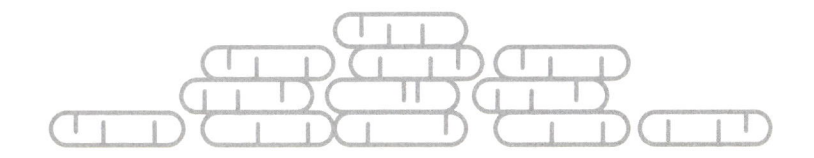

閱讀第四部的方法

配息概況					
❶代號	KMB	❷配息率	66.63%	❸配息週期	季
❹年股利	$4.88	❺年配息殖利率	4.10%	❻連續配息上調	53年
❼同產業配息殖利率	1.89%	❽最近配息支付日	24.01.03	❾平均填息日	10.7天

❶ 代號：個股代碼

❷ 配息率：本期淨利中股利占比

❸ 配息週期：支付股利的週期，通常每季支付股利

❹ 年股利：1年的總股利

❺ 年配息殖利率：1年的總股利 / 股價

❻ 連續配息上調：每年配息上調情形

❼ 同產業配息殖利率：與同產業比較配息殖利率

❽ 最近配息支付日：最近支付配息日

❾ 平均填息日：以除息日為基準恢復股價所需的平均日數

企業概況
金伯利克拉克是美國個人用品製造相關企業，其代表性的有紙巾產品、女性衛生用品、一次性尿布商品類。擁有 Kleenex、Cottonelle、Scott、Wypall、Huggies 等品牌和產品。

在企業概況中簡要說明企業沿革與代表商品、特殊事項。

配息預估值

❶ 會計年度 Fiscal Period Ending	❷ 預估股利 Consensus Rate	❸ 預估年配息殖利率 Consensus Yield	❹ 低展望值 Low	❺ 高展望值 High
2023 年 12 月	$4.71	3.87%	$4.68	$4.74
2024 年 12 月	$4.90	4.03%	$4.72	$5.57
2025 年 12 月	$5.11	4.20%	$4.72	$6.12

❶ 會計年度：會計年度指的是 1 年也就是 12 個月的會計期間，公司會計年度若開始於 1 月 1 日的話，該會計年度會在 12 月 31 日結束，企業可考量公司需求自己選擇最合適的會計年度，會計年度每間公司不同。

❷ 預估股利：華爾街推測的預估股利。

❸ 預估年配息殖利率：將年度股利除以股價的數值，即便是同樣的股利也有可能因股價下跌而讓殖利率變大，相反地股價上升的話，配息殖利率就會變小，因此隨著股價變動的配息殖利率單純僅供參考，希望能集中在股利本身。

❹ 低展望值：華爾街預測的最低預估股利。

❺ 高展望值：華爾街預測的最高預估股利。

---

❶ 配息穩定性 B+　❷ 配息成長性 A+　❸ 配息殖利率 B　❹ 配息持續性 A+

❶ 配息穩定性：公司能持續支付現在的股利的能力
❷ 配息成長性：跟同產業相比配息成長率的吸引力
❸ 配息殖利率：跟同產業相比配息殖利率的吸引力
❹ 配息持續性：一貫支付股利的公司之配息持續性

在第四部中，蒐集了本書的核心內容，也就是每週進帳股利的企業名單，總共 213 檔個股，分月、週詳細介紹。有些讀者可能對這些企業感到陌生，「作者說」這個部分就是我對於這些美國企業的理解。

我建立了如前所述的包含 SPY ETF 在內共 17 檔個股組合，但是每個投資人喜歡的個股不同，你可以用其他個股來替換建立投資組合，列出每月、每週的候選個股，或是看完本書的讀者中，也期待能有人建立出更傑出的投資組合。

先來看該週會支付配息的個股，有喜歡的個股就讓它進到每週入帳美元的投資組合中吧！食材我已經給各位了，就按照自己喜歡的方式料理吧？

※ 但為了降低風險，所有個股僅限從 S&P 500 指數中挑選。

[1月] 第1週

001　金百利克拉克（KMB）
002　自動資料處理（ADP）
003　北方信託公司（NTRS）
004　德事隆集團（TXT）
005　聯信公司（CMA）
006　麥卡遜（MCK）
007　全州保險公司（ALL）
008　雅保公司（ALB）
009　百特國際公司（BAX）
010　純正零件公司（GPC）
011　賓州電力公司（PPL）
012　地區金融（RF）
013　杭廷頓銀行（HBAN）
014　派拉蒙全球（PARA）
015　羅賓昇國際聯運（CHRW）
016　惠普（HPQ）
017　布林頓資源（BR）
018　餐飲品牌國際（QSR）
019　恩智浦半導體（NXPI）
020　維西地產（VICI）
021　伊士曼化工（EMN）

001 金百利克拉克 Kimberly-Clark Corporation

配息概況

代號	KMB	配息率	66.63%	配息週期	季
年股利	$4.88	年配息殖利率	4.10%	連續配息上調	53 年
同產業配息殖利率	1.89%	最近配息支付日	24.01.03	平均填息日	10.7 日

企業概況

金伯利克拉克是美國個人用品製造相關企業，其代表性的有紙巾產品、女性衛生用品、一次性尿布商品類。擁有 Kleenex、Cottonelle、Scott、Wypall、Huggies 等品牌和產品。

配息預估值

會計年度	預估股利	預估年配息殖利率	低展望值	高展望值
2023 年 12 月	$4.71	3.87%	$4.68	$4.74
2024 年 12 月	$4.90	4.03%	$4.72	$5.57
2025 年 12 月	$5.11	4.20%	$4.72	$6.12

配息穩定性 B+ ｜ 配息成長性 A+ ｜ 配息殖利率 B ｜ 配息持續性 A+

作者說

這就是以好奇尿布聞名的金伯利克拉克。紙尿布這種東西不會因為經濟好就多賣兩倍、經濟不好就賣不出去。作為代表性的經濟防禦性個股，無論經濟狀況如何，都可以期待持續收益的企業。

002 自動資料處理 Automatic Data Processing, Inc

配息概況

代號	ADP	配息率	56.00%	配息週期	季
年股利	$5.60	年配息殖利率	2.21%	連續配息上調	48 年
同產業配息殖利率	1.37%	最近配息支付日	24.01.03	平均填息日	7.5 日

企業概況

自動資料處理，或稱安德普翰。向全世界提供以雲端計算為基礎的人力資源管理公司。由僱主服務和專門僱主組織（PEO）兩個部門運作，僱主服務部門提供戰略性雲端基礎平台和人力資源（HR）外包服務。PEO 服務部門透過共同雇用模式，向中小企業提供 HR 外包解決方案。於 1949 年成立，總部位於紐澤西羅斯蘭德。

配息預估值

會計年度	預估股利	預估年配息殖利率	低展望值	高展望值
2024 年 6 月	$5.45	2.38%	$5.45	$5.45
2025 年 6 月	$5.63	2.45%	$5.18	$6.05
2026 年 6 月	$6.11	2.66%	$5.20	$6.62

配息穩定性 A+ ｜ 配息成長性 A- ｜ 配息殖利率 B- ｜ 配息持續性 A+

作者說

自動資料處理為人才管理提供多種雲端計算基礎的解決方案。該公司協助處理企業薪資、稅金、福利等與企業內部員工相關一切的公司，是長期經營公司不可或缺的企業。48 年來以持續上調、支付配息。若能再持續配息 2 年，就有可能被列入「股息王族」名單。

003　北方信託公司 Northern Trust Corp.

配息概況

代號	NTRS	配息率	44.69%	配息週期	季
年股利	$3.00	年配息殖利率	3.77%	連續配息上調	0 年
同產業配息殖利率	3.18%	最近配息支付日	24/01/01	平均填息日	6.8 日

企業概況

北方信託公司向全世界企業、機構、家庭及個人提供資產管理、資產服務及銀行服務。分為企業及機構服務（C&IS）和資產管理兩個部門運作，1889 年成立，總部設在伊利諾伊州芝加哥。

配息預估值

會計年度	預估股利	預估年配息殖利率	低展望值	高展望值
2023 年 12 月	$3.01	4.00%	$3.00	$3.10
2024 年 12 月	$3.13	4.15%	$3.00	$3.70
2025 年 12 月	$3.27	4.34%	$3.00	$4.00

配息穩定性 B+ ｜ 配息成長性 D+ ｜ 配息殖利率 C+ ｜ 配息持續性 A-

作者說

是金融控股公司。在矽谷銀行破產後，淨利息收入減少同時，雖然還存有對銀行股的擔憂，但在穆迪或 S&P 都還沒有被下調信用等級。因為代表其業績還算良好，重要的是不要進一步惡化，以這種狀態堅持下去。

004 德事隆集團 Textron Inc.

配息概況

代號	TXT	配息率	1.15%	配息週期	季
年股利	$0.08	年配息殖利率	0.09%	連續配息上調	0 年
同產業配息殖利率	2.36%	最近配息支付日	24/01/01	平均填息日	8.6 日

企業概況

1923 年成立，經營飛機、國防、工業和金融事業。子公司有 Arctic Cat、Bell Textron、Textron Aviation、Lycoming Engines 等。其中 Textron Aviation 製造、銷售及提供商務噴射機、渦輪螺旋槳及活塞發動機飛機、軍事訓練機及防禦用飛機；Textron Systems 是無人機系統、電子系統及解決方案、尖端海洋技術、活塞飛機引擎、武器與相關零件等。

配息預估值

會計年度	預估股利	預估年配息殖利率	低展望值	高展望值
2023 年 12 月	$0.08	0.10%	$0.08	$0.08
2024 年 12 月	$0.08	0.11%	$0.08	$0.10
2025 年 12 月	$0.10	0.13%	$0.08	$0.16

配息穩定性 A+ ｜ 配息成長性 B ｜ 配息殖利率 D- ｜ 配息持續性 C+

作者說

德事隆是生產商務噴射機、直升機、雪地摩托等多種交通工具的製造業，隨著新型冠狀病毒結束，相關需求蜂擁而至，是業績強勢上升的個股。日後在全球商業環境下，個人噴射機成為必需品的時代會不會到來呢？

005 聯信公司 Comerica Incorporated

配息概況

代號	CMA	配息率	45.73%	配息週期	季
年股利	$2.84	年配息殖利率	5.63%	連續配息上調	1 年
同產業配息殖利率	7.5%	最近配息支付日	24/01/01	平均填息日	7.5 日

企業概況

為金融控股公司，提供中小企業、跨國公司和政府機構，商業貸款和信貸額度、存款、現金管理、資本市場商品、國際貿易金融、信用狀、外匯等多種商品和服務。另外，還提供由消費者貸款、消費者存款及抵押貸款等多種個人金融服務、信託服務、私人銀行、退休服務、投資管理及諮詢服務、投資銀行及中介服務。成立於 1849 年，過去的名稱是底特律銀行（DETROITBANK Corporation），1982 年 7 月改為聯信。

配息預估值

會計年度	預估股利	預估年配息殖利率	低展望值	高展望值
2023 年 12 月	$2.84	6.28%	$2.82	$2.89
2024 年 12 月	$2.90	6.42%	$2.83	$3.12
2025 年 12 月	$2.94	6.50%	$2.83	$3.31

配息穩定性 A- ｜ 配息成長性 D- ｜ 配息殖利率 A- ｜ 配息持續性 C+

作者說

總部設在達拉斯的地方銀行，標普全球曾於 2023 年 8 月下調信用等級。矽谷銀行破產後，銀行股的擔憂仍存在，雖然目前被分類為虧損比率不到 1%，經營較好的地方銀行，但在像現在這種高利率環境下，仍需隨時注意。

006 麥卡遜 McKesson Corporation

配息概況

代號	MCK	配息率	7.05%	配息週期	季
年股利	$2.48	年配息殖利率	0.49%	連續配息上調	16 年
同產業配息殖利率	1.58%	最近配息支付日	24/01/02	平均填息日	7.6 日

企業概況

總部設在德克薩斯州歐文，批發藥品、提供健康資訊技術、醫療用品及治療管理工具。該公司提供了三分之一的北美藥品量，並雇用 7 萬 8 千多名員工，另外，也為醫療產業提供廣泛的網絡基礎設施，在 2021 年《財富》雜誌世界 500 強企業排名中排名第 7 名，銷售規模為 2,382 億美元。

配息預估值

會計年度	預估股利	預估年配息殖利率	低展望值	高展望值
2024 年 3 月	$2.41	0.54%	$2.22	$2.71
2025 年 3 月	$2.20	0.57%	$1.56	$2.71
2026 年 3 月	$2.42	0.63%	$2.16	$2.64

配息穩定性 A+ ｜ 配息成長性 A ｜ 配息殖利率 D+ ｜ 配息持續性 A

作者說

作為美國代表性的醫藥品批發企業，基本上是業績傑出的企業，最近因減肥藥品的銷售增加業績更好，該公司的減肥藥佔批發藥品銷售總量的 20%。

007　全州保險公司 Allstate Corporation

配息概況

代號	ALL	配息率	22.26%	配息週期	季
年股利	$3.56	年配息殖利率	2.23%	連續配息上調	13 年
同產業配息殖利率	3.18%	最近配息支付日	24/01/02	平均填息日	2.0 日

企業概況

從 1967 年設立，總部位於伊利諾伊州北田小鎮的美國保險公司。直到 1995 年 6 月成為完全獨立的公司前，一直由 Sears 運營，在加拿大經營個人保險事業。以 2018 年為基準，銷售額為 398 億美元，在 2019 年《財富》雜誌評選的 500 強美國企業中，以總銷售額為基準排名第 79 名。

配息預估值

會計年度	預估股利	預估年配息殖利率	低展望值	高展望值
2023 年 12 月	$3.71	2.76%	$3.56	$4.00
2024 年 12 月	$3.76	2.80%	$3.51	$4.00
2025 年 12 月	$3.94	2.94%	$3.65	$4.20

配息穩定性 A- | **配息成長性 D** | **配息殖利率 D+** | **配息持續性 A**

作者說

美國代表性的保險公司，最近汽車保險費的上調（車輛高級化）對銷售有巨大貢獻。應該很少人會因為開車保險費提高而選擇就此不開車吧，因此消費者對價格的抵抗性較低，因此其被分類為價格決定的終結者。

008 雅保公司 Albemarle Corporation

配息概況

代號	ALB	配息率	19.08%	配息週期	季
年股利	$1.60	年配息殖利率	1.39%	連續配息上調	29 年
同產業配息殖利率	2.82%	最近配息支付日	24/01/02	平均填息日	14.5 日

企業概況

是一家特殊化學品製造商,總部位於北卡羅來納州夏洛特。經營鋰(2021 年銷售額的 41.0%)、溴特殊製品(2021 年銷售額的 33.9%)、催化劑(2021 年銷售額的 22.9%)等 3 個事業部,以 2020 年為基準,是電動汽車鋰電池的最大供應商。生產全世界一半以上的鋰及鋰產品,而中國佔比卻不到一半。它也是一家大型阻燃化學技術開發商,在美國、中國、荷蘭、比利時、德國、法國、奧地利和英國設有生產工廠。

配息預估值

會計年度	預估股利	預估年配息殖利率	低展望值	高展望值
2023 年 12 月	$1.60	1.26%	$1.58	$1.65
2024 年 12 月	$1.65	1.29%	$1.59	$1.70
2025 年 12 月	$1.71	1.34%	$1.62	$1.84

配息穩定性 B+ | 配息成長性 A- | 配息殖利率 C | 配息持續性 A+

作者說

隨著電動汽車普及擴大,預計鋰需求將在全世界持續增加。但是電動汽車的普及到大眾化還需要一段時間,因此我認為這是適合至少 5 年以上的長期投資人的個股。

009　百特國際公司 Baxter International

配息概況

代號	BAX	配息率	36.08%	配息週期	季
年股利	$1.16	年配息殖利率	2.78%	連續配息上調	0 年
同產業配息殖利率	1.58%	最近配息支付日	24/01/02	平均填息日	3.6 日

企業概況

總部位於伊利諾州迪爾菲爾德的美國跨國公司，主力在治療腎臟疾病與其他慢性與急性症狀的產品，另外為了治療血友病與其他出血障礙，生產重組與血漿蛋白，也生產使用在患者輸液和藥物的靜脈注射產品。

配息預估值

會計年度	預估股利	預估年配息殖利率	低展望值	高展望值
2023 年 12 月	$1.16	3.28%	$1.00	$1.27
2024 年 12 月	$1.23	3.46%	$1.13	$1.35
2025 年 12 月	$1.29	3.63%	$1.13	$1.48

配息穩定性 - ｜配息成長性 - ｜配息殖利率 B+ ｜配息持續性 −

作者說

百特國際是製造腎臟透析產品等多種醫療器械的公司，新型冠狀病毒時期，患者無法到醫院導致績效不佳。2022 年因通膨導致成本增加，業績不振。最近該公司因點滴輸液的輸注幫浦出錯導致股價難以上升，令人惋惜。

010　純正零件公司 Genuine Parts Company

配息概況

代號	GPC	配息率	37.46%	配息週期	季
年股利	$4.00	年配息殖利率	2.77%	連續配息上調	69 年
同產業配息殖利率	1.89%	最近配息支付日	24/01/02	平均填息日	2.0 日

企業概況

銷售汽車零件、產業用零件、事務零件、電機與電子原料的美國服務組織，今天在全世界有 3,100 個以上的店面，約 4 萬 8 千名員工的零件零售業者。

配息預估值

會計年度	預估股利	預估年配息殖利率	低展望值	高展望值
2023 年 12 月	$3.79	2.76%	$3.73	$3.80
2024 年 12 月	$4.11	2.99%	$3.93	$4.72
2025 年 12 月	$4.36	3.17%	$4.07	$5.11

配息穩定性 D ｜ 配息成長性 B ｜ 配息殖利率 C ｜ 配息持續性 A+

作者說

純正零件公司是汽車零件業者，美國汽車會駕駛 10 年以上，對於零件業者偏好度高，再加上像近期這樣的高物價時代，比起新車，自己清洗、組裝、加油自己的車才是正解！

011 賓州電力 PPL Corporation

配息概況

代號	PPL	配息率	56.44%	配息週期	季
年股利	$1.03	年配息殖利率	3.90%	連續配息上調	2 年
同產業配息殖利率	3.75%	最近配息支付日	24/01/02	平均填息日	1.9 日

企業概況

作為公共事業控股公司，提供美國和英國電力和天然氣。該公司分為肯塔基州受規業務和賓夕法尼亞州受規業務兩個主要部門，在肯塔基州的煤炭、天然氣、水電和太陽能資源生產發電。成立於 1920 年，總部設在賓夕法尼亞州艾倫鎮。

配息預估值

會計年度	預估股利	預估年配息殖利率	低展望值	高展望值
2023 年 12 月	$0.96	3.69%	$0.95	$1.00
2024 年 12 月	$1.03	3.95%	$1.01	$1.07
2025 年 12 月	$1.10	4.23%	$1.08	$1.16

配息穩定性 B- ｜ 配息成長性 C ｜ 配息殖利率 C ｜ 配息持續性 C+

作者說

經營電力與天然氣公共事業的 PPL 公司，負債比為 106%，最近因高利率導致利息負擔增加。另外因為天氣因素銷售變動性大，剛好最近提供服務的地區天氣太好，造成銷售減少，像股票一樣很難預測的天氣也讓它成為難以評價企業之一。

012 地區金融 Regions Financial Corporation

配息概況

代號	RF	配息率	43.05%	配息週期	季
年股利	$0.96	年配息殖利率	5.21%	連續配息上調	3 年
同產業配息殖利率	3.18%	最近配息支付日	24/01/02	平均填息日	2.6 日

企業概況

這是總部設在阿拉巴馬州伯明翰 Regions Center 的銀行控股公司，提供消費金融及法人金融、信託、股票仲介及抵押貸款服務，銀行子公司 Regions Bank 在美國南部和中西部 16 個州經營 1,454 間分行，在《財富》雜誌評選的 500 強企業中排名第 434 名。

配息預估值

會計年度	預估股利	預估年配息殖利率	低展望值	高展望值
2023 年 12 月	$0.87	5.29%	$0.80	$0.94
2024 年 12 月	$0.94	5.75%	$0.80	$1.00
2025 年 12 月	$0.99	6.04%	$0.80	$1.10

配息穩定性 D+ ｜ 配息成長性 F ｜ 配息殖利率 B+ ｜ 配息持續性 A

作者說

地區金融在矽谷銀行破產後雖然令人有所擔憂，但最為績效優秀的地區性銀行，沒有停止上調配息，2023 年 8 月也將原股利從 $0.20 上調到 $0.24。我個人不太喜歡銀行股，但卻非常喜歡像這樣上調配息的企業。

013　杭廷頓銀行 Huntington Bancshares Inc.

配息概況

代號	HBAN	配息率	44.45%	配息週期	季
年股利	$0.62	年配息殖利率	4.86%	連續配息上調	0 年
同產業配息殖利率	3.18%	最近配息支付日	24/01/02	平均填息日	10.7 日

企業概況

作為美國杭廷頓國家銀行（The Huntington National Bank）的控股公司，分為消金與企業金融等的 4 個部門經營，在《財富》雜誌評選的 500 強企業中排名第 521 名，在美國最大的銀行列表中排名第 26 名。成立於 1866 年，總部設在俄亥俄州哥倫布，以 2022 年為基準，在 11 個州擁有約 1,000 間分行。

配息預估值

會計年度	預估股利	預估年配息殖利率	低展望值	高展望值
2023 年 12 月	$0.62	5.63%	$0.62	$0.64
2024 年 12 月	$0.64	5.78%	$0.62	$0.72
2025 年 12 月	$0.65	5.88%	$0.62	$0.72

配息穩定性 D ｜ 配息成長性 D- ｜ 配息殖利率 B+ ｜ 配息持續性 A

作者說

　　杭廷頓銀行是總部設在俄亥俄州的地區性銀行，是績效良好的銀行股，但是在矽谷銀行破產後，預估消除對銀行股的所有疑慮還需要一段時間，如果不是長期投資者，就不要看它。

014 派拉蒙全球 Paramount Global

配息概況

代號	PARA	配息率	15.46%	配息週期	季
年股利	$0.20	年配息殖利率	1.67%	連續配息上調	0 年
同產業配息殖利率	-	最近配息支付日	24/01/02	平均填息日	7.0 日

企業概況

成立於 1986 年,由美國大型媒體全國娛樂公司(National Amusements)經營、持股 79.4%,過去以維亞康姆 Viacom CBS Inc. 的名字聞名,2022 年 2 月改為現在的名稱。主要資產有派拉蒙影業電影及電視工作室、CBS 娛樂集團、MTV、Nickelodeon、派拉蒙網路(Paramount Network),以及 Showtime、串流媒體服務(Paramount+、Showtime OTT 及 Pluto TV)等,在阿根廷的 Telefe、智利的 Chilevision、英國的 Channel 5 等頻道擁有 30% 的股份。

配息預估值

會計年度	預估股利	預估年配息殖利率	低展望值	高展望值
2023 年 12 月	$0.39	2.96%	$0.39	$0.39
2024 年 12 月	$0.21	1.62%	$0.20	$0.39
2025 年 12 月	$0.22	1.65%	$0.20	$0.39

配息穩定性 C+ ｜ 配息成長性 F ｜ 配息殖利率 C- ｜ 配息持續性 C+

作者說

最近主力在 Paramount+ 的串流媒體服務,但串流媒體近期因過度競爭導致績效不佳,股價呈現低迷的狀態。

015 CH 羅賓昇國際聯運 C.H. Robinson Worldwide Inc.

配息概況

代號	CHRW	配息率	60.03%	配息週期	季
年股利	$2.44	年配息殖利率	3.41%	連續配息上調	0 年
同產業配息殖利率	2.36%	最近配息支付日	24/01/02	平均填息日	5.7 日

企業概況

1905 年成立，總部位於明尼蘇達州伊甸園，提供複合運輸服務及第三方物流（3PL），是《財富》評選的 200 強企業之一。截至 2021 年，其總收入／銷售額在美國第三方物流供應商中排名第 5。該公司提供卡車運輸、空運、複合運輸和海運、運輸管理、中介和倉儲業務。

配息預估值

會計年度	預估股利	預估年配息殖利率	低展望值	高展望值
2023 年 12 月	$2.36	2.86%	$2.04	$2.46
2024 年 12 月	$2.48	3.00%	$2.10	$2.71
2025 年 12 月	$2.53	3.07%	$2.16	$2.89

配息穩定性 A- | **配息成長性 A-** | **配息殖利率 B+** | **配息持續性 A+**

作者說

如果對物流事業不感興趣的話，就沒有機會聽過它的名字。但它擁有全世界最強大、連結最完善的物流平台。雖然實際上沒有擁有卡車，但為卡車車主提供完善協助的平台，因此被歸類為即使景氣不佳，也能經營好業務的企業。受惠於此，連續 25 年上調配息，2023 年終於進入配息貴族股名單。

016　惠普 Hewlett-Packard Inc.

配息概況

代號	HPQ	配息率	29.69%	配息週期	季
年股利	$1.10	年配息殖利率	3.85%	連續配息上調	14 年
同產業配息殖利率	1.37%	最近配息支付日	24/01/03	平均填息日	18.6 日

企業概況

成立於 1939 年，總部設在加利福尼亞州帕羅奧圖，經營個人系統、印刷、企業投資 3 個部門，提供個人電算及其他存取裝置、圖像及印刷產品、相關技術、解決方案及服務。2015 年 10 月公司名稱由惠普（Hewlett-Packard Company）改為惠普（HP Inc.）。

配息預估值

會計年度	預估股利	預估年配息殖利率	低展望值	高展望值
2023 年 10 月	$1.05	3.70%	$1.02	$1.06
2024 年 10 月	$1.10	3.89%	$1.07	$1.12
2025 年 10 月	$1.17	4.14%	$1.15	$1.21

配息穩定性 B- ｜ 配息成長性 C ｜ 配息殖利率 A ｜ 配息持續性 A

作者說

惠普是全世界僅次於聯想的大型電腦製造商，是我們生活中不可或缺的東西，但一定要記住，它的產品使用週期很長，另外像疫情期間這種室內活動突然延長的狀況，銷售額就會突然快速上升。我對該企業的評價是，雖然現在股價看起來並不吸引人，但考慮到 NVIDIA 提出的 AI、Chat GPT 等焦點話題，因為性能導致需要經常更換電腦的趨勢即將到來。雖然最近華倫·巴菲特的波克夏·海瑟威正在出售惠普公司的股票，但我仍認為這是值得長期投資的個股。

017 布林頓資源 Broadridge Financial Solutions Inc.

配息概況

代號	BR	配息率	37.48%	配息週期	季
年股利	$3.20	年配息殖利率	1.64%	連續配息上調	17 年
同產業配息殖利率	1.37%	最近配息支付日	24/01/05	平均填息日	12.0 日

企業概況

從管理軟體公司自動數據處理（Automatic Data Processing）分離出來，於 2007 年成立的國營企業服務及金融技術公司。提供金融業界投資者交流及技術解決方案，包括上市企業的委任書、年度報告書及其他財務文件、虛擬年會等股東通訊解決方案等，該公司成立於 1962 年，總部設在紐約州石塞湖。

配息預估值

會計年度	預估股利	預估年配息殖利率	低展望值	高展望值
2023 年 6 月	$2.83	2.06%	$2.68	$2.90
2024 年 6 月	$3.05	2.22%	$2.83	$3.19
2025 年 6 月	$3.20	2.33%	$2.95	$3.45

配息穩定性 A- | **配息成長性 A-** | **配息殖利率 C** | **配息持續性 A-**

作者說

布林頓資源是製作和發送包括委任書、年度報告書、投資說明書及交易確認書等，金融業廣泛使用的多項文件龍頭企業，是能賺錢的金融公司最堅強的後盾。是符合業績好、股價好、配息好這三者的個股。

018　餐飲品牌國際 Restaurant Brands International Inc.

配息概況

代號	QSR	配息率	60.03%	配息週期	季
年股利	$2.32	年配息殖利率	3.04%	連續配息上調	9 年
同產業配息殖利率	1.89%	最近配息支付日	24/01/04	平均填息日	9.0 日

企業概況

是一家跨國速食控股公司，總部設在加拿大。2014 年由美國速食連鎖店漢堡王（Burger King）和加拿大咖啡廳及連鎖餐廳蒂姆‧霍頓斯（Tim Hortons）的 125 億美元合併而成，2017 年收購並擴張美國速食連鎖店帕派斯（Popeyes Louisiana Kitchen），成為全球第五大速食營運商，該公司在紐約證券交易所和多倫多證券交易所上市。

配息預估值

會計年度	預估股利	預估年配息殖利率	低展望值	高展望值
2023 年 12 月	$2.22	3.12%	$2.19	$2.40
2024 年 12 月	$2.32	3.26%	$2.16	$2.47
2025 年 12 月	$2.46	3.46%	$2.20	$2.68

配息穩定性 D ｜ 配息成長性 B- ｜ 配息殖利率 C+ ｜ 配息持續性 C+

作者說

餐飲品牌國際是漢堡王和帕派斯的母公司，是銷售額較高的連鎖餐飲公司，特別是在加拿大擁有戰勝星巴克咖啡連鎖店蒂姆‧霍頓斯。只要不是像現在這樣物價高、消費不振時期的話，經常去漢堡王的人，最好持有進行長期投資。

019 恩智浦半導體 NXP Semiconductors N.V.

配息概況

代號	NXPI	配息率	25.78%	配息週期	季
年股利	$4.06	年配息殖利率	1.75%	連續配息上調	3 年
同產業配息殖利率	1.37%	最近配息支付日	24/01/05	平均填息日	9.9 日

企業概況

總部設在荷蘭愛因荷芬,既是半導體設計業者也是製造業者,在 30 多個國家雇用約 3 萬 1 千名員工,2021 年發布達成 110.6 億美元的銷售額。2006 年從飛利浦分離出來後,2010 年 8 月 6 日完成上市,在納斯達克以代碼 NXPI 開始交易,2013 年 12 月 23 日被列進納斯達克 100。2015 年 12 月 7 日與 Freescale Semiconductor 合併。

配息預估值

會計年度	預估股利	預估年配息殖利率	低展望值	高展望值
2023 年 12 月	$3.90	1.94%	$3.35	$4.06
2024 年 12 月	$4.31	2.15%	$4.06	$4.71
2025 年 12 月	$4.83	2.40%	$4.06	$5.49

配息穩定性 A+ | 配息成長性 A | 配息殖利率 B- | 配息持續性 C-

作者說

最近的汽車被稱為有輪子的數據中心,在車輛上也使用許多半導體,無人駕駛、連接手機、尖端駕駛輔助系統穩定增加中,因此車用半導體的用途正在擴大,恩智浦半導體就是這樣的企業,總銷售額的 60% 來自車用半導體,當別人因電腦需求放緩而煩惱時,NXP 反而笑得出來,可以記得它是一間定位抓得很好的企業。

020 維西地產 Vici Properties Inc.

配息概況

代號	VICI	配息率	59.93%	配息週期	季
年股利	$1.66	年配息殖利率	5.62%	連續配息上調	5 年
同產業配息殖利率	4.46%	最近配息支付日	24/01/04	平均填息日	14.8 日

企業概況

總部位於紐約的不動產投資信託基金（REIT），專門經營賭場產業。2017 年作為凱撒娛樂（Caesars Entertainment Corporation）破產重組的一環，從凱撒娛樂分拆出來，在全美擁有 44 家賭場、酒店、賽馬場和 4 個高爾夫球場。

配息預估值

會計年度	預估股利	預估年配息殖利率	低展望值	高展望值
2023 年 12 月	$1.61	5.63%	$1.59	$1.62
2024 年 12 月	$1.69	5.93%	$1.66	$1.72
2025 年 12 月	$1.75	6.13%	$1.66	$1.81

配息穩定性 B+ ｜ 配息成長性 A- ｜ 配息殖利率 B ｜ 配息持續性 B

作者說

維西地產是一家相對年輕的公司，於 2018 年從凱撒娛樂分拆出來，是一家具代表性的賭場 REITs，也是拉斯維加斯地區最大的土地持有者。雖然不動產 REITs 業容易受到利率上升的影響，但它算是保持良好表現。追根究柢在於新冠狀病毒疫情結束，很多人都開始賭博，賭場業表現良好，同時賭場業的特性上，通常都有長期租約，所以收入不會減少。如果 REITs 能夠很好地選擇不動產，也能夠承受較高的利率。

021 伊士曼化工 Eastman Chemical Co

配息概況

代號	EMN	配息率	36.33%	配息週期	季
年股利	$3.24	年配息殖利率	3.83%	連續配息上調	14 年
同產業配息殖利率	2.82%	最近配息支付日	24/01/05	平均填息日	14.3 日

企業概況

一家美國化學公司,曾是柯達的子公司,現在是一家獨立的全球性材料公司,生產各種日常使用的先進化學品和纖維。該公司成立於 1920 年,總部設在田納西州的金斯波特,目前在全球擁有 50 多家生產設施,員工人數約為 1 萬 4 千人。該公司於 1994 年從母公司 Eastman Kodak 分拆出來,2021 年的銷售額約為 105 億美元。

配息預估值

會計年度	預估股利	預估年配息殖利率	低展望值	高展望值
2023 年 12 月	$3.17	3.89%	$3.04	$3.40
2024 年 12 月	$3.30	4.05%	$3.04	$3.63
2025 年 12 月	$3.54	4.34%	$3.35	$3.82

配息穩定性 B+ ｜ 配息成長性 C+ ｜ 配息殖利率 B ｜ 配息持續性 A

作者說

伊士曼化工是受景氣影響較多的化學公司。它是一家全球性的特殊材料公司,生產的產品種類繁多,在人們每天使用的物品中都能找到它的身影。伊士曼入選《財富》雜誌 2023 年「改變世界」榜單,該公司的主要重點是「實現回收再利用」。若回收利用地球上所有的塑膠,該會給環境帶來多大的幫助?與其看一些默默無聞的生物塑膠公司,不如看看創立於 1920 年久經考驗的股息貴族伊士曼化工。

[1月] 第 2 週

022　希捷科技（STX）

023　慧與科技（HPE）

024　默克（MRK）

025　安費諾（APH）

026　美國道富銀行（STT）

027　億滋國際（MDLZ）

028　伊利諾伊機械（ITW）

029　摩托羅拉解決方案（MSI）

030　亞歷山卓不動產（ARE）

031　廣達服務（PWR）

032　富蘭克林資源（BEN）

033　菲利浦莫里斯（PM）

034　江森自控（JCI）

035　埃塞克斯不動產信託（ESS）

022 希捷科技 Seagate Technology Holdings plc

配息概況

代號	STX	配息率	59.14%	配息週期	季
年股利	$2.80	年配息殖利率	3.23%	連續配息上調	0 年
同產業配息殖利率	1.37%	最近配息支付日	24.01.09	平均填息日	4.4 日

企業概況

美國一家資料儲存公司，於 1980 年開發第一台 5.25 吋硬碟機，即 5MB ST-506，是 1980 年代、尤其在 1983 年推出 IBM XT 後，微電腦市場的主要供應商。1989 年他們收購 CDC 硬碟機產品製造商 Control Data Corporation 的一個部門；1996 年收購 Conner Peripherals；2006 年收購 Maxtor；2011 年收購 Samsung 的硬碟機部門。如今該公司與競爭對手 Western Digital 共同主導硬碟機市場。

配息預估值

會計年度	預估股利	預估年配息殖利率	低展望值	高展望值
2024 年 6 月	$2.80	3.69%	$2.71	$2.88
2025 年 6 月	$2.81	3.71%	$2.67	$2.98
2026 年 6 月	$2.86	3.77%	$2.64	$3.08

配息穩定性 B ｜ 配息成長性 C- ｜ 配息殖利率 A ｜ 配息持續性 C+

作者說

簡而言之，希捷科技是一家硬碟機公司。但現在資料都儲存在雲端，所以不出所料，銷售額停滯不前，過去每年會上調的配息，這兩年多來一直持平。目前由於人工智慧的蓬勃發展，記憶體公司的需求可能會增加。

023 慧與科技 Hewlett Packard Enterprise Company

配息概況

代號	HPE	配息率	24.46%	配息週期	季
年股利	$0.52	年配息殖利率	3.46%	連續配息上調	1 年
同產業配息殖利率	1.37%	最近配息支付日	24.01.11	平均填息日	9.1 日

企業概況

HPE 是一家美國跨國資訊科技公司，總部設於美國德州斯普林，於 2015 年 11 月 1 日從加州帕羅奧圖惠普分拆出來。它是一家主要從事伺服器、儲存、網路、軟體、諮詢和支援等領域的公司。是 2018 年《財富》雜誌美國 500 強企業之一，總收入排名第 107 名。

配息預估值

會計年度	預估股利	預估年配息殖利率	低展望值	高展望值
2023 年 10 月	$0.48	3.03%	$0.48	$0.49
2024 年 10 月	$0.51	3.22%	$0.48	$0.55
2025 年 10 月	$0.55	3.43%	$0.49	$0.60

配息穩定性 B- ｜ 配息成長性 C+ ｜ 配息殖利率 A ｜ 配息持續性 C

作者說

慧與科技因近期電腦需求放緩，出現褒貶不一的意見，有人消極看待，也有人考量人工智慧的蓬勃發展帶來對高效能設備的需求，提出積極展望。在此，我認為它能上調配息，但考量到它已經三年多沒有提高股利，判斷它的正負面評價仍各佔一半，在人工智慧受益股的名單上，它已處於末端。

024 默克 Merck & Co., Inc.

配息概況

代號	MRK	配息率	31.89%	配息週期	季
年股利	$3.08	年配息殖利率	2.42%	連續配息上調	13 年
同產業配息殖利率	1.58%	最近配息支付日	24.01.08	平均填息日	2.4 日

企業概況

默克是一家美國跨國製藥公司,總部設在紐澤西州拉華市,以 1668 年在德國成立的默克集團命名。該公司開發和生產藥品、疫苗、生物療法和動物保健產品,並擁有多種大賣的產品,包括癌症免疫療法、糖尿病藥物、HPV 和水痘疫苗等。根據營收,該公司在 2022 年《財富》雜誌 500 強排名第 71 名,在 2022 年富比士全球 2000 強排名第 87 名。

配息預估值

會計年度	預估股利	預估年配息殖利率	低展望值	高展望值
2023 年 12 月	$2.97	2.58%	$2.74	$3.26
2024 年 12 月	$3.20	2.79%	$2.80	$3.71
2025 年 12 月	$3.57	3.11%	$2.93	$3.93

配息穩定性 A- | **配息成長性 A+** | **配息殖利率 B+** | **配息持續性 A**

作者說

默克是美國領先的製藥公司,擁有龐大的藥物生產線。因此,即使在景氣不振的時期,銷售額也很穩定。該公司最近還進軍動物保健市場,進一步豐富其產品線。要記住:「當物價上漲、日子不好過時,甚至在戰爭期間,人們都會吃藥」。

025 安費諾 Amphenol Corporation

配息概況

代號	APH	配息率	23.82%	配息週期	季
年股利	$0.88	年配息殖利率	0.84%	連續配息上調	12 年
同產業配息殖利率	2.36%	最近配息支付日	24.01.10	平均填息日	3.0 日

企業概況

電子和光纖連接器、電纜和同軸電纜等互連系統的主要生產商，Amphenol 是公司原名 American Phenolic Corp. 的縮寫，公司成立於 1932 年，總部位於康乃狄克州沃靈福德。

配息預估值

會計年度	預估股利	預估年配息殖利率	低展望值	高展望值
2023 年 12 月	$0.85	0.94%	$0.81	$0.86
2024 年 12 月	$0.89	0.99%	$0.85	$0.92
2025 年 12 月	$0.95	1.05%	$0.85	$1.02

配息穩定性 B+ ｜ 配息成長性 A ｜ 配息殖利率 D ｜ 配息持續性 B+

作者說

安費諾是全球最大的高速專用電纜設計商、製造商和銷售商，產品包括電氣、電子和光纖連接器以及互連系統、天線、感測器等，適用於需要連接任何東西的各個領域。有意見指出該公司在技術力量強且基礎設施建設進行如火如荼的中國銷售比重也很高。有人判斷中國經濟放緩是公司的風險，但不管有多困難，只要有需要，就會有市場。

026 美國道富銀行 State Street Corp

配息概況

代號	STT	配息率	32.32%	配息週期	季
年股利	$2.76	年配息殖利率	3.86%	連續配息上調	12 年
同產業配息殖利率	3.18%	最近配息支付日	24.01.12	平均填息日	3.7 日

企業概況

一家美國金融服務及銀行控股公司,總部位於波士頓,是美國歷史第二悠久的銀行,其前身 Union Bank 成立於 1792 年。與黑石(BlackRock)和先鋒領航(Vanguard)同為在美國企業界佔主導地位的指數基金管理公司,2022 年在《財富》雜誌 500 強排名第 316 名。

配息預估值

會計年度	預估股利	預估年配息殖利率	低展望值	高展望值
2023 年 12 月	$2.64	3.76%	$2.64	$2.65
2024 年 12 月	$2.84	4.05%	$2.76	$2.91
2025 年 12 月	$3.04	4.33%	$2.82	$3.20

配息穩定性 A ｜ 配息成長性 C ｜ 配息殖利率 C ｜ 配息持續性 A

作者說

美國道富銀行是 2023 年 8 月被信評機構穆迪(Moody's)給予負面展望的六家大型貸款機構之一,回想我之前說過,矽谷銀行破產後,人們對銀行和金融業的疑慮需要很長時間才能消除,但重要的是,該公司一直積極上調配息,2023 年 10 月將股利從 $0.63 增加至 $0.69。

027 億滋國際 Mondelez International Inc.

配息概況

代號	MDLZ	配息率	44.48%	配息週期	季
年股利	$1.70	年配息殖利率	2.32%	連續配息上調	12 年
同產業配息殖利率	1.89%	最近配息支付日	24.01.12	平均填息日	5.6 日

企業概況

該公司在拉丁美洲、北美、亞洲、中東、非洲和歐洲製造、推廣和銷售零食及飲料產品。公司品牌包括吉百利（Cadbury）、妙卡（Milka）和瑞士三角巧克力（Toblerone）、奧利奧（Oreo）、belVita、LU 餅乾、荷式糖（Halls）、Trident 口香糖和粉狀飲料。公司前身為 Kraft Foods Inc. 於 2012 年 10 月改用現名，成立於 2000 年，總部位於伊利諾州芝加哥市。

配息預估值

會計年度	預估股利	預估年配息殖利率	低展望值	高展望值
2023 年 12 月	$1.60	2.26%	$1.54	$1.62
2024 年 12 月	$1.75	2.48%	$1.66	$1.83
2025 年 12 月	$1.91	2.71%	$1.78	$2.11

配息穩定性 B- ｜ 配息成長性 B ｜ 配息殖利率 D+ ｜ 配息持續性 B+

作者說

隨著美國消費者減少外出用餐，他們對速食零食的興趣與日俱增，以奧利奧聞名的億滋國際就是受惠者之一，該公司 30% 的銷售額來自新興市場，因此嚴格地說美國消費放緩對該公司來說並不是大問題。

028 伊利諾伊機械 Illinois Tool Works Inc.

配息概況

代號	ITW	配息率	51.38%	配息週期	季
年股利	$5.60	年配息殖利率	2.19%	連續配息上調	54 年
同產業配息殖利率	2.36%	最近配息支付日	24.01.11	平均填息日	4.8 日

企業概況

由 Byron L. Smith 於 1912 年創立,是一家生產工程緊固件和零件、設備和消耗品系統以及特殊產品的《財富》雜誌 200 強企業。目前公司在 53 個國家的數百個據點擁有約 4 萬 5 千名員工,總部設在伊利諾伊州芝加哥郊區的格倫維尤。該公司在全球擁有 18,000 多項已核准和申請中的專利,名列美國前 100 大專利商。

配息預估值

會計年度	預估股利	預估年配息殖利率	低展望值	高展望值
2023 年 12 月	$5.32	2.22%	$5.14	$5.42
2024 年 12 月	$5.55	2.31%	$4.96	$5.80
2025 年 12 月	$5.83	2.43%	$5.60	$6.31

配息穩定性 A- | 配息成長性 A+ | 配息殖利率 B- | 配息持續性 A+

作者說

伊利諾伊機械雖然不是一家華麗的公司,但對於整個產業而言卻是不可或缺的。主要專注於股利,是已連續 53 年上調配息的配息王,你可能每天都會接觸到至少一種它的產品,卻從未聽過這家公司,更別說它的股票了。

029 摩托羅拉解決方案 Motorola Solutions, Inc.

配息概況

代號	MSI	配息率	28.38%	配息週期	季
年股利	$3.92	年配息殖利率	1.21%	連續配息上調	12 年
同產業配息殖利率	1.37%	最近配息支付日	24.01.12	平均填息日	11.1 日

企業概況

2011 年將手機部門分拆出去，該公司承接 Motorola 的願景，是一家總部位於美國的視訊設備、通訊設備、軟體、系統和服務供應商。2011 年 1 月更名為摩托羅拉解決方案。2011 年 4 月，該公司以 9.75 億美元現金將行動基礎設施業務出售給諾基亞。公司成立於 1928 年，總部位於伊利諾州芝加哥市。

配息預估值

會計年度	預估股利	預估年配息殖利率	低展望值	高展望值
2023 年 12 月	$3.47	1.09%	$3.34	$3.58
2024 年 12 月	$3.45	1.08%	$2.68	$3.91
2025 年 12 月	$3.68	1.16%	$2.68	$4.34

配息穩定性 A+ ｜ 配息成長性 A+ ｜ 配息殖利率 D+ ｜ 配息持續性 B

作者說

摩托羅拉在行動電話事業的基礎之上，發展成為一家安全公司，聽說連警方也在使用其系統。一個人太常改變不見得是好事，而一家公司能如此成功轉型，實在令人驚訝，其績效也非常好，即使沒有配息，也有很多理由買這家公司。

030　亞歷山卓不動產 Alexandria Real Estate Equities, Inc.

配息概況

代號	ARE	配息率	134.43%	配息週期	季
年股利	$5.08	年配息殖利率	4.28%	連續配息上調	14 年
同產業配息殖利率	4.46%	最近配息支付日	24.01.12	平均填息日	1.2 日

企業概況

這是一家不動產投資信託基金，主要投資出租給生命科學和科技產業租戶的辦公大樓和實驗室。它也有一個風險投資部門，Alexandria Venture Investments，投資於生命科學公司。

配息預估值

會計年度	預估股利	預估年配息殖利率	低展望值	高展望值
2023 年 12 月	$4.94	4.76%	$4.93	$5.00
2024 年 12 月	$5.14	4.95%	$4.96	$5.40
2025 年 12 月	$5.53	5.34%	$5.12	$5.95

配息穩定性 A- ｜ 配息成長性 B ｜ 配息殖利率 C- ｜ 配息持續性 A+

作者說

在美國，許多人仍在居家辦公，商辦不動產 REITs 的前景並不樂觀，而最近的升息也讓負債高的公司陷入困難的處境。然而，該公司強調差異化，自稱為商辦不動產投資信託基金中的「生命科學 REITs」。確實也如此，其租戶包括主要的製藥、生技和生命科學公司。不過，我認為在現今高利率環境下也並不容易，其績效在 REITs 中表現尚可，只要投資人負面情緒有所改善即可期待。

031　廣達服務 Quanta Services, Inc.

配息概況

代號	PWR	配息率	3.80%	配息週期	季
年股利	$0.36	年配息殖利率	0.17%	連續配息上調	5 年
同產業配息殖利率	2.36%	最近配息支付日	24.01.12	平均填息日	6.0 日

企業概況

一家為電力、管道、工業及電信產業提供基礎設施服務的美國公司，該公司規劃、設計、安裝、方案、管理、維護和維修大部分的網路基礎設施，於 2009 年 6 月納入 S&P 500 指數，取代 Ingersoll-Rand。擁有約 4 萬名員工，總部位於德州休士頓，該公司於 1998 年在紐約證券交易所上市。

配息預估值

會計年度	預估股利	預估年配息殖利率	低展望值	高展望值
2023 年 12 月	$0.32	0.18%	$0.32	$0.33
2024 年 12 月	$0.33	0.18%	$0.32	$0.37
2025 年 12 月	$0.35	0.19%	$0.32	$0.41

配息穩定性 A+ ｜ 配息成長性 B- ｜ 配息殖利率 F ｜ 配息持續性 D+

作者說

廣達服務因近期轉向電力運輸而受惠。例如在被選中將新墨西哥州生產的風力發電，輸送到美國西部電力短缺的州之業者後，該公司被稱為「美國歷史上最大的清潔能源基礎設施項目公司」。請記住這一點。最好的股票是那些涉及能源革命、美國經濟成長和政府基礎設施支出的股票，因為無論經濟有多差，政府都會支出。

032　富蘭克林資源 Franklin Resources, Inc.

配息概況

代號	BEN	配息率	42.93%	配息週期	季
年股利	$1.24	年配息殖利率	4.58%	連續配息上調	44 年
同產業配息殖利率	3.18%	最近配息支付日	24.01.12	平均填息日	7.1 日

企業概況

也稱為 Franklin Templeton Investments，是一家美國跨國資產管理公司。公司於 1947 年成立於紐約市，以美國開國元勛之一班傑明富蘭克林命名，並於 1971 年在紐約證券交易所上市。截至 2020 年 10 月 12 日，該公司為個人、專業及機構投資者管理的資產達 1.4 兆美元。

配息預估值

會計年度	預估股利	預估年配息殖利率	低展望值	高展望值
2024 年 9 月	$1.24	5.09%	$1.19	$1.32
2025 年 9 月	$1.31	5.38%	$1.23	$1.52
2026 年 9 月	$1.41	5.80%	$1.29	$1.64

配息穩定性 C+ ｜ 配息成長性 D+ ｜ 配息殖利率 B- ｜ 配息持續性 A+

作者說

　　富蘭克林資源是一家資產管理公司。它的主要收入來自資產管理費，你只需要知道它的管理的資產總值，就可以判斷它的績效，而它的績效是以投資資金進出來衡量的，最近的表現平平。不過，該公司持續穩定提高配息，已連續 44 年上調配息。簡而言之，可謂自給自足。

033　菲利浦莫里斯 Philip Morris International Inc.

配息概況

代號	PM	配息率	73.86%	配息週期	季
年股利	$5.20	年配息殖利率	5.80%	連續配息上調	16 年
同產業配息殖利率	1.89%	最近配息支付日	24.01.10	平均填息日	9.8 日

企業概況

這家跨國菸草公司在 180 多個國家銷售產品，其最暢銷的產品是萬寶路。公司於 2008 年 3 月從 Altria 分拆出來。隨著 21 世紀全球吸菸率的下降，菲利浦莫里斯的股票不再被認為是「安全」的。 2021 年按總收入計算，該公司在《財富》雜誌 500 強中排名第 101 名。

配息預估值

會計年度	預估股利	預估年配息殖利率	低展望值	高展望值
2023 年 12 月	$5.14	5.59%	$5.02	$5.20
2024 年 12 月	$5.28	5.75%	$5.01	$5.40
2025 年 12 月	$5.53	6.01%	$5.18	$5.74

配息穩定性 A-　│　配息成長性 A+　│　配息殖利率 A　│　配息持續性 B+

作者說

　　由於香菸是個人喜好的問題，我想強調兩點。第一，隨著時間的推移，戒菸的人越來越多，第二，他們透過提高香菸的價格來彌補銷售量的不足，也就是說，消費者的數量在減少，而他們卻在提高價格。說實話，除了香菸或酒之外，還有其他產品能做到這一點嗎？菸草會讓人上癮，所以是很好的配息投資（沒有成長，但利潤穩定）。

034　江森自控 Johnson Controls International plc

配息概況

代號	JCI	配息率	35.80%	配息週期	季
年股利	$1.48	年配息殖利率	2.61%	連續配息上調	3 年
同產業配息殖利率	2.36%	最近配息支付日	24.01.12	平均填息日	11.1 日

企業概況

一家美國跨國企業集團，總部設在愛爾蘭科克市，主要生產建築用消防、HVAC 和安全設備。截至 2019 年，它在全球六大洲約 2,000 個地點擁有 10 萬 5 千名員工。在 2017 年《財富》雜誌全球 500 強排名第 389 名。

配息預估值

會計年度	預估股利	預估年配息殖利率	低展望值	高展望值
2023 年 9 月	$1.43	2.74%	$1.15	$1.66
2024 年 9 月	$1.55	2.97%	$1.15	$1.91
2025 年 9 月	$1.75	3.36%	$1.20	$2.29

配息穩定性 A- ｜ 配息成長性 C- ｜ 配息殖利率 B+ ｜ 配息持續性 C

作者說

江森自控國際公司是供暖、通風與空調系統（HVAC）與建築解決方案的供應商，而建築解決方案則包括建築物內所有的控制系統、消防與安全。2023 年，美國的夏天非常炎熱，銷量高、庫存也高，因此股價會有很大起伏。但這只是初學者的關注點，江森自控未來真正的業務是讓建築物更智慧，首先將每棟建築數位化，第二，通過去碳化實現二氧化碳零排放，這就是江森自控的未來：建築智慧化。

035　埃塞克斯不動產信託 Essex Property Trust, Inc.

配息概況

代號	ESS	配息率	157.58%	配息週期	季
年股利	$9.24	年配息殖利率	3.97%	連續配息上調	29 年
同產業配息殖利率	4.46%	最近配息支付日	24.01.12	平均填息日	2.8 日

企業概況

公開上市的不動產投資信託基金，主要投資美國西岸的公寓，它是美國第 10 大公寓業主和美國第 20 大公寓物業管理公司。公司成立於 1971 年，並於 1994 年上市。2014 年，它以 43 億美元收購 BRE Properties，並被納入 S&P 500 指數。

配息預估值

會計年度	預估股利	預估年配息殖利率	低展望值	高展望值
2023 年 12 月	$9.27	4.39%	$9.24	$9.52
2024 年 12 月	$9.50	4.50%	$9.20	$10.05
2025 年 12 月	$9.85	4.67%	$9.24	$10.64

配息穩定性 B-　|　配息成長性 C+　|　配息殖利率 D+　|　配息持續性 A+

作者說

　　埃塞克斯不動產信託是一家經營住宅不動產的 REITs。因 REITs 業非常容易受到升息的影響，即使目前銷售情況穩健，也是一個升息期間不應該看的行業。不過它在北加州、南加州和西雅圖等美國熱門地區擁有大量租戶的 REITs 防守得不錯，儘管居家辦公的風潮襲來，人們還是希望待在西海岸的大城市內或附近。因為這裡天氣好，景色壯觀。因此其配息最近也上調至 10 年來最高水準。再次重申，投資人對 REITs 的情緒需要改善，若要實現這一目標，我們至少需要看到貨幣政策由升息轉為降息。

[1月] 第 3 週

036	芝加哥商業交易所（CME）
037	美國包裝（PKG）
038	卡地納健康（CAH）
039	芯源系統（MPWR）
040	DTE 能源（DTE）
041	共和服務廢品處理公司（RSG）
042	桑普拉能源（SRE）
043	辛辛那提財務（CINF）
044	賽默飛世爾科技（TMO）
045	美國合眾銀行（USB）
046	艾芙隆海灣社區公司（AVB）
047	富美實（FMC）
048	直覺電腦（INTU）
049	卓越能源（XEL）

036 芝加哥商業交易所 CME Group Inc.

配息概況

代號	CME	配息率	47.06%	配息週期	季
年股利	$4.60	年配息殖利率	2.18	連續配息上調	14 年
同產業配息殖利率	3.18%	最近配息支付日	24.01.18	平均填息日	4.9 日

企業概況

CME Group 包括芝加哥商品交易所、芝加哥期貨交易所、紐約商品交易所和大宗商品交易所，是一家經營全球最大金融衍生性商品交易所的美國公司，交易資產類別包括農產品、貨幣、能源、利率、金屬、股票指數和加密貨幣期貨。2019 年，CME Group 連續六年被 Brand Finance 評為全球成長最快、最具價值的交易所品牌，總部位於伊利諾伊州芝加哥市。

配息預估值

會計年度	預估股利	預估年配息殖利率	低展望值	高展望值
2023 年 12 月	$8.73	4.09%	$7.90	$9.15
2024 年 12 月	$8.94	4.19%	$7.00	$10.20
2025 年 12 月	$9.34	4.38%	$7.00	$10.53

配息穩定性 A- ｜ 配息成長性 C+ ｜ 配息殖利率 D ｜ 配息持續性 A-

作者說

　　CME Group 是全球最大的衍生性商品交易所經營商，其優勢地位使其擁有強大的護城河（或稱競爭優勢）。該公司充當交易所之所有交易的清算所，並收取清算費用以保證這些合約得以兌現。

　　CME 集團將持續受惠於波動的債券和股票市場，因此相信股價會持續強勢。

037 美國包裝 Packaging Corp Of America

配息概況

代號	PKG	配息率	49.95%	配息週期	季
年股利	$5.00	年配息殖利率	2.95%	連續配息上調	0 年
同產業配息殖利率	2.82%	最近配息支付日	24.01.15	平均填息日	8.5 日

企業概況

一家製造商,總部設在伊利諾伊州的萊克福里斯特,它擁有約 15,500 名員工,主要在美國營運。該公司在美國製造和銷售箱板紙和瓦楞紙包裝產品。

配息預估值

會計年度	預估股利	預估年配息殖利率	低展望值	高展望值
2023 年 12 月	$5.00	3.22%	$5.00	$5.00
2024 年 12 月	$5.02	3.23%	$5.00	$5.10
2025 年 12 月	$5.09	3.28%	$5.00	$5.26

配息穩定性 A+ | 配息成長性 A | 配息殖利率 B- | 配息持續性 A-

作者說

美國包裝公司專門從事物流包裝,在 2023 年初,該公司擔心消費者支出緩慢導致銷售額下降。然而,結果證明這是杞人憂天。佔銷售額約 91% 的包裝業務實際上受惠於經濟放緩,電子商務需求高漲(因為計劃中的消費都是在網路上完成),肉類、蔬果、加工食品、飲料和藥品包裝之需求穩定,再加上全球對環保和可生物分解包裝的喜好與日俱增,這就是未來的收入來源。最近消費萎縮,我也傾向於在網路上訂購消費,物品肯定需要包裝了。

038　卡地納健康 Cardinal Health, Inc

配息概況

代號	CAH	配息率	25.08%	配息週期	季
年股利	$2.00	年配息殖利率	1.90%	連續配息上調	27 年
同產業配息殖利率	1.58%	最近配息支付日	24.01.15	平均填息日	8.7 日

企業概況

它是一家美國跨國醫療保健公司，也是美國收入排名第 14 名的公司，專門經銷藥品和醫療產品，它也生產醫療和手術產品，例如手套、擦洗用品和液體管理產品，並經營美國最大的藥房經銷網路之一，為美國醫院提供 75% 以上的醫療產品。該公司於 1983 年在 NASDAQ 證券交易所上市，截至 2021 年 8 月，該公司在《財富》雜誌世界 500 強排名第 14 名，2020 會計年度年銷售額 1,529 億美元。

配息預估值

會計年度	預估股利	預估年配息殖利率	低展望值	高展望值
2023 年 6 月	$2.01	2.56%	$1.98	$2.06
2024 年 6 月	$2.07	2.63%	$2.00	$2.25
2025 年 6 月	$2.15	2.74%	$2.02	$2.45

配息穩定性 A- ｜配息成長性 B- ｜配息殖利率 B+ ｜配息持續性 A+

作者說

卡地納健康是一家藥品經銷商，就像前面介紹過的 McKesson。它之所以表現優異，是因為它將藥物分銷給大量的藥房和醫院，但減肥藥的成功促進銷售。基於這種強勁的表現，卡地納健康已經在過去 27 年中上調配息，那麼 McKesson 和卡地納健康的不利因素是什麼呢？藥品經銷商的一個常見風險是亞馬遜藥房的崛起，當然，由於亞馬遜目前還不是主要的銷售來源，所以它還不是一個強勁的競爭

對手，但隨著時間的推移，亞馬遜專注於這項業務，這將成為一個問題。除了亞馬遜還有誰擁有如此龐大的物流配送網路？

039 芯源系統 Monolithic Power Systems, Inc.

配息概況

代號	MPWR	配息率	30.72%	配息週期	季
年股利	$5.00	年配息殖利率	0.70%	連續配息上調	7 年
同產業配息殖利率	1.37%	最近配息支付日	24.01.15	平均填息日	10.7 日

企業概況

這家美國上市公司總部位於華盛頓州柯克蘭市,為雲端運算、電信基礎設施、汽車和工業應用以及消費應用的系統提供電源電路,該公司由 Michael Hsing 於 1997 年創立,並於 2021 年 2 月被納 S&P 500 指數。

配息預估值

會計年度	預估股利	預估年配息殖利率	低展望值	高展望值
2023 年 12 月	$2.55	0.69%	$0.00	$3.60
2024 年 12 月	$2.70	0.73%	$0.00	$3.80
2025 年 12 月	$4.20	1.14%	$4.20	$4.20

配息穩定性 A+ ｜ 配息成長性 A+ ｜ 配息殖利率 D- ｜ 配息持續性 C+

作者說

芯源系統是一家專門提供電源管理解決方案的晶片製造商和銷售商,服務於計算機、汽車、工業、電信和消費者終端市場。降低能源消耗是一項重要的業務,也是一項難得的技術。這正是公司技術優勢,NVIDIA 代表晶片 H-100 搭載提供實際電源效率的芯源系統半導體,所有公司都需要運行龐大的資料中心,以達成人工智慧的目標,而關鍵就在於降低電力成本,而芯源系統正是解決這個問題的公司,這一定請一定銘記。

040 DTE 能源 DTE Energy Company

配息概況

代號	DTE	配息率	56.84%	配息週期	季
年股利	$4.08	年配息殖利率	56.84%	連續配息上調	13 年
同產業配息殖利率	3.75%	最近配息支付日	24.01.15	平均填息日	17.2 日

企業概況

1996 年以前稱為 Detroit Edison,是一家能源公司,總部設在底特律,在美國和加拿大從事能源相關業務和服務的開發和管理,其投資組合包括電力和工業項目,以及專注於能源營銷和交易的非公用事業能源業務。 2020 年 DTE 49.66% 的電力來自煤炭,21.07% 來自核能,17.21% 來自天然瓦斯,11.81% 來自可再生能源,包括風能、太陽能和水力發電。

配息預估值

會計年度	預估股利	預估年配息殖利率	低展望值	高展望值
2023 年 12 月	$3.85	3.71%	$3.81	$3.98
2024 年 12 月	$4.11	3.97%	$4.04	$4.24
2025 年 12 月	$4.39	4.24%	$4.34	$4.52

配息穩定性 A- | 配息成長性 C+ | 配息殖利率 C- | 配息持續性 A

作者說

該公司經營為密西根州東南部 220 萬用戶提供服務的電力公司,以及一家為 130 萬用戶提供服務的天然瓦斯公司,簡單來說,經營著公共事業所以股價變動不大。有一個期待是該公司利用的發電能源包括風能、太陽能和水力發電,隨著這些可再生能源變為主要能源,公司表現會隨著成本大幅降低而改善,問題在於時間,所以請耐心等待。

041 共和服務廢品處理公司 Republic Services, Inc.

配息概況

代號	RSG	配息率	32.20%	配息週期	季
年股利	$2.14	年配息殖利率	1.19%	連續配息上調	21 年
同產業配息殖利率	2.36%	最近配息支付日	24.01.16	平均填息日	5.1 日

企業概況

一家美國廢棄物處理公司,提供無害固體廢棄物收集、轉運、處理、回收和能源服務等服務,它是美國第二大廢棄物處理公司,僅次於 Waste Management Corporation。

配息預估值

會計年度	預估股利	預估年配息殖利率	低展望值	高展望值
2023 年 12 月	$2.01	1.57%	$1.84	$2.19
2024 年 12 月	$2.12	1.65%	$1.88	$2.38
2025 年 12 月	$2.54	1.98%	$2.54	$2.54

配息穩定性 A- | 配息成長性 A- | 配息殖利率 D+ | 配息持續性 A

作者說

簡單來說,共和服務廢品處理公司是一家垃圾清理公司,無論發生什麼事,總得有人去清理垃圾,由於人類不斷製造垃圾,又需要有人清理垃圾,所以這一行業將永遠存在。只要記住一件事,這個行業不會再有新創公司,除非法律改變,ESG 指導方針將使公司在未來很難獲得建造垃圾掩埋場的許可證,因此將不會有潛在的競爭者。

042 桑普拉能源 Sempra energy

配息概況

代號	SRE	配息率	46.21%	配息週期	季
年股利	$2.38	年配息殖利率	3.37%	連續配息上調	20 年
同產業配息殖利率	3.75%	最近配息支付日	24.01.15	平均填息日	10.6 日

企業概況

美國最大的公用事業控股公司之一，擁有約 4,000 萬消費者，也是一家北美能源基礎設施公司。該公司專注於電力和天然氣基礎設施，截至 2021 年總資產為 720 億美元。該公司報告稱其員工人數超過 2 萬人。唯一被納入道瓊永續世界指數的企業。作為一家美國能源公司，該公司被列入 2022 年氣候變遷指數，該指數列出了對全球環境造成最負面影響的公司。

配息預估值

會計年度	預估股利	預估年配息殖利率	低展望值	高展望值
2023 年 12 月	$4.17	5.76%	$2.38	$4.76
2024 年 12 月	$4.41	6.10%	$2.53	$5.09
2025 年 12 月	$4.64	6.42%	$2.70	$5.45

＊註：請注意，2023 年 8 月的第一週將拆分為 2 週，目前的股息估算是拆分前的數字。

| 配息穩定性 A- | 配息成長性 B- | 配息殖利率 C | 配息持續性 A- |

作者說

桑普拉能源公司是公共事業，雖然很重要，但特性通常是維持營收而非追求成長。但桑普拉有些不同，它服務區域位於美國南部，特別是以富裕地區著稱的南加州。因此，雖然規模不大，但仍可歸類為具有一定成長潛力的公用事業公司。這一點一定要記住。

043 辛辛那提財務 Cincinnati Financial Corp.

配息概況

代號	CINF	配息率	46.62%	配息週期	季
年股利	$3.24	年配息殖利率	2.92%	連續配息上調	64 年
同產業配息殖利率	3.18%	最近配息支付日	24.01.16	平均填息日	5.2 日

企業概況

該公司在美國銷售財產和傷害保險產品，是美國市場佔有率第 20 位的保險公司。該公司成立於 1950 年，總部位於俄亥俄州費爾菲爾德。

配息預估值

會計年度	預估股利	預估年配息殖利率	低展望值	高展望值
2023 年 12 月	$3.00	2.97%	$3.00	$3.00
2024 年 12 月	$3.15	3.12%	$3.00	$3.28
2025 年 12 月	$3.20	3.17%	$3.00	$3.40

配息穩定性 A- ｜ 配息成長性 B ｜ 配息殖利率 D+ ｜ 配息持續性 A+

作者說

辛辛那提財務是一家財產和傷害保險公司。我們之前已多次談過保險公司的優點。簡而言之，這是一門穩定的生意，但也有其缺點。產險公司的表現會受到災難性事件的影響。據統計，每年全國因自然災害所造成的損失，有一半是由產險公司支付的。儘管如此，辛辛那提金融公司的業績仍然不俗，值得注意的是，該公司已持續 64 年提高股利。自然災害是無法預測的。然而，我認為，面對不可預測的自然災害，64 年來股利仍持續增加，足以證明這是一家非常優秀的公司。

044 賽默飛世爾科技 Thermo Fisher Scientific Inc.

配息概況

代號	TMO	配息率	5.76%	配息週期	季
年股利	$1.40	年配息殖利率	0.26%	連續配息上調	6 年
同產業配息殖利率	1.58%	最近配息支付日	24.01.16	平均填息日	7.8 日

企業概況

一家提供科學儀器、試劑和耗材以及軟體服務的美國公司。總部設在美國麻薩諸塞州的沃爾瑟姆，於 2006 年由 Thermo Electron 和 Fisher Scientific 合併而成。2017 年，該公司的市值達 210 億美元，成為《財富》500 強企業，2021 年的年銷售額為 392.1 億美元。2020 年 3 月，該公司因測試和開發 SARS-CoV-2 測試而獲得 FDA 的緊急使用授權，有助於緩解 COVID-1 疫情。

配息預估值

會計年度	預估股利	預估年配息殖利率	低展望值	高展望值
2023 年 12 月	$1.36	0.29%	$1.23	$1.40
2024 年 12 月	$1.44	0.31%	$1.10	$1.60
2025 年 12 月	$1.56	0.33%	$1.30	$1.80

配息穩定性 A+ | 配息成長性 B+ | 配息殖利率 D- | 配息持續性 C+

作者說

該公司在 COVID-19 大流行期間，銷售額因其各種檢測和診斷設備而上升；大流行結束後，銷售額又有所下降；然後又因中國經濟放緩（中國對醫療和實驗室設備的需求很高）而再次受到打擊，中國市場的銷售額也隨之下降。最近有報導指出，該公司已與肥胖症藥物熱潮中的大廠 Novo Nordisk 合作，這是否會成為轉機，值得期待。

045 美國合眾銀行 U.S. Bancorp

配息概況

代號	USB	配息率	44.65%	配息週期	季
年股利	$1.96	年配息殖利率	4.76%	連續配息上調	13 年
同產業配息殖利率	3.18%	最近配息支付日	24.01.16	平均填息日	3.0 日

企業概況

這是一家總部設在明尼蘇達州明尼亞波里斯的美國銀行控股公司，合眾銀行全國協會（USBank National Association）的母公司，是美國第五大銀行機構。該公司為個人、企業、政府機構和其他金融機構提供銀行、投資、抵押、信託和支付服務。在《財富》雜誌評選的 500 強企業中排名第 117 名，被金融穩定委員會視為系統性重要的銀行。

配息預估值

會計年度	預估股利	預估年配息殖利率	低展望值	高展望值
2023 年 12 月	$1.92	5.10%	$1.92	$1.94
2024 年 12 月	$1.94	5.16%	$1.92	$2.07
2025 年 12 月	$1.96	5.20%	$1.92	$2.04

配息穩定性 B ｜ 配息成長性 D- ｜ 配息殖利率 B ｜ 配息持續性 A-

作者說

雖然一直都在提這件事，金融股在 2023 年 3 月矽谷銀行破產（升息導致債券價格暴跌）後，受到監管當局的關注，美國合眾銀行也被列入穆迪下調信評等級的討論對象銀行名單，仍然還處於餘震中。雖然目前大部分問題都在解決中，但在降息訊號出來前，仍需要對金融股持觀望態度。

046 艾芙隆海灣社區公司 AvalonBay Communities, Inc.

配息概況

代號	AVB	配息率	125.73%	配息週期	季
年股利	$6.80	年配息殖利率	3.86%	連續配息上調	2 年
同產業配息殖利率	4.46%	最近配息支付日	24.01.16	平均填息日	3.2 日

企業概況

是投資公寓的不動產投資信託,該公司於 1998 年由 Avalon Properties Inc. 和 Bay Apartment Communities Inc. 合併成立。截至 2021 年 1 月,該公司在新英格蘭、紐約和華盛頓特區等大城市地區和西雅圖和加州擁有 79,856 間公寓,是美國第三大公寓的持有者。

配息預估值

會計年度	預估股利	預估年配息殖利率	低展望值	高展望值
2023 年 12 月	$6.59	3.90%	$6.54	$6.60
2024 年 12 月	$6.89	4.08%	$6.61	$7.30
2025 年 12 月	$7.25	4.29%	$6.61	$7.90

配息穩定性 A- | 配息成長性 B- | 配息殖利率 D+ | 配息持續性 B

作者說

艾芙隆海灣是最大規模的公寓租賃 REITs,雖然提過很多次,REITs 因為高負債比,不管是否有實際影響,升息影響較大,但是艾芙隆海灣多少有點委屈,是因為它實際上公寓居住型 REITs 事業做得很好,最終還是投資心理的恢復,升息基調的反轉看起來也很重要。

047　富美實 FMC Corporation

配息概況

代號	FMC	配息率	45.97%	配息週期	季
年股利	$2.32	年配息殖利率	4.55%	連續配息上調	0 年
同產業配息殖利率	2.82%	最近配息支付日	24.01.18	平均填息日	3.2 日

企業概況

1883 年作為農藥生產業者起家，之後向其他產業多元發展，生產農作物保護、植物健康、病蟲草害管理的專門產品，開發、銷售包括殺蟲劑、除草劑和殺菌劑在內的農作物保護化學產品，總部位於賓州費城，在北美、拉丁美洲、歐洲、中東、非洲及亞洲營運。

配息預估值

會計年度	預估股利	預估年配息殖利率	低展望值	高展望值
2023 年 12 月	$2.31	4.31%	$2.26	$2.34
2024 年 12 月	$2.39	4.45%	$2.26	$2.57
2025 年 12 月	$2.57	4.78%	$2.32	$3.22

配息穩定性 B ｜ 配息成長性 D- ｜ 配息殖利率 B+ ｜ 配息持續性 B

作者說

富美實 80% 的銷售額來自殺蟲劑和除草劑。這會有兩個問題，一是隨著曾經一路走高的農產品價格穩定，化肥、農藥等相關產品不再熱銷。第二，通貨膨脹帶來的成本上升，很難完全轉嫁給農業從業者。而且最近關於二醯胺類農藥技術專利的爭議等，有太多不利因素。為了度過這個難關，雖然進行費用控制、開發新產品等多種策略，但是該企業需要以種田的心態，從長遠的眼光進行投資。

048 直覺電腦 Intuit Inc.

配息概況

代號	INTU	配息率	19.00%	配息週期	季
年股利	$3.60	年配息殖利率	0.56%	連續配息上調	12 年
同產業配息殖利率	1.37%	最近配息支付日	24.01.18	平均填息日	2.3 日

企業概況

在美國、加拿大等地為消費者、小型企業、自營業者及會計專家提供財務管理規定遵循的商品和金融軟體服務,於 1983 年成立,總部設在加州山景城,直覺電腦的產品有報稅軟體(TurboTax)、個人金融應用軟體(Mint)、小型企業會計程式(QuickBooks)、信用監測服務(Credit Karma)、電子郵件行銷平台(Mailchimp)等。

配息預估值

會計年度	預估股利	預估年配息殖利率	低展望值	高展望值
2024 年 7 月	$3.24	0.58%	$0.00	$3.60
2025 年 7 月	$3.53	0.63%	$0.00	$4.20
2026 年 7 月	$4.38	0.78%	$3.53	$4.80

配息穩定性 A+ ｜ 配息成長性 D+ ｜ 配息殖利率 D- ｜ 配息持續性 B+

作者說

直覺電腦提供能協助處理不管是自營業者或薪水族都無法避免的薪資與稅金結算金融技術平台,人氣產品有提供薪資解決方案的 QuickBooks,和幫助消費者報稅的 TurboTax,最近推出新產品,能支援複雜流程的 AI 基礎金融助手 Intuit Assist,唯一的缺點是由於快速成長,對升息很敏感的這點,但這隨著時間流逝應該能被解決。

049 卓越能源 XCEL ENERGY INC

配息概況

代號	XEL	配息率	53.96%	配息週期	季
年股利	$2.08	年配息殖利率	3.51%	連續配息上調	20 年
同產業配息殖利率	3.75%	最近配息支付日	24.01.20	平均填息日	9.6 日

企業概況

是一家美國公共事業控股公司,總部設在明尼蘇達州明尼亞波里斯,成立於1909年,2019年在科羅拉多州、德州和新墨西哥州為370萬以上的客戶提供電力,為210萬以上的客戶提供天然氣服務。透過四間子公司發電、採購、運輸和銷售電力。2018年12月,卓越能源宣布到2050年提供100%乾淨的無碳電力,到2035年前碳電量會降到在2005年水準的80%,卓越能源在美國是首個設定這項目標的公司。

配息預估值

會計年度	預估股利	預估年配息殖利率	低展望值	高展望值
2023 年 12 月	$2.08	3.43%	$2.06	$2.09
2024 年 12 月	$2.20	3.64%	$2.18	$2.23
2025 年 12 月	$2.34	3.87%	$2.31	$2.38

配息穩定性 B+ ｜ 配息成長性 C+ ｜ 配息殖利率 D ｜ 配息持續性 A-

作者說

之前曾說過,公共事業企業的特性與韓國電力相同,卓越能源也是無論景氣好壞都沒有太大影響的企業,讓我們記住這些企業的特徵就是穩定的銷售和友善的配息。

[1 月] 第 4 週

050　達樂公司（DG）
051　先進公司（PGR）
052　儒博科技（ROP）
053　思科（CSCO）
054　奇異公司（GE）
055　NetApp（NTAP）
056　安捷倫科技公司（A）
057　哈門那公司（HUM）
058　丹納赫集團（DHR）

050 達樂公司 Dollar General Corporation

配息概況

代號	DG	配息率	28.61%	配息週期	季
年股利	$2.36	年配息殖利率	1.66%	連續配息上調	1 年
同產業配息殖利率	1.89%	最近配息支付日	24.01.23	平均填息日	2.0 日

企業概況

這是總部位於田納西州古德利茨維爾的美國特價零售企業，截至 2022 年 4 月 11 日，在北美經營 18,216 家賣場，1939 年以家族企業「J.L. Turner&Son」起家，1955 年更名為現在的名字，1968 年在紐約證券交易所上市。在 2020 年《財富》雜誌 500 強企業中排名第 112 名，2019 年銷售額達到約 270 億美元，成長為美國非都市地區收益性最高的企業之一。

配息預估值

會計年度	預估股利	預估年配息殖利率	低展望值	高展望值
2024 年 1 月	$2.35	1.94%	$2.29	$2.36
2025 年 1 月	$2.46	2.03%	$2.36	$2.60
2026 年 1 月	$2.56	2.11%	$2.36	$2.73

配息穩定性 A ｜ 配息成長性 D ｜ 配息殖利率 D+ ｜ 配息持續性 C+

作者說

達樂是感覺像社區特價賣場的美國零售店，走到哪裡都有的熟悉感。但是它在 2023 年最糟個股排名中上下浮動，主要原因有四個。

第一，顧客被食品市占超過 50% 的沃爾瑪搶走。第二，美國最近因高物價而導致消費不振。第三，這也是所有零售商的共同問題，偷竊和掠奪事件太嚴重，僅年度損失預測金額就達九百多億美金。第四，集中在最後特價的策略失效，也就是

說，即使在打烊前出現超級特價的產品，如果消費者一開始就不進門也賣不出去。沃爾瑪的勝利在於，無論物價多高，食品都能賣得出去，集中在去買肉的同時順便買點其他東西的概念。筆者因為很好奇今後它會有什麼樣的對策，所以是每天都會進行監控的個股。

051　先進公司 The Progressive Corp

配息概況

代號	PGR	配息率	28.70%	配息週期	季
年股利	$3.00	年配息殖利率	1.58%	連續配息上調	0 年
同產業配息殖利率	3.18%	最近配息支付日	24.01.26	平均填息日	0.2 日

企業概況

它是美國第三大保險公司和第一大商業汽車保險公司，該公司於 1937 年由傑克‧格林（Jack Green）和約瑟夫‧路易斯（Joseph M. Lewis）共同創立，總部位於俄亥俄州梅菲爾德村。該公司為轎車、摩托車、RV、拖車、小船、PWC 及商用車輛提供保險，並為住宅、人壽、寵物等提供保險，在 2021 年《財富》雜誌評選的 500 強美國企業排名中排名第 74 名。

配息預估值

會計年度	預估股利	預估年配息殖利率	低展望值	高展望值
2023 年 12 月	$1.35	0.85%	$1.30	$1.40
2024 年 12 月	$2.71	1.72%	$1.40	$3.90
2025 年 12 月	$2.90	1.84%	$1.52	$4.20

配息穩定性 A-　｜配息成長性 C+　｜配息殖利率 D-　｜配息持續性 C

作者說

先進是為了訂定保險商品的價格，使用名為「車載資訊系統」的駕駛數據的早期使用者，車載訊息系統數據中包括行駛速度、急剎車或急加速、行駛距離，協助保險公司核定保險費，從 2010 年開始擴大使用這種系統的公司就是先進公司。

052 儒博科技 Roper Technologies, Inc.

配息概況

代號	ROP	配息率	15.26%	配息週期	季
年股利	$3.00	年配息殖利率	0.55%	連續配息上調	0 年
同產業配息殖利率	-	最近配息支付日	24.01.23	平均填息日	0.0 日

企業概況

以前身是儒博工業（Roper Industries, Inc.），以全球利基市場生產工程產品，設計和開發軟體、工程產品及解決方案。總部位於佛羅里達州薩拉索塔，在 100 多個國家活動，2004 年加入羅素 1000 指數，以 2017 年為準年收益超過 12.3 億美元。

配息預估值

會計年度	預估股利	預估年配息殖利率	低展望值	高展望值
2023 年 12 月	$2.71	0.52%	$2.54	$2.86
2024 年 12 月	$2.91	0.55%	$2.46	$3.34
2025 年 12 月	$3.19	0.61%	$2.45	$4.11

配息穩定性 A+ ｜配息成長性 A+ ｜配息殖利率 D- ｜配息持續性 A+

作者說

簡單來說，看看前面說明的摩托羅拉解決方案，如同現在以資安企業乘勝追擊的摩托羅拉一樣，儒博也把過去在製造業獲取的經驗利用在軟體事業的轉換上，取得莫大成功，與人類不同，企業只有徹底改變才能生存。接著可以想想看，在製造業與幫助製造業的軟體事業中，哪個看起來更好。

053 思科 Cisco Systems, Inc

配息概況

代號	CSCO	配息率	41.97%	配息週期	季
年股利	$1.60	年配息殖利率	3.31%	連續配息上調	13 年
同產業配息殖利率	1.37%	最近配息支付日	24.01.24	平均填息日	2.2 日

企業概況

專門從事物聯網、網域安全、視訊會議、能源管理等技術,有 Webex、OpenDNS、Jabber、Duo Security、Jasper 等產品。在《財富》雜誌評選的 100 強企業中排名第 74 名,是世界最大的數位通訊企業之一。

配息預估值

會計年度	預估股利	預估年配息殖利率	低展望值	高展望值
2024 年 7 月	$1.58	3.32%	$1.56	$1.65
2025 年 7 月	$1.63	3.42%	$1.56	$1.80
2026 年 7 月	$1.71	3.58%	$1.63	$1.95

配息穩定性 B- | 配息成長性 A | 配息殖利率 A- | 配息持續性 B+

作者說

在網路擴張初期,有誰沒有用過思科的網路設備嗎?但是隨著時代變化,網路變得日常化,思科也衰落了。雖然推出網路安全、Zoom 等線上虛擬會議等多種新事業,但結果只能算一般般。在這種情況下,隨著 AI 熱潮興起,以可將用於生成式 AI 訓練的數千個 Nvidia GPU 合而為一的 AI 網路為目標,思科公開新的客製型晶片設計,拋開成功可能性不談,一直尋找新出路的思科以之前的業務能力為基礎,一下子躍升為 AI 相關個股,問我能不能成功嗎?就再觀察一年吧。

054　奇異公司 General Electric Company

配息概況

代號	GE	配息率	5.36%	配息週期	季
年股利	$0.32	年配息殖利率	0.22%	連續配息上調	0 年
同產業配息殖利率	2.36%	最近配息支付日	24.01.25	平均填息日	3.1 日

企業概況

成立於 1892 年的美國跨國大企業，經營醫療、航空、電力、再生能源、數位產業、3D 列印、創投金融等領域，但現在已經出售多個領域。2022 年 7 月，奇異公佈擬分拆的 GE 航太（GE Aerospace）、GE 醫療（GE HealthCare）和 GE Vernova 品牌，這些企業將分別以航太、醫療和能源（再生能源、電力和數位）為重點。GE 醫療的分拆於 2023 年 1 月 4 日完成，奇異持有 19.9% 的股權，預計到 2024 年能源領域的 GE Venova 將被分離，GE 計劃以後將更名為 GE 航太，轉變為以航太為主的公司。

配息預估值

會計年度	預估股利	預估年配息殖利率	低展望值	高展望值
2023 年 12 月	$0.33	0.28%	$0.32	$0.40
2024 年 12 月	$0.33	0.28%	$0.32	$0.40
2025 年 12 月	$0.34	0.28%	$0.32	$0.40

配息穩定性 - ｜配息成長性 - ｜配息殖利率 F ｜配息持續性 -

作者說

　　奇異縱有過去的光榮也免不了一場苦戰，從 2017 年到 2021 年股價下跌四分之一，但此後通過採取削減配息、分割成醫療保健、能源、航太三個部門的特別措施，持續出現反彈回升。結論來看奇異有望以「GE 航太」的新名字和航空及國防

產業展望未來，分割之後股價也出現了很大的反彈。儘管如此，我還是想對奇異未來的疑慮做出這樣的回答，企業現在處在分割過程中，看起來還需要時間，但是對於能否成功轉型的評價，可以透過中間配息狀況得知，削減前的 2017 年股利為 0.24 美元，目前已恢復到 0.32 美元，是否真的能完全恢復到過去的配息，如果能恢復會多快恢復，讓我們一起看看。

055　NetApp, Inc.

配息概況

代號	NTAP	配息率	28.59%	配息週期	季
年股利	$2.00	年配息殖利率	3.14%	連續配息上調	0 年
同產業配息殖利率	-	最近配息支付日	24.01.24	平均填息日	2.4 日

企業概況

總部位於加州聖荷西的美國綜合雲端數據服務及數據管理公司，2012～2021 年入選《財富》雜誌 500 強，於 1992 年成立，1995 年進行 IPO。此後在線上和線下為應用程式及數據管理提供雲端數據服務。

配息預估值

會計年度	預估股利	預估年配息殖利率	低展望值	高展望值
2024 年 4 月	$2.01	2.59%	$2.00	$2.03
2025 年 4 月	$2.10	2.70%	$2.00	$2.20
2026 年 4 月	$2.24	2.89%	$2.04	$2.40

配息穩定性 A　│　配息成長性 A　│　配息殖利率 B+　│　配息持續性 C-

作者說

數據遷移（Data migration）是 NetApp 的技術力和主要銷售動能。對於 NetApp 來說疫情是絕佳的機會，居家辦公帶來榮景，更多企業將龐大的資訊轉移到雲端，也希望雲端安全。但是現在疫情已經結束，各企業也處於困難的環境，當然公司對於自己偌大的資產不會疏忽資訊和數據管理，但可以認為在 NetApp 上銷會稍微放緩。

056　安捷倫科技公司 Agilent Technologies, Inc.

配息概況

代號	A	配息率	15.60%	配息週期	季
年股利	$0.94	年配息殖利率	0.70%	連續配息上調	1 年
同產業配息殖利率	1.58%	最近配息支付日	24.01.24	平均填息日	2.7 日

企業概況

向生命科學、診斷、應用化學市場提供應用中心解決方案的公司，總部設在加州聖克拉拉。1999 年從惠普（Hewlett-Packard）分拆成立，當時安捷倫還創下募資 21 億美元的歷史性 IPO 紀錄。

配息預估值

會計年度	預估股利	預估年配息殖利率	低展望值	高展望值
2023 年 10 月	$0.90	0.79%	$0.89	$0.91
2024 年 10 月	$0.96	0.85%	$0.96	$0.96
2025 年 10 月	$1.00	0.89%	$0.90	$1.09

配息穩定性 A-　｜　配息成長性 A-　｜　配息殖利率 D+　｜　配息持續性 C+

作者說

安捷倫是一家臨床實驗室設備製造商，在新型冠狀病毒時期表現得很好，因為對新疫苗開發需求很大，會有多少企業擁有自己的實驗室和設備呢？後來疫情結束，再加上中國銷售也陷入低迷狀態，由於是中國佔比較高的企業，最近對銷售額的擔憂越來越深，只要沒有對中國的擔憂，就充分擁有成長性，但解決中國的問題還需要更多的時間。

057 哈門那公司 Humana, Inc.

配息概況

代號	HUM	配息率	14.23%	配息週期	季
年股利	$3.54	年配息殖利率	0.96%	連續配息上調	7 年
同產業配息殖利率	1.58%	最近配息支付日	24.01.26	平均填息日	0.5 日

企業概況

這是一家總部設在肯德基州路易斯維爾的美國健康保險公司，2021 年在《財富》雜誌 500 強中排名第 41 名，是美國第三大健康保險公司。健康保險公司安泰（Aetna）於 2015 年 7 月同意以 370 億美元收購被認為是小規模競爭公司的哈門那，但在法院作出合併案違背反壟斷的判決後便退出交易。

配息預估值

會計年度	預估股利	預估年配息殖利率	低展望值	高展望值
2023 年 12 月	$3.60	0.72%	$3.14	$4.33
2024 年 12 月	$3.86	0.78%	$3.35	$4.20
2025 年 12 月	$4.19	0.84%	$3.55	$4.47

配息穩定性 A+ | **配息成長性 A-** | **配息殖利率 C-** | **配息持續性 B-**

作者說

韓國與美國不同，由國家控制及管理健康保險，在美國，聯邦政府和州政府有名為聯邦醫療保險（針對 65 歲以上的聯邦醫療保險、針對低收入族群的聯邦醫療補助）的公共保險，另外現有聯邦政府的原始醫療保險（Original Medicare）和民營保險公司的醫療保險優勢計畫（Medicare Advantage），各有優缺點。聯邦政府的原始醫療保險在任何地方都可以使用，但本人負擔金額較高，醫療保險優勢計畫只能在特定醫院使用，本人負擔金較低。

這裡的哈門那屬於醫療保險優勢計畫，選擇是個人的決定，重要的是大選將近時，這種醫療保健或健康保險公司的股價就會受到波動，因為政治家們為透過下調藥價、保險費獲得選票，有可能會推出不確定的政策。目前，美國的聯邦醫療保險用戶約為 6,500 萬人，聯邦醫療補助用戶約為 8,500 萬人，因此當然應該會推出能搶到選票的策略吧？

058 丹納赫集團 Danaher Corporation

配息概況

代號	DHR	配息率	11.08%	配息週期	季
年股利	$0.96	年配息殖利率	0.39%	連續配息上調	0 年
同產業配息殖利率	1.58%	最近配息支付日	24.01.26	平均填息日	3.2 日

企業概況

總部位於華盛頓特區，設計、製造、銷售專業醫療產品、產業產品、商業產品及服務，公司的三個平台是生命科學、診斷、環境和應用解決方案，在 2021 年《財富》雜誌 500 強中排名第 130 名，於 1969 年成立，1984 年更名為現在的公司名稱。

配息預估值

會計年度	預估股利	預估年配息殖利率	低展望值	高展望值
2023 年 12 月	$1.06	0.51%	$0.79	$1.26
2024 年 12 月	$1.14	0.55%	$0.80	$1.44
2025 年 12 月	$1.18	0.57%	$0.95	$1.36

配息穩定性 - ｜配息成長性 - ｜配息殖利率 D｜配息持續性 -

作者說

2023 年 10 月 2 日丹納赫集團中的 Veralto 分拆上市。在決定分拆之前，丹納赫在三個部門的事業中沒有一個是完美的，當然新型肺炎疫情時得益於診斷部門的快速發展，但現在已無法再次躍進，而現在透過分拆讓負擔減輕的緣故相當值得期待。

[1月]第5週～[2月]第1週

- 059　波士頓物產（BXP）
- 060　中美公寓社區（MAA）
- 061　JP 摩根大通（JPM）
- 062　史賽克（SYK）
- 063　捷邁邦美（ZBH）
- 064　CVS 保健（CVS）
- 065　通用磨坊（GIS）
- 066　費利浦・麥克莫蘭銅金公司（FCX）
- 067　威訊通訊（VZ）
- 068　必治妥施貴寶（BMY）
- 069　AT&T（T）
- 070　達登餐飲公司（DRI）
- 071　紐約梅隆銀行（BK）

059　波士頓物產 Boston Properties, Inc.

配息概況

代號	BXP	配息率	217.78%	配息週期	季
年股利	$3.92	年配息殖利率	5.94%	連續配息上調	0 年
同產業配息殖利率	4.46%	最近配息支付日	24.01.30	平均填息日	1.9 日

企業概況

集中分佈在波士頓、洛杉磯、紐約、舊金山、華盛頓特區等 5 個市場的美國最大規模的上市開發公司，也是 A 級辦公用不動產持有者，由不動產投資信託（REITs）組成的不動產公司，主要開發、管理、經營、收購、持有 A 級辦公室空間的多種投資組合。

配息預估值

會計年度	預估股利	預估年配息殖利率	低展望值	高展望值
2023 年 12 月	$3.94	7.16%	$3.84	$4.26
2024 年 12 月	$3.93	7.14%	$3.68	$4.17
2025 年 12 月	$4.00	7.26%	$3.78	$4.38

配息穩定性 C- ｜配息成長性 C- ｜配息殖利率 B+ ｜配息持續性 B

作者說

波士頓不動產投資信託證券是投資從紐約到洛杉磯全美最高級辦公大樓的不動產投資信託證券，該公司目前擁有約 200 個商用不動產。考慮到居家辦公因新冠病毒疫情而生活化、高利息導致經濟窘困，該企業的股價真的會好轉嗎？也許空屋率會增加，這些空屋的負擔全部由波士頓物產承擔，因此在出現新策略前，要分類為投資較不容易的投資標的。

060 中美公寓社區 Mis-America Apartment Communities, Inc.

配息概況

代號	MAA	配息率	131.45%	配息週期	季
年股利	$5.88	年配息殖利率	4.64%	連續配息上調	14 年
同產業配息殖利率	4.46%	最近配息支付日	24.01.31	平均填息日	5.8 日

企業概況

成立於 1977 年,是投資美國東南部和西南部公寓的不動產投資信託,以 2020 年 12 月為基準,持有包含 10 萬 490 間公寓戶數的 300 個公寓社區,它是美國最大的公寓持有者,也是美國第七大公寓資產管理公司。

配息預估值

會計年度	預估股利	預估年配息殖利率	低展望值	高展望值
2023 年 12 月	$5.63	4.63%	$5.60	$5.71
2024 年 12 月	$5.78	4.76%	$5.44	$6.09
2025 年 12 月	$6.06	4.99%	$5.72	$6.29

配息穩定性 A- ｜ 配息成長性 B+ ｜ 配息殖利率 C ｜ 配息持續性 A+

作者說

美國中美公寓社區是與之前提過的艾芙龍海灣社區公司相似的 REITs 企業,之前已經說明過, REITs 企業因高負債比重,無論是否有實際影響,對利率上調基調很脆弱,因此會像艾芙龍海灣一樣委屈,因為實際上公寓居住型 REITs 事業非常順利,最終是等待投資心理恢復,利率上調基調反轉看起來更重要。

061 JP 摩根大通 JPMorgan Chase & Co.

配息概況

代號	JPM	配息率	26.07%	配息週期	季
年股利	$4.20	年配息殖利率	2.34%	連續配息上調	1 年
同產業配息殖利率	3.18%	最近配息支付日	24.01.31	平均填息日	3.1 日

企業概況

總部位於紐約,是市值基準世界最大的銀行,也是美國「Big 4」銀行中最大的銀行,1799 年成立的大通銀行(Chase Manhattan Company)和 1871 年成立的 JP 摩根(JP Morgan & Co.)於 2000 年合併成立,以收益為準該銀行是世界最大的投資銀行,在《財富》雜誌 500 強企業中排名第 24 名。

配息預估值

會計年度	預估股利	預估年配息殖利率	低展望值	高展望值
2023 年 12 月	$4.10	2.68%	$4.10	$4.10
2024 年 12 月	$4.36	2.85%	$4.30	$4.60
2025 年 12 月	$4.62	3.02%	$4.40	$5.00

配息穩定性 A+ | 配息成長性 C+ | 配息殖利率 C- | 配息持續性 B-

作者說

JP 摩根是美國最大的銀行,是一個相當穩定的好個股,矽谷銀行破產之前是這樣的。但從 2024 年升息結束、銀行問題得到解決以後開始,讓我們繼續拭目以待。不管怎樣消費者及企業的信用經營、貸款的穩定經營需要時間,也許業績下跌會反映到今年為止,後續將逐漸好轉。

062 史賽克 Stryker Corp.

配息概況

代號	SYK	配息率	24.07%	配息週期	季
年股利	$3.20	年配息殖利率	0.92%	連續配息上調	31 年
同產業配息殖利率	1.58%	最近配息支付日	24.01.31	平均填息日	2.0 日

企業概況

成立於 1941 年，總部位於密西根州卡拉馬州，是美國跨國醫療技術企業，產品有用於關節置換及外傷手術的材料、手術設備及手術導航系統、內視鏡及通訊系統、患者運送及急診醫療設備、神經外科、神經血管及脊椎裝置等多種醫療專業領域使用的其他醫療器械等。

配息預估值

會計年度	預估股利	預估年配息殖利率	低展望值	高展望值
2023 年 12 月	$3.05	1.06%	$2.95	$3.17
2024 年 12 月	$3.33	1.16%	$3.16	$3.62
2025 年 12 月	$3.70	1.28%	$3.47	$4.08

配息穩定性 A ｜ 配息成長性 A- ｜ 配息殖利率 D+ ｜ 配息持續性 A

作者說

史賽克是設計、製造、銷售醫療設備、機器、耗材及移植型材料的公司，最近因名為 MAKO 的人工關節手術機器人的高需求和新冠疫情結束，在手術患者增加的情況下業績正在好轉，反映這點，股價也不錯，配息持續上調 31 年。

063 捷邁邦美 Zimmer Biomet Holdings, Inc.

配息概況

代號	ZBH	配息率	11.03%	配息週期	季
年股利	$0.96	年配息殖利率	0.77%	連續配息上調	0 年
同產業配息殖利率	-	最近配息支付日	24.01.31	平均填息日	2.5 日

企業概況

總部設在印第安納州華沙，是 1927 年為生產鋁固定夾板而成立的醫療器材公司，2001 年從 Bristol-Myers Squibb 中分割出來，以 ZMH 的代碼在紐約證券交易所上市，2011 年收購 ExtraOrtho,Inc.，2012 年收購 Synvasive Technology,Inc.，2015 年收購 Biomet，之後將代碼變更為 ZBH，設計、開發、製造、銷售膝蓋、臀部、肩膀、手肘、腳及腳踝人工關節和牙科假體等外科產品。

配息預估值

會計年度	預估股利	預估年配息殖利率	低展望值	高展望值
2023 年 12 月	$0.96	0.86%	$0.96	$0.96
2024 年 12 月	$0.97	0.87%	$0.96	$0.99
2025 年 12 月	$0.97	0.87%	$0.96	$0.98

配息穩定性 A- | **配息成長性 C-** | **配息殖利率 C-** | **配息持續性 C-**

作者說

在此，讀者只需要知道兩點，第一，骨外科產業與史賽克、美敦力等企業競爭非常激烈。第二，最近隨著減肥藥的盛行，生產睡眠呼吸中止症治療設備的企業越來越擔心（減肥後不需要睡眠呼吸中止症設備），捷邁邦美就是如此。

064　CVS 保健 CVS Health Corporation

配息概況

代號	CVS	配息率	28.76%	配息週期	季
年股利	$2.66	年配息殖利率	3.49%	連續配息上調	2 年
同產業配息殖利率	1.58%	最近配息支付日	24.02.01	平均填息日	11.4 日

企業概況

擁有美國具代表性零售連鎖藥局 CVS Pharmacy 的美國醫療公司，擁有藥局經銷的 CVS Caremark、健康保險企業 Atna 等品牌，成立於 1963 年，總部設在羅德島州文索基特。

配息預估值

會計年度	預估股利	預估年配息殖利率	低展望值	高展望值
2023 年 12 月	$2.42	3.52%	$2.41	$2.44
2024 年 12 月	$2.43	3.53%	$2.00	$2.66
2025 年 12 月	$2.65	3.85%	$2.26	$2.92

配息穩定性 B-　｜配息成長性 B-　｜配息殖利率 A　｜配息持續性 B+

作者說

美國的醫療保險制度與韓國不同，民間比政府機關強，因此負責治療所需的藥劑和治療，以及健康保險的企業很容易賺錢，而那個企業就是 CVS 保健，對於投資者來說，這是一家令人熟悉連鎖藥局的企業。

065　通用磨坊 General Mills, Inc.

配息概況

代號	GIS	配息率	47.72%	配息週期	季
年股利	$2.36	年配息殖利率	3.59%	連續配息上調	2 年
同產業配息殖利率	1.89%	最近配息支付日	24.02.01	平均填息日	10.0 日

企業概況

是生產加工食品品牌的企業,目前知名的金牌麵粉、Annie's Homegrown、Lara bar、Cascadian Farm、Betty Crocker、Yoplait、Nature Valley、Totino's、Pillsbury、Old El Paso、哈根達斯等北美知名品牌,以及銷售 Cheerios、Chex、Lucky Charms、Trix、Cocoa Puffs、Count 等麥片。

配息預估值

會計年度	預估股利	預估年配息殖利率	低展望值	高展望值
2023 年 5 月	$2.36	3.64%	$2.35	$2.37
2024 年 5 月	$2.45	3.79%	$2.34	$2.52
2025 年 5 月	$2.56	3.96%	$2.34	$2.67

配息穩定性 A- ｜ 配息成長性 B ｜ 配息殖利率 B ｜ 配息持續性 A-

作者說

雖然不是有巨大成長潛力的企業,但抗蕭條能力很強,唯一的問題是通貨膨脹,因為會有消費不振的問題。只要記住兩點,這些消費品企業即使上調價格也無妨,但如果高物價持續下去會沒有意義。這些消費品企業的特徵之一就是配息魅力,但如果物價上漲,利率上調(如果利率高於配息就會很狼狽),其投資魅力也會下降。

066 費利浦・麥克莫蘭銅金公司 Freeport-McMoRan, Inc.

配息概況

代號	FCX	配息率	28.59%	配息週期	季
年股利	$0.60	年配息殖利率	1.57%	連續配息上調	0 年
同產業配息殖利率	2.82%	最近配息支付日	24.02.01	平均填息日	8.0 日

企業概況

這是一家總部位於亞利桑那州鳳凰城的美國礦山公司，經營著世界最大的鉬生產企業、銅生產企業與世界最大的金礦，印尼巴布亞新幾內亞的格拉斯伯格（Grasberg）礦山。

配息預估值

會計年度	預估股利	預估年配息殖利率	低展望值	高展望值
2023 年 12 月	$0.59	1.65%	$0.53	$0.60
2024 年 12 月	$0.57	1.58%	$0.47	$0.64
2025 年 12 月	$0.61	1.70%	$0.60	$0.68

配息穩定性 B+ ｜ 配息成長性 C+ ｜ 配息殖利率 D ｜ 配息持續性 F

作者說

像費利浦・麥克莫蘭銅金這樣的銅礦企業與全球經濟好轉相關性高，與美元的走勢也相互吻合。如果想大量使用銅，就是在景氣好，需要用於各種工程或產品上，但如果像最近中國一樣出現相反的情況，銷售額就不會上升。而且大部分商品價格的標準貨幣是美元，如果美元走強銷售額就不會上升，舉例來說，假設購買 1 美元的銅，10 年前可以支付 1,000 韓元買到，但現在需要 1,400 韓元。在這種情況下，銅的購買量將減少 400 韓元的量，這是所有原物料企業的特徵，請務必參考後投資。

067　威訊通訊 Verizon Communications Inc.

配息概況

代號	VZ	配息率	56.55%	配息週期	季
年股利	$2.66	年配息殖利率	6.57%	連續配息上調	19 年
同產業配息殖利率	2.62%	最近配息支付日	24.02.01	平均填息日	13.9 日

企業概況

它是美國的跨國通訊企業，也是道瓊斯工業指數的成分股，1984 年貝爾系統（Bell System）被分割成 RBOC（Regional Bell Operating Company）的 7 家公司，之後成立為貝爾大西洋（Bell Atlantic），貝爾大西洋公司後來更名為 Veritas 和 Horizon 的合成詞彙 Verizon。2015 年 Verizon 收購 AOL，2017 年收購雅虎，擴大內容所有權，Verizon 的手機網路以 2020 年第四季度為準，擁有 1 億 2,090 萬名用戶，是美國最大的無線通訊公司。

配息預估值

會計年度	預估股利	預估年配息殖利率	低展望值	高展望值
2023 年 12 月	$2.63	7.26%	$2.58	$2.64
2024 年 12 月	$2.68	7.40%	$2.59	$2.76
2025 年 12 月	$2.73	7.53%	$2.60	$2.84

配息穩定性 C+ ｜ 配息成長性 B- ｜ 配息殖利率 A- ｜ 配息持續性 A

作者說

無論是威訊還是 AT&T 都處於同樣的情況，新用戶逐漸減少，競爭更加激烈。因此雖然不能成長，但分紅卻很多，威訊的負債很高，但是隨著利率升高，利息費用也增加，配息魅力也呈現減少趨勢，以後的股價就交給大家想象。

068 必治妥施貴寶 Bristol-Myers Squibb Company

配息概況

代號	BMY	配息率	33.65%	配息週期	季
年股利	$2.40	年配息殖利率	4.81%	連續配息上調	15 年
同產業配息殖利率	1.58%	最近配息支付日	24.02.01	平均填息日	9.5 日

企業概況

總部設在紐約的世界最大製藥公司之一，穩定進入《財富》雜誌 500 強企業，2021 年總銷售額達到 464 億美元，製造癌症、HIV/AIDS、心血管疾病、糖尿病、肝炎、風溼性關節炎、精神障礙等多個領域的處方藥和生物製劑。

配息預估值

會計年度	預估股利	預估年配息殖利率	低展望值	高展望值
2023 年 12 月	$2.29	4.51%	$2.25	$2.41
2024 年 12 月	$2.40	4.72%	$2.25	$2.53
2025 年 12 月	$2.51	4.93%	$2.25	$2.65

配息穩定性 B ｜ 配息成長性 B+ ｜ 配息殖利率 A+ ｜ 配息持續性 A

作者說

大型醫療保健企業必治妥施貴寶的年配息收益率為 4.55%，是 S&P 500 平均年配息收益率 1.6% 的 3 倍。生技製藥股是防守型產業，是最適合長期配息投資者，但是由於目前佔銷售額一半的 Lenalidomide（增強免疫力的抗癌效果的藥物）、Apixaban（血栓治療及預防腦中風藥物）的競爭加劇，銷售額持續減少是需要注意的事項，雖然藥名令人陌生，但提前了解代表該企業的藥，有助於投資。

069 AT&T AT&T Inc.

配息概況

代號	T	配息率	48.16%	配息週期	季
年股利	$1.11	年配息殖利率	6.56%	連續配息上調	0 年
同產業配息殖利率	2.62%	最近配息支付日	24.02.01	平均填息日	11.6 日

企業概況

總部位於德州的美國跨國通訊控股公司,以銷售額為準它是世界最大的通訊公司,也是美國第三大手機服務提供者,2022 年銷售額為 1,688 億美元,位居《財富》雜誌 500 強的第 13 名。

配息預估值

會計年度	預估股利	預估年配息殖利率	低展望值	高展望值
2023 年 12 月	$1.11	6.99%	$1.11	$1.13
2024 年 12 月	$1.12	7.04%	$1.11	$1.16
2025 年 12 月	$1.13	7.09%	$1.11	$1.20

配息穩定性 C ｜ 配息成長性 C ｜ 配息殖利率 A ｜ 配息持續性 C+

作者說

正如之前提到的通訊公司,無論是威訊還是 AT&T,都處於同樣的情況,新用戶逐漸減少,競爭越來越激烈。因此 AT&T 雖然不能成長,但配息卻算是多的。AT&T 的負債很高,但是隨著利率上升,利息費用增加激增,配息魅力也減少,但其中帶有希望的部分,在其試圖擴展到媒體及娛樂產業的嘗試失敗後,努力回到該公司核心產業的通訊服務上。

070 達登餐飲公司 Darden Restaurants, Inc.

配息概況

代號	DRI	配息率	48.38%	配息週期	季
年股利	$5.24	年配息殖利率	3.17%	連續配息上調	3 年
同產業配息殖利率	1.89%	最近配息支付日	24.02.01	平均填息日	7.0 日

企業概況

為經營美國多個連鎖品牌餐廳的公司，以 2022 年 1 月為準，擁有高級連鎖餐廳 Eddie V's、The Capital Grille 和休閒餐飲連鎖餐廳橄欖園義大利餐廳（Olive Garden Italian Restaurant）、Long Horn Steakhouse、Bahama Breeze、Seasons 52、Yard House、Cheddar's Scratch Kitchen。擁有 1,800 個以上的餐廳店面和 17 萬 5 千名以上的員工，是世界最大的餐飲公司。

配息預估值

會計年度	預估股利	預估年配息殖利率	低展望值	高展望值
2023 年 5 月	$5.29	3.39%	$5.24	$5.43
2024 年 5 月	$5.79	3.72%	$5.52	$6.28
2025 年 5 月	$5.52	4.19%	$6.29	$7.32

配息穩定性 C- ｜ 配息成長性 B+ ｜ 配息殖利率 C+ ｜ 配息持續性 D

作者說

達登餐飲是擁有橄欖園、Longhorn 牛排屋等高級餐廳的連鎖店，高級餐廳的流量與 2019 年相比，2023 年第三季增加 2 倍以上，為何在高物價時期也會如此成長呢？這是因為「價值和經驗」的概念越來越大，在經濟困難時期出現的消費者行為，是需要仔細探索的主題，讓我們一起思考吧。

071　紐約梅隆銀行 The Bank of New York Mellon Corporation

配息概況

代號	BK	配息率	29.12%	配息週期	季
年股利	$1.68	年配息殖利率	3.06%	連續配息上調	13 年
同產業配息殖利率	3.18%	最近配息支付日	24.02.02	平均填息日	1.8 日

企業概況

2007 年由紐約銀行和梅隆金融合併成立，作為世界最大的財管銀行及證券服務公司，管理 2 兆 4 千億美元的資產，以 2021 年第二季為準，保管中的資產為 46.7 兆美元。是由美國建國之父亞歷山大・漢密爾頓（Alexander Hamilton）和艾倫・伯爾（Aaron Burr）於 1784 年成立，是美國歷史最悠久的銀行。

配息預估值

會計年度	預估股利	預估年配息殖利率	低展望值	高展望值
2023 年 12 月	$1.58	3.35%	$1.58	$1.58
2024 年 12 月	$1.74	3.69%	$1.68	$1.80
2025 年 12 月	$1.88	3.99%	$1.5772	$2.04

配息穩定性 A-　｜　配息成長性 C　｜　配息殖利率 C+　｜　配息持續性 A-

作者說

　　紐約梅隆銀行整體而言是一間非常好的企業。但是在 2023 年 8 月穆迪下調許多地區銀行的信用等級時，曾被評為考慮下調的銀行。

　　雖然反覆強調會有點厭煩，但矽谷銀行破產的後遺症仍然存在，銀行股需要以長遠的眼光觀察。

[2 月] 第 2 週

072 PNC 金融（PNC）

073 勞氏公司（LOW）

074 紐柯鋼鐵（NUE）

075 強鹿（DE）

076 美國運通（AXP）

077 高樂氏（CLX）

078 萬事達卡（MA）

072　PNC 金融 The PNC Financial Services Group, Inc.

配息概況

代號	PNC	配息率	43.82%	配息週期	季
年股利	$6.20	年配息殖利率	4.23%	連續配息上調	13 年
同產業配息殖利率	3.18%	最近配息支付日	24.02.05	平均填息日	4.9 日

企業概況

總部設在賓州匹茲堡的銀行控股公司，也是一家金融服務公司，子公司 PNC 銀行（PNC Bank）以資產為準，屬於美國最大的銀行名單中，以分行、存款、ATM 數量為基準，也是最大的銀行。提供資產管理、不動產規劃、貸款等金融服務，是中小企業廳最大的貸款機構之一，也是主要信用卡發卡機構，PNC 這個名字來源於 1983 年合併的兩家前身公司名稱 Pittsburgh National Corporation 和 Provident National Corporation 的首字母。

配息預估值

會計年度	預估股利	預估年配息殖利率	低展望值	高展望值
2023 年 12 月	$6.31	3.84%	$6.00	$6.90
2024 年 12 月	$6.65	4.05%	$6.00	$7.75
2025 年 12 月	$6.95	4.23%	$6.95	$6.95

配息穩定性 A ｜ 配息成長性 C ｜ 配息殖利率 B- ｜ 配息持續性 A

作者說

PNC 金融在東南部等快速成長地區持續擴大市場占有率，如果經濟穩定 PNC 有望恢復強勁的收益成長趨勢。當然在 2023 年 8 月穆迪下調地區銀行信用等級時，也曾被選定為考慮下調的銀行，但目前還屬於不錯的銀行。正如多次提到的，矽谷銀行破產後，銀行股距離完全恢復還需要一段時間。

073　勞氏公司 Lowe's Companies Inc.

配息概況

代號	LOW	配息率	31.54%	配息週期	季
年股利	$4.40	年配息殖利率	1.95%	連續配息上調	52 年
同產業配息殖利率	1.89%	最近配息支付日	24.02.07	平均填息日	5.2 日

企業概況

作為美國住宅裝修用品零售企業，銷售房屋裝修、建築、原材料等家庭用品與產品，總部設在北卡羅萊納州摩爾斯維爾，在美國和加拿大擁有約 2,000 多家住宅裝修用品連鎖店，美國第二大實體連鎖店，第一名是 Home Depot，第三名是 Menards。

配息預估值

會計年度	預估股利	預估年配息殖利率	低展望值	高展望值
2023 年 1 月	$4.35	2.14%	$4.28	$4.57
2024 年 1 月	$4.70	2.31%	$4.40	$5.08
2025 年 1 月	$5.02	2.47%	$4.40	$5.69

配息穩定性 D+ ｜ 配息成長性 A+ ｜ 配息殖利率 C- ｜ 配息持續性 A+

作者說

在 DIY（Do-It-Yourself）普及的美國，真正具有美國特色的企業就是勞氏，美國的房子基本上都是幾十年或百年以上的房子，所以需要比較頻繁裝修，人們為了購買釘子、油漆、草坪、梯子等，經常光顧住宅裝修用品店，而那家零售店就是勞氏。換句話說，與韓國不同，在美國裝修房子幾乎都是房東的事情。

074 紐柯鋼鐵 Nucor Corporation

配息概況

代號	NUE	配息率	15.83%	配息週期	季
年股利	$2.16	年配息殖利率	1.17%	連續配息上調	51 年
同產業配息殖利率	2.82%	最近配息支付日	24.02.09	平均填息日	5.7 日

企業概況

總部設在北卡羅萊納州夏洛特的鋼鐵及相關產品生產企業，它是美國最大的鋼鐵生產商和最大的電爐廠（mini-mill）鋼鐵生產業者（即用電爐熔化廢鐵，用熔爐熔化鐵），也是北美最大的廢鐵回收企業，以 2021 年為準，是世界第 15 名的鋼鐵生產企業。

配息預估值

會計年度	預估股利	預估年配息殖利率	低展望值	高展望值
2023 年 12 月	$2.04	1.30%	$2.30	$2.04
2024 年 12 月	$2.05	1.31%	$2.04	$2.08
2025 年 12 月	$2.07	1.32%	$2.04	$2.12

配息穩定性 A+ ｜ 配息成長性 A+ ｜ 配息殖利率 B- ｜ 配息持續性 A+

作者說

紐柯是美國業績最好的鋼鐵生產企業，利用創新技術和具市場競爭力的產物小型電爐煉鋼廠（Arc mini-mills），比利用高爐的現有綜合鋼鐵廠便宜、彈性更強。簡單地說，過去的高爐使用煤炭，現在的電爐使用電力，由於用電所以污染物較少，相反地，高爐是排放二氧化碳的主因，排放全世界約 8% 的溫室氣體，從 ESG 的觀點來看，紐柯前景看好。

075 強鹿 Deere & Company

配息概況

代號	DE	配息率	20.97%	配息週期	季
年股利	$5.88	年配息殖利率	1.65%	連續配息上調	3 年
同產業配息殖利率	2.36%	最近配息支付日	24.02.08	平均填息日	5.3 日

企業概況

也被稱為 John Deere，總部位於伊利諾州莫林，製造農業機械、重型機械、林業機械、草坪管理設備等，也提供相關金融服務。主要以 John Deere 品牌銷售拖拉機、聯合收割機、播種機、藥劑噴灑設備、ATV、木材採伐設備等，2022 年在《財富》雜誌 500 強企業中排名第 84 名。

配息預估值

會計年度	預估股利	預估年配息殖利率	低展望值	高展望值
2023 年 10 月	$4.87	1.27%	$4.82	$4.95
2024 年 10 月	$5.20	1.35%	$4.80	$5.55
2025 年 10 月	$5.53	1.44%	$5.00	$6.06

配息穩定性 A ｜ 配息成長性 A ｜ 配息殖利率 C- ｜ 配息持續性 A-

作者說

強鹿是美國具有代表性的農業機械製造及銷售企業，當然這與農產品價格有關，如果農產品價格上升，其銷售額就會增加，股價也會隨之上漲。總之農民的農作物收入取決於玉米、大豆、小麥和棉花等主要農作物的價格方向，到近期為止，由於全球戰爭和氣候變化農產品價格一直很好，但是相反地如果農產品價格下降，股價可能會就不有趣了。

076 美國運通 American Express Co.

配息概況

代號	AXP	配息率	16.23%	配息週期	季
年股利	$2.40	年配息殖利率	1.13%	連續配息上調	2 年
同產業配息殖利率	3.18%	最近配息支付日	24.02.09	平均填息日	2.6 日

企業概況

美國跨國金融服務企業,成立於 1850 年,總部設在紐約,主要經營信用卡、旅行支票等金融相關行業,還經營《Travel+Leisure》、《Food&Wine》等雜誌出版業。但由於信用卡國際結算網絡的發展等,旅行支票的需求減少,部分國家已經廢除。

配息預估值

會計年度	預估股利	預估年配息殖利率	低展望值	高展望值
2023 年 12 月	$2.41	1.48%	$2.40	$2.55
2024 年 12 月	$2.51	1.54%	$1.88	$2.80
2025 年 12 月	$2.76	1.70%	$2.12	$3.50

配息穩定性 A+ | 配息成長性 B- | 配息殖利率 D- | 配息持續性 A-

作者說

美國運通與美國的 Visa、萬事達信用卡是三大信用卡公司,這是一家透過安裝一次網路系統後,就像收取過路費一樣可持續賺取手續費的企業,而且由於入門門檻高,也不是誰都能開始創業。但有一件事會影響事業的成敗,經濟下行帶來的支付滯納及債務不履行,簡單來說若經濟環境惡化,會只刷卡不繳費,如果像現在這樣高利率狀況持續下去,就可能會發生這樣的事情。

077 高樂氏 The Clorox Company

配息概況

代號	CLX	配息率	74.09%	配息週期	季
年股利	$4.80	年配息殖利率	3.15%	連續配息上調	46 年
同產業配息殖利率	1.89%	最近配息支付日	24.02.09	平均填息日	3.8 日

企業概況

是美國生活用品、食品製造企業，成立於 1913 年，總部設在加州奧克蘭，最有名的產品是滅菌漂白劑高樂氏，與公司同名。生產 Ayudin、Clorinda、Poett、Pine-Sol、Glad、Brita、RenewLife、Ever Clean、Burt's Bees 品牌等家庭用品、淨水系統、消化保健產品、烤爐用品、寵物用品、食品、包及保鮮膜、天然個人護理用品等，在 2020 年《財富》500 強企業中排名第 474 名。

配息預估值

會計年度	預估股利	預估年配息殖利率	低展望值	高展望值
2023 年 6 月	$4.82	3.47%	$4.67	$5.05
2024 年 6 月	$5.03	3.62%	$4.72	$5.40
2025 年 6 月	$5.17	3.72%	$4.72	$5.36

配息穩定性 B- ｜ 配息成長性 B- ｜ 配息殖利率 C+ ｜ 配息持續性 A+

作者說

高樂氏是殺菌劑、漂白劑和其他清潔產品的製造商，一聽就會想起韓國的 Yuhanrox，新冠肺炎時期是這個企業的鼎盛時期，但因為是消費品企業，所以很難進一步成長，競爭公司也很多，這個企業能相信的好像只有配息。

078 萬事達卡 Mastercard Incorporated

配息概況

代號	MA	配息率	15.73%	配息週期	季
年股利	$2.64	年配息殖利率	0.58%	連續配息上調	2 年
同產業配息殖利率	3.18%	最近配息支付日	24.02.09	平均填息日	4.1 日

企業概況

作為世界第二大支付結帳公司,成立於 1966 年,總部設在紐約,2006 年首次公開募股,為了應對美國銀行(Bank of America)1958 年發行的美國銀行卡(Bank Americard),由多家銀行協會聯合成立,美國銀行卡後來成為競爭對手 Visa,以 2021 年 5 月為準市值為 3,671 億美元,在紐約證券交易所交易。

配息預估值

會計年度	預估股利	預估年配息殖利率	低展望值	高展望值
2023 年 12 月	$2.29	0.57%	$2.25	$2.36
2024 年 12 月	$2.50	0.63%	$2.28	$2.70
2025 年 12 月	$2.76	2.69%	$2.28	$3.25

配息穩定性 A+ ｜ 配息成長性 A+ ｜ 配息殖利率 F ｜ 配息持續性 B+

作者說

　　信用卡公司大部分只能做出同樣的說明,很多人已經用信用卡代替現金,收這種手續費就像收取過路費一樣去賺錢的企業,因為目前信用卡公司的電算網絡無法被模仿,所以具有新生業者的進入門檻較高。從銷售額順序來看,依序是美國運通、VISA、萬事達,從淨利潤率來看,VISA、萬事達以 40~50% 處於領先地位。

[2月] 第 3 週

079 蘋果（AAPL）

080 空氣化工（APD）

081 艾伯維（ABBV）

082 寶僑（PG）

083 亞培（ABT）

084 高露潔棕欖（CL）

085 金德摩根（KMI）

086 歐尼克公司（OKE）

087 荷美爾食品（HRL）

088 AES（AES）

089 孩之寶（HAS）

090 布朗和布朗（BRO）

079 蘋果 Apple Inc.

配息概況

代號	AAPL	配息率	13.45%	配息週期	季
年股利	$0.96	年配息殖利率	0.53%	連續配息上調	12 年
同產業配息殖利率	1.37%	最近配息支付日	24.02.15	平均填息日	1.1 日

企業概況

設計 iPhone、iPad、Apple Watch、air Pod、iMac、Macbook、max studio、Mac pro、Homepod 等硬體和 iOS、ipadOS、macOS 等系統軟體的企業。
2015 年 2 月 11 日，蘋果成為全球首家市值超過 7,000 億美元的企業，蘋果的市值在 2018 年超過了 1 兆美元，到 2022 年達到 2.7 兆美元。

配息預估值

會計年度	預估股利	預估年配息殖利率	低展望值	高展望值
2023 年 9 月	$0.95	0.50%	$0.26	$1.02
2024 年 9 月	$1.01	0.53%	$0.26	$1.20
2025 年 9 月	$1.12	0.59%	$1.00	$1.30

配息穩定性 A- ｜ 配息成長性 A+ ｜ 配息殖利率 D ｜ 配息持續性 B

作者說

　　資格充分能達到市值第一的企業，業績、配息及買進庫藏股、未來性等無可挑剔的企業。為什麼巴菲特的波克夏海瑟威擁有最多持股的是蘋果的原因顯而易見。我的老搭檔有一句名言：「不用擔心財閥、藝人、蘋果。」

080 空氣化工 Air Products and Chemicals, Inc.

配息概況

代號	APD	配息率	52.8%	配息週期	季
年股利	$7.08	年配息殖利率	3.10%	連續配息上調	49 年
同產業配息殖利率	2.82%	最近配息支付日	24.02.12	平均填息日	8.5 日

企業概況

主要經營工業用氣體及化學物質銷售，總部位於賓州阿倫敦。空氣化工生產純淨氫、液化天然氣（LNG）技術及裝備、環氧添加劑、氣櫃、高級塗層及黏合劑。供應航太運輸機供應液態氫和液態氧燃料，50 年來一直與 NASA 保持著合作關係，被道瓊斯可持續發展北美指數 Dow Jones Sustainability North America Index 評為 2008/2011 年度最佳可持續企業之一。

配息預估值

會計年度	預估股利	預估年配息殖利率	低展望值	高展望值
2023 年 9 月	$7.39	2.74%	$7.00	$7.70
2024 年 9 月	$7.90	2.92%	$7.22	$8.47
2025 年 9 月	$8.44	3.13%	$7.77	$9.32

配息穩定性 A+ ｜ 配息成長性 A- ｜ 配息殖利率 C ｜ 配息持續性 A+

作者說

氫能源相關企業的股票可能具有爆發性的未來前景，原因是：第一，根據匯豐銀行的分析師表示，預計今後 3 年（2024～26 年）內，為支援美國氫能產業，將制定 80 億美元的聯邦扶植政策。第二，根據 Research&Market 表示，全球氫氣市場規模將從 2023 年的 2,427 億美元增加到 2030 年的 4,106 億美元。第三，高盛認為在 2050 年前，氫氣市場的價值將達到 1 兆美元。第四，美國能源部投入

4,800 萬美元發展清淨氫氣技術。簡單來說，全球都在尋找污染較小的其他可替代能源，而那就是氫氣，空氣化工就是這樣的企業。

081 艾伯維 Abbvie Inc.

配息概況

代號	ABBV	配息率	50.79%	配息週期	季
年股利	$6.20	年配息殖利率	3.53%	連續配息上調	52 年
同產業配息殖利率	1.58%	最近配息支付日	24.02.15	平均填息日	11.8 日

企業概況

2013 年成立的美國上市的生技製藥公司,是從亞培分拆出來的公司,總部設在伊利諾伊州北芝加哥。

配息預估值

會計年度	預估股利	預估年配息殖利率	低展望值	高展望值
2023 年 12 月	$5.97	4.32%	$5.91	$6.08
2024 年 12 月	$6.22	4.49%	$5.92	$6.45
2025 年 12 月	$6.43	4.65%	$5.92	$6.94

配息穩定性 B ｜ 配息成長性 A ｜ 配息殖利率 A ｜ 配息持續性 B

作者說

艾伯維曾經是醫療器械大企業亞培的一個事業部,兩家公司於 2013 年正式分割,同時艾伯維在市場上取得配息王的地位。艾伯維的最大熱銷產品是關節炎治療劑修美樂(Humira),10 年來一直是企業的成長動力。修美樂是業界在歷史上最暢銷的藥品,修美樂的專利到期導致的生物仿製藥和因此導致的銷售額減少是目前最令人擔憂的部分。

082　寶僑 The Procter & Gamble Co.

配息概況

代號	PG	配息率	53.98%	配息週期	季
年股利	$3.76	年配息殖利率	2.37%	連續配息上調	68 年
同產業配息殖利率	1.89%	最近配息支付日	24.02.15	平均填息日	6.3 日

企業概況

總部位於俄亥俄州辛辛那提的美國跨國消費品企業，於 1837 年由威廉‧普洛克特和詹姆斯‧甘布爾創立。包含各種個人健康、護理、衛生用品，包括美容、保健醫療、紡織品、家庭護理、嬰兒用品、女性和家庭護理等領域。在普林格爾斯出售給凱洛格之前，它還包含食品、零食和飲料。2014 年 8 月，寶僑為集中在佔公司獲利 95% 的 65 個品牌，決定將其產品線中 100 多個品牌出售，寶僑在 2018 年《財富》雜誌 500 強企業中排名第 42 名。

配息預估值

會計年度	預估股利	預估年配息殖利率	低展望值	高展望值
2023 年 6 月	$3.80	2.52%	$3.68	$4.02
2024 年 6 月	$3.98	2.63%	$3.76	$4.18
2025 年 6 月	$4.16	2.76%	$3.83	$4.39

配息穩定性 B+ ｜ 配息成長性 A+ ｜ 配息殖利率 C ｜ 配息持續性 A+

作者說

寶僑 P&G 是市場上最著名的個股，是道瓊斯產業平均指數成分股，100 多年來一直有配息，連續 68 年上調配息。如果希望變動性不要太大、持續配息，就請關注寶僑。

083 亞培 Abbott Laboratories

配息概況

代號	ABT	配息率	42.74%	配息週期	季
年股利	$2.20	年配息殖利率	1.89%	連續配息上調	52 年
同產業配息殖利率	1.58%	最近配息支付日	24.02.15	平均填息日	1.5 日

企業概況

是美國跨國醫療器材及健康管理公司，成立於 1888 年，現銷售醫療器材、診斷工具、普通藥品及營養品，如 Pedialyte、Similac、BinaxNOW、Glucerna、FreeStyle Libre、i-STAT 及 MitraClip 等。2013 年將研究相關製藥事業分割為艾伯維。另外透過子公司亞培印度在印度經營了 100 多年。

配息預估值

會計年度	預估股利	預估年配息殖利率	低展望值	高展望值
2023 年 12 月	$2.04	2.05%	$1.98	$2.11
2024 年 12 月	$2.15	2.16%	$2.04	$2.32
2025 年 12 月	$2.31	2.32%	$2.06	$2.55

配息穩定性 B ｜ 配息成長性 B ｜ 配息殖利率 B- ｜ 配息持續性 A

作者說

作為醫療器材龍頭企業，該企業長期成長為醫療領域的大型企業，包括連續血糖監控（CGM）系統 FreeStyle Libre 在內的 4 種產品還獲得創新獎。只是最近有些部分看起來成長放緩，但這是因為新冠肺炎時期 3 年期間，藉由銷售診斷試劑獲利攀升。是的，只是因為疫情結束，銷售額下降而已，提醒大家不要誤會。

084 高露潔棕欖 Colgate-Palmolive Company

配息概況

代號	CL	配息率	50.45%	配息週期	季
年股利	$1.92	年配息殖利率	2.27%	連續配息上調	61 年
同產業配息殖利率	1.89%	最近配息支付日	24.02.15	平均填息日	0.7 日

企業概況

這是一家總部設在紐約曼哈頓的美國跨國消費品企業,生產、批發、零售家庭用、保健用、動物用產品等。是生產高露潔牙膏的高露潔公司、以棕櫚油和橄欖油製成的肥皂 Palmolive 而聞名的 BJ Johnson 公司、肥皂製造業者皮特兄弟(Peet Brothers)合併後於 1953 年成立。在 2018 年《財富》雜誌評選的 500 強企業中,銷售額排名上升至第 184 名,2021 年 Morning Consults 評選的最受信賴品牌排名第 15 名。

配息預估值

會計年度	預估股利	預估年配息殖利率	低展望值	高展望值
2023 年 12 月	$1.96	2.60%	$1.90	$2.10
2024 年 12 月	$2.04	2.69%	$1.96	$2.17
2025 年 12 月	$2.12	2.80%	$2.01	$2.25

配息穩定性 B- | 配息成長性 A+ | 配息殖利率 C- | 配息持續性 A+

作者說

高露潔棕欖是全球牙膏領域的龍頭企業,作為消費必需品企業,雖然成長性下降,但會持續配息。以一句話說就是對景氣停滯和蕭條具有很強的抵抗力,因為不會有人因經濟不景氣而不刷牙或每天只刷一次牙。

085　金德摩根 Kinder Morgan, Inc.

配息概況

代號	KMI	配息率	89.55%	配息週期	季
年股利	$1.13	年配息殖利率	6.62%	連續配息上調	6 年
同產業配息殖利率	4.24%	最近配息支付日	24.02.15	平均填息日	16.7 日

企業概況

它是北美最大的能源基礎設施公司之一，擁有和管理油氣管道和能源站，該公司的管道輸送天然氣、液化天然氣、乙醇、生物柴油、氫氣、精煉石油產品、原油、二氧化碳等。此外，汽油、噴射燃料、乙醇、煤炭、石油焦炭、鋼鐵等各種產品和材料都儲存在它的終端或由它進行處理，該公司是美國最大的天然氣管道運營商，運輸美國 40% 的天然氣。

配息預估值

會計年度	預估股利	預估年配息殖利率	低展望值	高展望值
2023 年 12 月	$1.13	6.66%	$1.13	$1.13
2024 年 12 月	$1.16	6.83%	$1.13	$1.18
2025 年 12 月	$1.20	7.05%	$1.15	$1.24

配息穩定性 B- ｜ 配息成長性 C+ ｜ 配息殖利率 B- ｜ 配息持續性 B-

作者說

2015 年金德摩根經歷最糟的時期，當時油價從 100 美元瞬間暴跌到 40 美元左右，利潤急劇下降，配息也削減。但後來該公司成長為天然氣運輸管巨頭，並努力保持著可持續性，自 2016 年以來將淨債務減少到 19%。很多人從 ESG 的觀點出發，傾向於避開這種企業，而金德摩根的大部分銷售額來自天然氣（銷售額的 62%），而剩下的則來自精煉產品（15%）、能運站經營（15%）等。其優點是注重

清潔燃燒的天然氣，低碳燃料正在取代電力系統中的骯髒煤炭。讓我們忘記過去，專注於現在的金達摩根本身吧，在 S&P 500 指數中年配息收益率接近 7% 的企業寥寥無幾。

086 歐尼克公司 Oneok, Inc.

配息概況

代號	OKE	配息率	73.18%	配息週期	季
年股利	$3.96	年配息殖利率	5.52%	連續配息上調	2 年
同產業配息殖利率	4.24%	最近配息支付日	24.02.14	平均填息日	9.1 日

企業概況

以天然氣產業為主，美國總部位於俄克拉荷馬州塔爾薩，1906 年成立俄克拉荷馬自然天然氣公司（Oklahoma Natural Gas Company），1980 年公司更名為歐尼克，2005 年收購 Koch Industries，擁有主要 NGL（天然氣液體）系統。

配息預估值

會計年度	預估股利	預估年配息殖利率	低展望值	高展望值
2023 年 12 月	$3.83	5.75%	$3.82	$3.87
2024 年 12 月	$3.93	5.89%	$3.82	$4.07
2025 年 12 月	$4.04	6.07%	$3.82	$4.27

配息穩定性 B ｜ 配息成長性 A- ｜ 配息殖利率 B- ｜ 配息持續性 B

作者說

歐尼克是天然氣管線龍頭企業，一直保持著配息穩定性和成長性，這些管線企業的特點是為了更大的成長，會進行大規模的 M&A 併購，最近幾年阻礙配息成長的主要原因在此，因為同樣規模的管道無法配送更多。最近也成功與集中於石油和煉油產品的麥哲倫 Midstream Partners（MMP）合併，因此誕生出美國最大的石油和天然氣管線公司之一，我認為合併的綜效非常顯著。

087 荷美爾食品 Hormel Foods Corporation

配息概況

代號	HRL	配息率	68.66%	配息週期	季
年股利	$1.13	年配息殖利率	3.84%	連續配息上調	58 年
同產業配息殖利率	1.89%	最近配息支付日	24.02.15	平均填息日	8.8 日

企業概況

1891 年在明尼蘇達州奧斯汀成立的食品加工公司,最初以火腿、香腸等豬肉、雞肉、牛羊肉產品包裝銷售為主,1937 年又增加火腿腸,直到 20 世紀 80 年代才提供各種包裝和冷藏食品。除了荷美爾外,其他品牌還有 Planters、Columbus Craft Meats、Dinty Moore、Jennie-O、Skippy 等。

配息預估值

會計年度	預估股利	預估年配息殖利率	低展望值	高展望值
2023 年 10 月	$1.09	3.36%	$1.08	$1.10
2024 年 10 月	$1.14	3.50%	$1.10	$1.16
2025 年 10 月	$1.20	3.71%	$1.18	$1.22

配息穩定性 B+ | 配息成長性 C+ | 配息殖利率 C+ | 配息持續性 A+

作者說

以午餐肉而聞名的食品加工公司荷美爾,最近因負面因素影響股價持續低迷。Jennie-O Turkey 工廠正在處理因禽流感而受限的火雞供應,而中國經濟並沒有像預期的那樣迅速從新冠疫情封鎖政策中恢復過來。而且最近 Planters 的採購則因堅果市場的疲軟而不如預期順利,讓我們拭目以待配息王能否順利度過這個難關。

088　AES　The AES Corporation

配息概況

代號	AES	配息率	33.26%	配息週期	季
年股利	$0.69	年配息殖利率	4.20%	連續配息上調	11 年
同產業配息殖利率	3.75%	最近配息支付日	24.02.15	平均填息日	1.6 日

企業概況

它是一家美國的電力發電公司,擁有並經營發電廠,生產電力並將其出售給終端用戶和電力工業設施等。於 1981 年成立,總部設在維吉尼亞州阿靈頓,它是在 15 個國家生產和供應電力,世界首屈一指的電力公司之一,也是《財富》雜誌評選的 500 強全球電力公司。

配息預估值

會計年度	預估股利	預估年配息殖利率	低展望值	高展望值
2023 年 12 月	$0.67	3.91%	$0.66	$0.67
2024 年 12 月	$0.70	4.12%	$0.70	$0.71
2025 年 12 月	$0.74	4.323%	$0.73	$0.76

配息穩定性 B ｜ 配息成長性 F ｜ 配息殖利率 B ｜ 配息持續性 B

作者說

事實上已經多次提到,公共事業企業與韓國電力一樣,從某種角度來看,經常被認為是經濟低迷或經濟蕭條的強力配息股。相反地,即使經濟活躍也不會有成長。問題是 AES 僅在 2023 年股價就暴跌 60%,暴跌的原因是對高負債的擔憂,該企業的負債為 248 億韓元,約為目前市值 83 億美元的 3 倍,但是利率持續上升,利息費用呈幾何級數成長,因此多個機構對其銷售前景和投資意見持否定態度,請記住。

089　孩之寶 Hasbro, Inc.

配息概況

代號	HAS	配息率	71.79%	配息週期	季
年股利	$2.80	年配息殖利率	5.58%	連續配息上調	0 年
同產業配息殖利率	1.89%	最近配息支付日	24.02.15	平均填息日	7.8 日

企業概況

它是美國的跨國玩具製造企業，總部設在羅德島的波塔基特。產品中有變形金剛（Transformers）、G.I.Joe、金剛戰士（Power Rangers）、宇宙騎士羅姆（Rom the Space Knight）、Micronauts、MASK、大富翁、菲比、Nerf、扭力士（Twister）、彩虹小馬（My Little Pony）等，2019 年收購 Entertainment One 後，擁有佩佩豬和 PS Masks 等品牌。

配息預估值

會計年度	預估股利	預估年配息殖利率	低展望值	高展望值
2023 年 12 月	$2.80	6.20%	$2.79	$2.80
2024 年 12 月	$2.84	6.29%	$2.80	$2.95
2025 年 12 月	$2.40	5.31%	$0.00	$3.15

配息穩定性 D-　｜配息成長性 C-　｜配息殖利率 B+　｜配息持續性 A+

作者說

孩之寶透過與迪士尼的合作製作《星際大戰》玩具和遊戲，成為所謂的 Kid+adult 玩具公司，但是玩具產業能否持續成長呢？答案可以看股價，股價連續 4～5 年呈下跌趨勢，因此孩之寶在過去幾年改變策略，將重點放在媒體和遊戲上，並透過「遊戲、玩具、經驗」擴大主導成長的使命，但是這種變化需要一段時間才能取得有意義的結果，所以一起觀察吧。

090　布朗和布朗 Brown & Brown, Inc.

配息概況

代號	BRO	配息率	14.00%	配息週期	季
年股利	$0.52	年配息殖利率	0.63%	連續配息上調	30 年
同產業配息殖利率	3.18%	最近配息支付日	24.02.14	平均填息日	4.1 日

企業概況

從 1939 年開始，以向個人和企業提供風險管理解決方案的領先保險仲介公司，總部設在佛羅里達州戴通納海灘，在全世界擁有 450 家以上的據點，2021 年在《商業保險（Business Insurance）》雜誌上被選為美國第 5 大獨立保險仲介公司，也是世界第 6 大獨立保險仲介公司。

配息預估值

會計年度	預估股利	預估年配息殖利率	低展望值	高展望值
2023 年 12 月	$0.48	0.66%	$0.48	$0.49
2024 年 12 月	$0.54	0.75%	$0.53	$0.57
2025 年 12 月	$0.59	0.81%	$0.57	$0.63

配息穩定性 A-　｜配息成長性 B+　｜配息殖利率 F　｜配息持續性 A+

作者說

該企業是世界第六大保險仲介公司，替客戶付費洽談保險，另外他們不承擔資本風險或保險風險，而是收取手續費。這樣的保險經紀人幾乎是完美的事業，只要管理好顧客，在每次到期更新時，可以持續獲得手續費。由於人口老年化，對退休基金商品的需求正在增加，由於嬰兒潮世代和千禧世代的人口增加和認知的提高，對醫療保險、壽險、意外險及其他保險的需求正在增加，說實話這是一家看不到缺點的企業。

[2月] 第 4 週

091 開拓重工（CAT）

092 尼索思（NI）

093 星巴克（SBUX）

094 APA 公司（APA）

095 西岩（WRK）

096 嘉信理財集團（SCHW）

097 花旗集團（C）

091 開拓重工 CAT Caterpillar Inc.

配息概況

代號	CAT	配息率	23.36%	配息週期	季
年股利	$5.20	年配息殖利率	1.66%	連續配息上調	29 年
同產業配息殖利率	2.36%	最近配息支付日	24.02.20	平均填息日	9.7 日

企業概況

作為世界最大的建設、礦山設備、燃氣發動機、工業用燃氣輪機生產企業,生多種重型裝備。是道瓊斯產業平均指數成分股的 30 家企業之一,在 2008 年《財富》雜誌 500 中排名第 50 名。開拓重工是從 1925 年在加州成立的開拓拖拉機公司法人起家的,總公司從 2022 年起設在德州歐文,銷售名為 Cat/Caterpillar 的服裝及工作服靴子系列的品牌,從 2012 年開始銷售工程用智慧型手機及堅固型智慧手機 CAT 電話品牌。

配息預估值

會計年度	預估股利	預估年配息殖利率	低展望值	高展望值
2023 年 12 月	$4.49	1.97%	$4.77	$5.48
2024 年 12 月	$5.31	2.10%	$4.89	$6.03
2025 年 12 月	$5.55	2.19%	$5.20	$5.84

配息穩定性 B+ | 配息成長性 A | 配息殖利率 B+ | 配息持續性 A+

作者說

以黃色機器為象徵而聞名的開拓重工,是世界上規模最大的建築及礦山設備製造企業,在基礎設施、建設、礦業、石油及天然氣、運輸等多個領域提供服務,已經進軍 191 個國家,只要全球經濟轉好,這種重型裝備的需求就會增加。在多個國家、產業都會使用重型機具設備,因此業績必然會很好,配息也在最近 5 年間以年均 7% 的速度成長。

092 尼索思 NiSource Inc.

配息概況

代號	NI	配息率	57.69%	配息週期	季
年股利	$1.06	年配息殖利率	4.07%	連續配息上調	13 年
同產業配息殖利率	3.75%	最近配息支付日	24.02.20	平均填息日	5.8 日

企業概況

成立於 1912 年,是總部設在印第安納州的公共事業大型企業,透過哥倫比亞天然氣 Columbia Gas 和 NIPSCO 品牌,以穿越 6 個州、約 9 萬 6 千公里的管線及相關設施,向約 350 萬名客戶供應天然氣,在印第安納北部向 50 萬名客戶供電。2015 年連續 2 年被選為瓊斯可持續發展北美指數 Dow Jones Sustainability-North America Index,這是 1999 年以後第 9 次被選定的記錄。

配息預估值

會計年度	預估股利	預估年配息殖利率	低展望值	高展望值
2023 年 12 月	$1.00	3.85%	$1.00	$1.02
2024 年 12 月	$1.07	4.11%	$1.06	$1.09
2025 年 12 月	$1.14	4.35%	$1.12	$1.15

配息穩定性 B ｜ 配息成長性 C ｜ 配息殖利率 C+ ｜ 配息持續性 A-

作者說

尼索思也向約 350 萬名天然氣客戶和 50 萬名電力客戶提供服務,年配息收益率達到 4% 左右,但現在由於升息,對配息的魅力正在下降,本來就是沒有成長潛力的實用型企業,因此也接連受到投資人的冷落,何時停止升息,何時開始降息的擔憂較大。

093 星巴克 Starbucks Corporation

配息概況

代號	SBUX	配息率	47.88%	配息週期	季
年股利	$2.28	年配息殖利率	2.44%	連續配息上調	14 年
同產業配息殖利率	1.89%	最近配息支付日	24.02.23	平均填息日	2.8 日

企業概況

總部位於華盛頓州西雅圖的世界最大跨國連鎖咖啡專賣店,以 2021 年 11 月為準,在 80 個國家擁有 33,833 個賣場,其中 15,444 家在美國,超過 8900 家是直營店。第一家星巴克是由傑里·鮑德溫、高登·鮑克、吉夫·席格爾於 1971 年在西雅圖開業,當時是銷售咖啡豆的零售店,1987 年霍華蕭茨收購後,重新誕生為咖啡專賣店。

配息預估值

會計年度	預估股利	預估年配息殖利率	低展望值	高展望值
2023 年 12 月	$2.30	2.18%	$2.12	$2.44
2024 年 12 月	$2.46	2.33%	$2.12	$2.80
2025 年 12 月	$2.94	2.78%	$2.72	$3.22

配息穩定性 D- | 配息成長性 A | 配息殖利率 D | 配息持續性 B+

作者說

星巴克驚人的成功因素之一,就是以顧客服務為基礎,創造出的傑出忠誠度,不管到世界各地,星巴克總是有很多人,感覺就像在自家一樣。目前活躍的星禮程會員數有 3,140 萬名,偶爾得到免費飲料或食物的星禮程會員有消費更多的傾向。更重要的是星禮程會員可縮短客戶的等待時間,也有助於賣場更有效率地運營,還有哪間企業的客戶忠誠度如此之高嗎?

094 APA 公司 APA Corporation

配息概況

代號	APA	配息率	17.76%	配息週期	季
年股利	$1.00	年配息殖利率	3.23%	連續配息上調	0 年
同產業配息殖利率	4.24%	最近配息支付日	24.02.22	平均填息日	2.1 日

企業概況

透過子公司 Apache Corporation 挖掘並生產石油及天然氣，在美國、埃及、英國、蘇里南近海進行勘探活動，另外，在德州西部經營收集、加工、運輸，擁有波斯灣海岸 4 條管線的所有權。成立於 1954 年，總部設在休士頓，在《財富》雜誌評選的 500 強企業中排名第 431 名。

配息預估值

會計年度	預估股利	預估年配息殖利率	低展望值	高展望值
2023 年 12 月	$0.91	2.46%	$0.25	$1.00
2024 年 12 月	$1.07	2.90%	$1.00	$1.50
2025 年 12 月	$1.09	2.95%	$1.00	$1.21

配息穩定性 B ｜ 配息成長性 A- ｜ 配息殖利率 C ｜ 配息持續性 B

作者說

從石油和天然氣勘探生產行業的眾多股票中，選出令人注目的股票可能會很無聊，所以只確認重要的部分，儘量單純地來看吧！APA 是一家獨立能源公司，探勘、開發和生產天然氣、原油和天然氣液體（NGL），負責上游業務（勘探和生產作業）和中游業務（運輸），一般在北海經營。

這些能源企業最近的話題是什麼呢？這就是政府對因高油價帶來銷售額和利潤增加的能源企業所徵收的「橫財稅」，例如英國於 2023 年 5 月對石油和天然氣生

產商徵收橫財稅，在 11 月提高到 35%，該部門的總稅額達到 75%，是世界最高的水準，最終它宣布中斷在北海的鑽探工作，減少英國的勞動人力，但這樣企業的業績就會下降。實際上在 2023 年第二季 APA 因這些問題業績有所減少，如果不是關注評價政策的人，看到這樣的報導就會感到為難，就連我也是。

095　西岩 WestRock Company

配息概況

代號	WRK	配息率	35.01%	配息週期	季
年股利	$1.21	年配息殖利率	2.76%	連續配息上調	3 年
同產業配息殖利率	2.82%	最近配息支付日	24.02.21	平均填息日	4.8 日

企業概況

由美國瓦楞紙包裝公司 MeadWestvaco 和 RockTenn 合併後於 2015 年成立，它是美國第二大包裝公司，年收入 150 億美元，在 30 個國家擁有 4.2 萬名員工，是世界上最大的造紙和包裝公司之一，總部位於喬治亞州桑迪泉。

配息預估值

會計年度	預估股利	預估年配息殖利率	低展望值	高展望值
2023 年 9 月	$1.12	2.96%	$0.99	$1.21
2024 年 9 月	$1.15	3.03%	$1.08	$1.21
2025 年 9 月	$1.17	3.09%	$1.17	$1.17

配息穩定性 - ｜配息成長性 - ｜配息殖利率 B ｜配息持續性 -

作者說

　　西岩透過合併成為北美最大的漂白紙漿生產企業。漂白紙漿是一種白板紙，通常用作餅乾、藥物和化妝品包裝材料的工業用紙。新冠肺炎冠時代到來後，網路訂單遽增，很多企業都投身於該領域。說實話現在全球包裝行業的競爭太激烈，且中國企業也正在全面參與競爭。總而言之，瓦楞紙行業跟景氣息息相關，也就是說只有消費復甦，生產才會增加，因此像現在這樣因高物價、高利率而消費不振的時期，對該行業的評價只能是負面的。

096 嘉信理財集團 The Charles Schwab Corp

配息概況

代號	SCHW	配息率	22.95%	配息週期	季
年股利	$1.00	年配息殖利率	1.57%	連續配息上調	2 年
同產業配息殖利率	3.18%	最近配息支付日	24.02.23	平均填息日	1.6 日

企業概況

是提供資產管理、證券業、銀行業、受託、金融諮詢服務等的美國跨國金融公司，主要在美國和英國的金融中心擁有 360 個以上的分行。於 1971 年成立，總部設在德州韋斯特萊克，1982 年在業界首次開放 24/7 小時報價及訂單輸入服務。

配息預估值

會計年度	預估股利	預估年配息殖利率	低展望值	高展望值
2023 年 12 月	$0.98	1.73%	$0.94	$1.10
2024 年 12 月	$1.05	1.85%	$0.96	$1.42
2025 年 12 月	$1.15	2.02%	$1.00	$1.89

配息穩定性 B ｜ 配息成長性 D ｜ 配息殖利率 D- ｜ 配息持續性 B+

作者說

嘉信理財是美國最大的經紀業務公司之一，管理中的客戶資產規模達 8 兆美元，但是嘉信也和其他金融股一樣，因擔心會面臨矽谷銀行破產等流動性危機，呈現出下跌趨勢，雖然最終被確認為過度反應，但 2023 年第二季的收入和淨利潤同比分別減少到 9% 和 25%，嘉信現在要做的是用之後的業績證明上述憂慮過度。

097 花旗集團 Citigroup Inc.

配息概況

代號	C	配息率	29.93%	配息週期	季
年股利	$2.12	年配息殖利率	3.83%	連續配息上調	1 年
同產業配息殖利率	3.18%	最近配息支付日	24.02.23	平均填息日	3.9 日

企業概況

美國跨國投資銀行及金融公司，1998 年由大型銀行城市集團（Citicorp）和金融公司旅行家集團（Travelers Group）合併成立，之後 2002 年，旅行家又從公司中分離出來。它是美國第三大金融機構，與 JP 摩根大通（JP Morgan Chase）、美國銀行（Bank of America）、富國銀行（Wells Fargo）一起是美國 Big 4 金融機構之一。以 2021 年為準，在《財富》雜誌 500 強企業中排名第 33 名，擁有約 2 億名客戶帳戶，在 160 多個國家進行商務活動，金融危機時還從美國政府的大規模扶持政策中獲得金融支援。

配息預估值

會計年度	預估股利	預估年配息殖利率	低展望值	高展望值
2023 年 12 月	$2.08	4.58%	$2.04	$2.08
2024 年 12 月	$2.15	4.74%	$2.11	$2.20
2025 年 12 月	$2.24	4.95%	$2.12	$2.40

配息穩定性 B ｜ 配息成長性 D ｜ 配息殖利率 B ｜ 配息持續性 C

作者說

花旗集團以管理資產為基準，是美國國內第三大銀行，經常聽到在金融類股內被低估的說法。雖然這句話沒有錯，但目前花旗集團在墨西哥出售消金事業，正在進行將其優勢的投資、企業金融及財富再投資等，策略性地重新部署，將事業單純

化,出售非核心部門。經營團隊預測從現在開始 2～4 年後才能實現收益率目標,雖然很遺憾,但也將在 2028 年完成撤出韓國[4],總之如果結構調整效果可視,是可以值得關注的銀行股。

---

4 花旗銀行於 2021 年宣布退出台灣,2022 年 12 月金管會同意星展銀行以現金為對價受讓花旗。

[2月]第5週～[3月]第1週

098	CF 工業控股（CF）
099	高知特科技解決方案（CTSH）
100	MSCI（MSCI）
101	Bio-Techne（TECH）
102	Cencora（COR）
103	豪邁航太（HWM）
104	沛齊（PAYX）
105	輝瑞（PFE）
106	VISA（V）
107	富國銀行集團（WFC）
108	英特爾（INTC）
109	碩騰（ZTS）
110	福特汽車（F）
111	科磊（KLAC）
112	菲利浦66（PSX）
113	美國家庭人壽（AFL）
114	固安捷公司（GWW）
115	美國水務（AWK）	119	康尼格拉食品（CAG）
116	安特吉（ETR）	120	JM 斯馬克公司（SJM）
117	第一能源（FE）	121	藍威斯頓（LW）
118	丘奇及德懷特（CHD）

098 CF 工業控股 CF Industries Holdings, Inc.

配息概況

代號	CF	配息率	35.35%	配息週期	季
年股利	$2.00	年配息殖利率	2.59%	連續配息上調	1 年
同產業配息殖利率	2.82%	最近配息支付日	24.02.29	平均填息日	3.7 日

企業概況

總部位於伊利諾伊州迪爾菲爾德,是美國氨、尿素、硝酸銨產品、農用肥料等的製造商和經銷商,成立於 1946 年,一開始的 56 年是地區農業合作組織的聯合會,之後成為股份公司上市,2008 年開始被列入 S&P 500。

配息預估值

會計年度	預估股利	預估年配息殖利率	低展望值	高展望值
2023 年 12 月	$1.60	2.06%	$1.53	$1.61
2024 年 12 月	$1.59	2.05%	$1.30	$1.76
2025 年 12 月	$1.61	2.08%	$1.60	$1.68

配息穩定性 A │ 配息成長性 A+ │ 配息殖利率 B │ 配息持續性 B-

作者說

是美國著名的氮肥生產和經銷商,該公司在北美地區經營著 7 項氮氣設施,並持有對於英國和千里達及托巴哥追加生產能力的合資股權。CF 主要以低成本美國天然氣作為原料,是全球最廉價的氮生產商之一,是農業產業的代表,簡單來說,用於農業的肥料是其核心產品,如果評估到什麼時候會大量使用肥料,就會看到投資時機。

099 高知特科技解決方案 Cognizant Technology Solutions Corporation

配息概況

代號	CTSH	配息率	24.21%	配息週期	季
年股利	$1.20	年配息殖利率	1.56%	連續配息上調	5 年
同產業配息殖利率	1.37%	最近配息支付日	24.02.28	平均填息日	2.3 日

企業概況

是一家在金融、醫療保健、產品及資源溝通、媒體及技術 4 個領域提供資訊技術、諮詢、外包服務的美國跨國企業，總部位於紐澤西堤內克市。另外在數位貸款、防詐、新一代支付等領域，提供提升顧客體驗、機器人流程自動化、分析及 AI 服務。2011 年成為《財富》雜誌 500 強企業，截至 2021 年排名第 185 名。

配息預估值

會計年度	預估股利	預估年配息殖利率	低展望值	高展望值
2023 年 12 月	$1.15	1.65%	$1.01	$1.18
2024 年 12 月	$1.26	1.82%	$1.15	$1.40
2025 年 12 月	$1.35	1.94%	$1.16	$1.60

配息穩定性 B+ | **配息成長性 A** | **配息殖利率 C+** | **配息持續性 C-**

作者說

比人工智慧更先進的技術是機器人工程，雖然也有意見認為人工智慧可以覆蓋機器人，但機器人工程是目前普遍使用的技術，機器人流程自動化（RPA）軟體，代表性企業就是高知特科技解決方案，據悉核心程式的 Cognizant Automation Center Robots as a Service, RaaS 軟體，可以使機器人做到人類甚至比人類更多，替代人類的程式。

100 MSCI MSCI Inc.

配息概況

代號	MSCI	配息率	37.71%	配息週期	季
年股利	$6.40	年配息殖利率	1.15%	連續配息上調	10 年
同產業配息殖利率	1.37%	最近配息支付日	24.02.29	平均填息日	5.2 日

企業概況

提供股票、債券、基金相關指數和股票投資組合分析工具，2004 年摩根史坦利（Morgan Stanley Capital International, MSCI）收購 Barra Inc. 後成立，摩根史坦利（Morgan Stanley）成為 Barra 的最大股東，MSCI 的子公司有 ISS Corporate Services（ICS），而自 1970 年以來一直產出 MSCI 國際與資本世界指數，具代表性的指數有 MSCI World、MSCI All Country World Index（ACWI）、MSCI Emerging Markets Indexes 等，總部設在紐約曼哈頓的第 7 世界貿易中心。

配息預估值

會計年度	預估股利	預估年配息殖利率	低展望值	高展望值
2023 年 12 月	$5.56	1.07%	$5.52	$5.66
2024 年 12 月	$5.99	1.15%	$5.17	$6.35
2025 年 12 月	$6.80	1.30%	$6.32	$7.30

配息穩定性 A ｜ 配息成長性 A+ ｜ 配息殖利率 F ｜ 配息持續性 B-

作者說

MSCI 是協助用戶做出更好的投資決策的公司，在研究、數據及技術領域擁有超過 50 年的專業知識，代表收入來自指數（Index），眾所周知指數是所有投資人參考的投資基礎。

101 Bio-Techne（TECH）Bio-Techne Corp

配息概況

代號	TECH	配息率	15.71%	配息週期	季
年股利	$0.32	年配息殖利率	0.45%	連續配息上調	0 年
同產業配息殖利率	1.58%	最近配息支付日	24.02.26	平均填息日	3.1 日

企業概況

開發、製造、銷售針對全球研究、診斷、生物處理市場的生命科學試劑、儀器及相關服務，1976 年成立 Research and Diagnostic Systems, Inc.，1985 年併入 Techne Corporation，成為公開上市公司，該公司的品牌有 R&D Systems、Protein Simple 及 Novus Biologicals 等，總部位於明尼蘇達州明尼阿波利斯。

配息預估值

會計年度	預估股利	預估年配息殖利率	低展望值	高展望值
2023 年 6 月	$0.32	0.52%	$0.32	$0.32
2024 年 6 月	$0.32	0.52%	$0.32	$0.32
2025 年 6 月	$0.32	0.52%	$0.32	$0.32

配息穩定性 A ｜ 配息成長性 B- ｜ 配息殖利率 D- ｜ 配息持續性 C+

作者說

Bio-Techne 可能不為投資人所熟知，但生命科學公司本質上是製造有助於促進生技製藥公司開發新藥的產品，因此具有強大的潛力。簡單來說，就是像對繼續表演舞台起到決定性作用的舞臺導演的角色，但是中國銷售比重約為 10%，最近中國經濟不振是企業銷售的負面因素。

102 Cencora　Cencora Inc.

配息概況

代號	COR	配息率	13.95%	配息週期	季
年股利	$2.04	年配息殖利率	0.88%	連續配息上調	0 年
同產業配息殖利率	4.46%	最近配息支付日	24.02.26	平均填息日	1.3 日

企業概況

作為美國藥品批發公司，提供全美醫療服務品牌及非處方藥生產線、保健品及家庭保健用品及設備，在美國銷售的所有藥品中市佔約 20%，年銷售額達 1,790 億美元以上，2020 年在《財富》雜誌 500 強企業中排名第 10 名，總部設在賓州。

配息預估值

會計年度	預估股利	預估年配息殖利率	低展望值	高展望值
2023 年 9 月	$2.02	1.04%	$1.94	$2.07
2024 年 9 月	$2.09	1.07%	$2.02	$2.16
2025 年 9 月	$2.16	1.11%	$2.08	$2.25

配息穩定性 A+ ｜ 配息成長性 B ｜ 配息殖利率 C+ ｜ 配息持續性 A

作者說

2023 年 8 月公司名稱由 Amerisource Bergen 改為 Cencora，Cencora 是一家藥品流通批發公司，基本上可以看做是業績非常好的企業，最近減肥藥品受歡迎讓業績更上一層樓，該產業的詳細內容可以參考前面說明的麥卡遜、卡地納健康，都是同樣的藥局批發商。

103 豪邁航太 Howmet Aerospace, Inc.

配息概況

代號	HWM	配息率	7.52%	配息週期	季
年股利	$0.20	年配息殖利率	0.32%	連續配息上調	2 年
同產業配息殖利率	2.36%	最近配息支付日	24.02.26	平均填息日	3.0 日

企業概況

是一家航空航太公司,總部設在賓州匹茲堡,製造噴氣發動機用零件、航太應用領域用扳手、鈦結構零件、大型卡車用鍛造鋁輪。在美國、加拿大、墨西哥、法國、英國、匈牙利、日本經營 27 個設施。

配息預估值

會計年度	預估股利	預估年配息殖利率	低展望值	高展望值
2023 年 12 月	$0.17	0.34%	$0.17	$0.18
2024 年 12 月	$0.21	0.40%	$0.17	$0.26
2025 年 12 月	$0.24	0.47%	$0.17	$0.34

配息穩定性 A ｜ 配息成長性 B ｜ 配息殖利率 F ｜ 配息持續性 D-

作者說

儘管處於通貨膨脹時期,但由於商用飛機訂單和零件需求成長強勁,商用航太收益預計在 2023 年將繼續成長。特別是該企業為洛克希德馬丁製造的第 5 代 F-35 隱形戰鬥機提供鍛造鋁及鈦隔牆,當然在這裡會提升很多獲利,而且 F-35 在今後 10 年的需求也會很高。另外透過卡車運輸業的各種產品,以生產自有零件,幫助卡車運輸公司轉換為無人及自動駕駛。這種收益性良好的企業一直努力透過配息和購買庫藏股來報答股東,今後股東友善政策的真正價值會不會發揮出來呢?

104 沛齊 Paychex, Inc.

配息概況

代號	PAYX	配息率	66.07%	配息週期	季
年股利	$3.56	年配息殖利率	2.86%	連續配息上調	13 年
同產業配息殖利率	1.37%	最近配息支付日	24.02.27	平均填息日	1.1 日

企業概況

是一家提供中小企業人力資源、薪資、福利等外包服務的美國企業，總部位於紐約羅切斯特，在美國和歐洲擁有 100 多個辦公室服務 67 萬名客戶。

配息預估值

會計年度	預估股利	預估年配息殖利率	低展望值	高展望值
2023 年 5 月	$3.60	3.06%	$3.56	$3.65
2024 年 5 月	$3.74	3.18%	$3.16	$4.04
2025 年 5 月	$3.94	3.36%	$3.16	$4.42

配息穩定性 A- | 配息成長性 A+ | 配息殖利率 B+ | 配息持續性 B-

作者說

沛齊是專門從事人力資源服務的軟體公司，這些服務包括薪資管理、福利管理、保險服務及為企業提供合規的支援，簡單來說，就是執行一般企業人力資源部門業務的公司。我對這些企業有一套投資判斷標準，首先即便對經濟放緩有擔憂，也要先要看美國失業率是否在 3% 左右，就業雇用是否仍然穩健。第二，還要看勞動需求是否仍然很高，只有公司和員工都健在，企業才會好轉。

105 輝瑞 Pfizer, Inc.

配息概況

代號	PFE	配息率	61.58%	配息週期	季
年股利	$1.68	年配息殖利率	6.09%	連續配息上調	14 年
同產業配息殖利率	1.58%	最近配息支付日	24.03.01	平均填息日	19.9 日

企業概況

總部位於紐約曼哈頓的美國跨國製藥及生命工程企業，於 1849 年由兩名德國企業家查爾斯‧輝瑞（Charles Pfizer）和他的堂兄弟查爾斯‧埃爾哈特（Charles F. Erhart）創立。輝瑞公司開發生產免疫學、腫瘤醫學、心臟醫學、內分泌學、神經科學的藥品和疫苗，擁有年銷售額超過 10 億美元的多項暢銷醫藥品，以 2020 年為基準，公司銷售額的 52% 在美國、6% 在中國和日本、36% 在其他國家，輝瑞是 2004 年至 2020 年 8 月道瓊斯工業平均指數的成分股。

配息預估值

會計年度	預估股利	預估年配息殖利率	低展望值	高展望值
2023 年 12 月	$1.67	5.58%	$1.64	$1.77
2024 年 12 月	$1.67	5.59%	$1.19	$1.85
2025 年 12 月	$1.75	5.85%	$1.67	$1.92

配息穩定性 B ｜ 配息成長性 A- ｜ 配息殖利率 A+ ｜ 配息持續性 A

作者說

全球已經看到輝瑞的新型冠狀病毒疫苗創造了數十億美元的收益，但是隨著疫情過去，銷售額減少、獲利減少。對此，輝瑞表示將削減相當 35 億美元的職位和費用，但在我看來生技製藥股雖然有起伏，但總有一天會恢復，讓我們一起關注經營團隊宣佈為節約成本之年的 2024 年。

106 VISA（V）

配息概況

代號	V	配息率	18.63%	配息週期	季
年股利	$2.08	年配息殖利率	0.76%	連續配息上調	16年
同產業配息殖利率	3.18%	最近配息支付日	24.03.01	平均填息日	5.9日

企業概況

總部設在舊金山，1958年在萬事達卡之前創立，為因應競爭對手萬事達卡，美國銀行（BofA）於1966年開始向其他金融機構頒發美國銀行卡（BankAmericard）計畫的許可證，1976年更名為VISA。2022年VISA在年度刷卡金額和發卡數量上被中國銀聯超越，但是銀聯支付（UnionPay）主要以中國內需市場為基礎，因此VISA仍然佔據著整體信用卡支付結算市佔率50%，被評為世界上占主導地位的信用卡公司。

配息預估值

會計年度	預估股利	預估年配息殖利率	低展望值	高展望值
2024年9月	$2.08	0.83%	$1.90	$2.28
2025年9月	$2.29	0.92%	$2.08	$2.50
2026年9月	$2.53	1.01%	$2.08	$3.00

配息穩定性 A ｜ 配息成長性 A ｜ 配息殖利率 F ｜ 配息持續性 A-

作者說

有關信用卡公司的內容請參考前面說明的內容，簡單來說，我們正走向沒有現金的社會，信用卡公司因進入門檻高，透過建設好的的電算網絡就能持續獲得手續費收入，但是VISA不會從事信用卡貸款這種危險的事業，現在淨利潤率為52%，這種程度的話，未來的股價不就不言而喻嗎？

107 富國銀行集團 Wells Fargo & Company

配息概況

代號	WFC	配息率	26.18%	配息週期	季
年股利	$1.40	年配息殖利率	2.70%	連續配息上調	3 年
同產業配息殖利率	3.18%	最近配息支付日	24.03.01	平均填息日	6.8 日

企業概況

總部位於加州舊金山的美國跨國金融公司，在全世界 35 個國家擁有 7,000 萬名以上的客戶，國家銀行的富國銀行是其主要子公司，以總資產為準，是美國銀行的第 4 名，以存款及市值為準也是最大的銀行。在《財富》雜誌評選的 500 強企業中排名第 41 名。

配息預估值

會計年度	預估股利	預估年配息殖利率	低展望值	高展望值
2023 年 12 月	$1.30	3.03%	$1.30	$1.30
2024 年 12 月	$1.47	3.43%	$1.40	$1.60
2025 年 12 月	$1.61	3.76%	$1.40	$1.80

配息穩定性 A ｜ 配息成長性 C- ｜ 配息殖利率 C ｜ 配息持續性 B

作者說

大部分人想到富國銀行，就會想起 2016 年數百萬件非法開設銀行及信用卡帳戶的模糊記憶，當時由於這個問題，銀行的信任崩潰，股價也大幅下跌。現在也不是特別有良好評價的銀行，但是最近將股息從 $0.30 上調到 $0.35，也核准買入庫藏股 300 億美元，在我看來遲早會擺脫過去的黑歷史。

108 英特爾 Intel Corporation

配息概況

代號	INTC	配息率	22.38%	配息週期	季
年股利	$0.50	年配息殖利率	1.12%	連續配息上調	0 年
同產業配息殖利率	1.37%	最近配息支付日	24.03.01	平均填息日	4.3 日

企業概況

總部設在加州聖塔克拉拉，以銷售額為準，它是世界最大的半導體晶片製造商，也是大部分個人電腦上可以看到的中央處理器 x86 系列指令的開發者之一，在 2020 年《財富》雜誌 500 強企業中排名第 45 名。英特爾向宏碁、聯想、惠普、戴爾等電腦系統製造商供應微處理器，另外還製造母板晶片模組、網路接口控制器及集成電路、快閃、繪圖晶片、嵌入式處理器、通訊及計算相關的其他裝置。

配息預估值

會計年度	預估股利	預估年配息殖利率	低展望值	高展望值
2023 年 12 月	$0.68	1.55%	$0.50	$0.98
2024 年 12 月	$0.50	1.15%	$0.48	$0.58
2025 年 12 月	$0.51	1.17%	$0.48	$0.66

配息穩定性 B- ｜配息成長性 C- ｜配息殖利率 C ｜配息持續性 C+

作者說

英特爾是代表美國的綜合半導體企業，但是存在三個問題，第一個是根深蒂固的生產問題。第二全球 PC 市場並不明朗。第三，因此最近決定削減配息（從 0.365 美元到 0.125 美元），這三個問題絕對不會在短期內解決，筆者認為扭轉最近 8 個季度連續銷售減少的趨勢是最緊迫的。

109 碩騰 Zoetis Inc.

配息概況

代號	ZTS	配息率	26.37%	配息週期	季
年股利	$1.73	年配息殖利率	0.93%	連續配息上調	12 年
同產業配息殖利率	1.58%	最近配息支付日	24.03.01	平均填息日	2.8 日

企業概況

這是世界最大的為寵物和家畜生產醫藥品及疫苗的美國製藥公司，雖然是輝瑞的子公司，但 2013 年輝瑞 83% 的股份被分離後成為完全獨立的公司，其產品在 100 多個國家銷售，在約 45 個國家直營銷售，美國以外的事業佔總收益的 50%。

配息預估值

會計年度	預估股利	預估年配息殖利率	低展望值	高展望值
2023 年 12 月	$1.48	0.85%	$1.42	$1.50
2024 年 12 月	$1.71	0.98%	$1.51	$1.82
2025 年 12 月	$1.95	1.12%	$1.62	$2.16

配息穩定性 A- ｜ 配息成長性 A+ ｜ 配息殖利率 D ｜ 配息持續性 C

作者說

碩騰是開發寵物及其他家畜醫療技術的企業，有進入《財富》雜誌 500 強企業中，2022 年實現銷售收入 81 億美元，顯示出寵物保健領域的可觀利潤空間，統計數據顯示，截至 2022 年全美有 44.5% 的家庭養狗，平均為狗支出 730 美元，其中近一半用於獸醫治療，僅從這一點就可以看出碩騰的未來是光明的，而飼養寵物的我也同意這一點。

110 福特汽車 Ford Motor Co

配息概況

代號	F	配息率	32.57%	配息週期	季
年股利	$0.60	年配息殖利率	4.90%	連續配息上調	0 年
同產業配息殖利率	1.89%	最近配息支付日	24.03.01	平均填息日	7.2 日

企業概況

美國汽車製造商,成立於1903年,以福特品牌銷售汽車和商用車,以豪華品牌林肯(Lincoln)銷售高端汽車。另外還持有巴西SUV製造企業Troller、英國阿斯頓馬丁(Aston Martin)8%的股份,中國江鈴汽車(Jiangling Motors)32%的股份。在2007~2008年金融危機爆發後,雖然經歷財政困難,但並沒有到需要聯邦政府救濟的程度,之後又重新找回收益,在2018年《財富》雜誌500強企業中排名第11名。

配息預估值

會計年度	預估股利	預估年配息殖利率	低展望值	高展望值
2023 年 12 月	$1.25	12.17%	$1.24	$1.26
2024 年 12 月	$0.60	5.88%	$0.60	$0.64
2025 年 12 月	$0.63	6.14%	$0.60	$0.85

配息穩定性 F | 配息成長性 D | 配息殖利率 A | 配息持續性 D-

作者說

福特和往常一樣面臨與其他汽車的激烈競爭,EV部門的成長雖令人印象深刻,但誰能知道什麼時候才會獲利?但可以肯定的是過去10年的平均營業利潤率僅為7.5%,但銷售額絕對不會在短期內增加,這是我所知道的最近汽油汽車企業的主要特徵。

111 科磊 KLA Corp

配息概況

代號	KLAC	配息率	20.87%	配息週期	季
年股利	$5.80	年配息殖利率	0.89%	連續配息上調	14 年
同產業配息殖利率	1.37%	最近配息支付日	24.03.01	平均填息日	0.6 日

企業概況

這是一家總部設在加州米爾皮塔斯的美國資本設備公司,向半導體產業及相關奈米電子產業提供工程控制及收益率管理系統,該公司的產品及服務從研究開發到最終大量生產,如晶片、掩膜版、集成電路(IC)、包裝等,1997 年由業界的兩家公司 KLA Instruments 和 Tencor Instruments 的合併成立。

配息預估值

會計年度	預估股利	預估年配息殖利率	低展望值	高展望值
2023 年 6 月	$5.69	1.04%	$5.36	$5.80
2024 年 6 月	$6.22	1.14%	$5.80	$6.78
2025 年 6 月	$6.62	1.22%	$5.80	$7.40

配息穩定性 A+ | 配息成長性 A+ | 配息殖利率 C- | 配息持續性 A-

作者說

半導體業界將設備企業稱為「人中之龍」,可以說其重要性非常大。經過時間的推移,新的晶片技術有可能隨著 AI 及汽車技術(汽車電動化等)進行擴張,因此可以說前景非常光明。

112　菲利浦 66　Phillips 66

配息概況

代號	PSX	配息率	29.42%	配息週期	季
年股利	$4.20	年配息殖利率	2.98%	連續配息上調	12 年
同產業配息殖利率	4.24%	最近配息支付日	24.03.01	平均填息日	8.9 日

企業概況

總部位於德州休士頓的美國跨國能源企業，負責天然氣液體（NGL）石油化學產品的提煉、運輸、銷售，2022 年在《財富》雜誌 500 強企業中排名第 29 名，銷售額超過 1,150 億美元。飛利浦 66 在美國、英國、德國、奧地利、瑞士經營，目前在美國擁有 76 及大陸石油（Conoco）、在歐洲擁有 JET 等多種加油站品牌且保有相關執照。

配息預估值

會計年度	預估股利	預估年配息殖利率	低展望值	高展望值
2023 年 12 月	$4.21	3.61%	$4.18	$4.28
2024 年 12 月	$4.36	3.75%	$4.20	$4.61
2025 年 12 月	$4.56	3.92%	$4.20	$4.89

配息穩定性 A-　│　配息成長性 B+　│　配息殖利率 C　│　配息持續性 C-

作者說

最近隨著各地區逐漸擺脫新冠病毒疫情的陰影，道路交通量正在劇增，因此菲利浦 66 加油站的需求必然會增加。在這樣的石油產業中，有兩點很重要，第一，OPEC+ 的原油減產導致油價上漲因素；第二由於環保限制，無法追加石油生產能力這點。這種情況有我幾個疑問，在像最近這樣困難的經濟狀況下，國家、企業、個人能否像以前一樣對再生能源進行投資和支援？

113 美國家庭人壽 Aflac Incoporated

配息概況

代號	AFL	配息率	28.88%	配息週期	季
年股利	$2.00	年配息殖利率	2.54%	連續配息上調	0 年
同產業配息殖利率	3.18%	最近配息支付日	24.03.01	平均填息日	9.6 日

企業概況

是美國最大的補充保險供應公司,成立於1955年,總部設在喬治亞州哥倫布,美國家庭人壽以投保人在意外或疾病發生時,支付現金優惠的薪資扣抵保險而聞名,2009年收購大陸保險(Continental American Insurance Company)後,個人和集團平台都可以銷售追加保險,該公司在美國和日本經營業務,是日本最大的保險公司,在2018年《財富》雜誌500強美國企業中,以收益為準,排名第137名。

配息預估值

會計年度	預估股利	預估年配息殖利率	低展望值	高展望值
2023 年 12 月	$1.68	2.05%	$1.68	$1.68
2024 年 12 月	$1.88	2.30%	$1.76	$2.00
2025 年 12 月	$1.93	2.36%	$1.80	$2.15

配息穩定性 B ｜ 配息成長性 B- ｜ 配息殖利率 D ｜ 配息持續性 A+

作者說

保險類股對配息成長投資人來說是一個有吸引力的長期投資標的,因為商業模式的投資魅力很高,最好的保險公司透過兩種方式賺錢,所以每年都能創造高水平的收益。首先保險公司不僅透過公司保險商品獲得保費收入,還以累積的保費進行投資創造收益。像最近這樣高利率時代,喜歡債券投資的投資人操作績效會非常好,當然,美國家庭人壽也屬於此。美國家庭人壽是美國最大的保險公司之一,

是保障癌症、腦中風、器官衰竭等重大疾病的重症專門保險公司,如果說有什麼特點,那就是整體收入的 70% 是來自日本,30% 是美國。

114 固安捷公司 W.W. Grainger, Inc.

配息概況

代號	GWW	配息率	17.31%	配息週期	季
年股利	$7.44	年配息殖利率	0.80%	連續配息上調	53 年
同產業配息殖利率	2.36%	最近配息支付日	24.03.01	平均填息日	2.1 日

企業概況

該公司成立於 1927 年，是工業原料供應商，總部位於伊利諾州森林湖，供應全球安全及保安用品、原料處理保管設備、泵及管道設備、清潔及維護用品、金屬加工及手工工具，還提供庫存管理及技術支援服務，收入主要來自 B2B 銷售，而不是零售。

配息預估值

會計年度	預估股利	預估年配息殖利率	低展望值	高展望值
2023 年 12 月	$7.29	0.91%	$7.14	$7.36
2024 年 12 月	$7.84	0.98%	$7.30	$8.73
2025 年 12 月	$8.41	1.05%	$7.80	$9.35

配息穩定性 A+ ｜ 配息成長性 A+ ｜ 配息殖利率 D+ ｜ 配息持續性 A+

作者說

固安捷是提供維護管理、修理及經營（MRO）產品及服務的廣泛 B2B 流通企業，主要在北美、日本及英國經營，產品包括物料處理設備、安全防護用品、照明電器、電動及手工具、泵及管道用品、清潔維護用品、金屬加工工具。簡單來說就是製造企業所需的消耗性材料，向中間批發企業供應的企業，最終從眾多批發企業取得訂單，因為消耗性材料很多，所以耐蕭條且銷售穩定。

115　美國水務 American Water Works Company, Inc.

配息概況

代號	AWK	配息率	50.03%	配息週期	季
年股利	$2.83	年配息殖利率	2.34%	連續配息上調	16 年
同產業配息殖利率	3.75%	最近配息支付日	24.03.01	平均填息日	2.7 日

企業概況

在美國提供下水道服務的美國公共事業公司，為 14 個州約 1,700 個社區約 1,400 萬人口提供下水道服務，成立於 1886 年，總部設在新澤西州卡姆登。

配息預估值

會計年度	預估股利	預估年配息殖利率	低展望值	高展望值
2023 年 12 月	$2.80	2.12%	$2.77	$2.83
2024 年 12 月	$3.01	2.28%	$2.96	$3.06
2025 年 12 月	$3.26	2.47%	$3.23	$3.30

配息穩定性 A ｜ 配息成長性 C ｜ 配息殖利率 D- ｜ 配息持續性 A-

作者說

美國水務是美國最大的下水道處理設施，是具公共財產性質的代表性公共事業企業，但是最近因高利率正處於逆風中，首先，公共事業企業的配息吸引力會因高利率而下降，其次，為滿足持續成長的水源需求，必需擴張基礎設施，但現在無法支付鉅額支出，因此如果不是像韓國水資源公社這樣的國營企業，現在的情況可說是較為困難的時期，另外隨著天氣變冷，消費也會減少，因此也是具有季節性特徵的企業。

116　安特吉 Entergy New Orleans, LLC

配息概況

代號	ETR	配息率	58.53%	配息週期	季
年股利	$4.52	年配息殖利率	4.52%	連續配息上調	9 年
同產業配息殖利率	3.75%	最近配息支付日	24.03.01	平均填息日	3.8 日

企業概況

屬於《財富》雜誌 500 強企業的綜合能源公司，主要在美國南部地區從事電力生產和零售流通，成立於 1913 年，總部設在路易斯安那州紐奧良，在阿肯色州、路易斯安那州、密西西比州、德州向 300 萬名顧客供電，年銷售額 110 億美元，員工數 13,000 人以上。

配息預估值

會計年度	預估股利	預估年配息殖利率	低展望值	高展望值
2023 年 12 月	$4.31	4.35%	$4.10	$4.52
2024 年 12 月	$4.55	4.59%	$4.29	$4.79
2025 年 12 月	$4.79	4.83%	$4.39	$5.08

配息穩定性 A ｜ 配息成長性 B- ｜ 配息殖利率 C+ ｜ 配息持續性 A-

作者說

安特吉是經營電力生產及零售配電事業的綜合能源公司，簡單來說就是提供電力的公共事業企業，其特點是擁有並經營核電站。發電來源以 67% 的天然氣／石油或水力、23% 的核電和 10% 的煤炭組成，但是公共事業企業在像最近這樣的高利率情況下，股價上漲了無新意，但超過 4% 的安特吉的年配息收益率在高利率情況下，也顯得不那麼有魅力，因此投資者們無法輕易買進。

117 第一能源 FirstEnergy Corp

配息概況

代號	FE	配息率	57.45%	配息週期	季
年股利	$1.64	年配息殖利率	4.41%	連續配息上調	1 年
同產業配息殖利率	3.75%	最近配息支付日	24.03.01	平均填息日	6.2 日

企業概況

是一家總部設在俄亥俄州阿克倫的電力公共事業公司，1997 年成立，從事電力發電及分配、輸電、能源管理和其他能源相關服務。在 2018 年《財富》雜誌評選的 500 強美國最大國有企業名單中，以收益為準，排名第 219 名。

配息預估值

會計年度	預估股利	預估年配息殖利率	低展望值	高展望值
2023 年 12 月	$1.58	4.25%	$1.57	$1.60
2024 年 12 月	$1.67	4.48%	$1.62	$1.73
2025 年 12 月	$1.76	4.74%	$1.67	$1.82

配息穩定性 B ｜ 配息成長性 C- ｜ 配息殖利率 B- ｜ 配息持續性 B

作者說

第一能源是提供電力配電、輸電、發電等的電力公司，這些公共事業企業的一大問題是，必須升級輸配電線，系統地投資開發新的變電站，同時確保美國數百萬客戶的充足電力供應，以便為客戶提供穩定的服務，簡單來說，就是資本投資必須大且持續，所以像現在這樣高利息的環境下，這是不容易的行業和企業。

118 丘奇 & 德懷特 Church & Dwight Co., Inc.

配息概況

代號	CHD	配息率	30.46%	配息週期	季
年股利	$1.14	年配息殖利率	1.16%	連續配息上調	28 年
同產業配息殖利率	1.89%	最近配息支付日	24.03.01	平均填息日	2.2 日

企業概況

丘奇 & 德懷特是一家以個人護理、居家用品和特殊產品為主的美國消費性用品公司，成立於 1846 年，總部設在新澤西州尤因，是鐵鎚牌 Arm&Hammer、Trojan、OxiClean、First Response 等著名品牌的母公司，2021 年該公司創下 36 億美元的年收入，該公司的產品和服務包括廣泛的消費品，如洗衣粉、空氣淨化劑、小蘇打、保險套、驗孕棒和口腔衛生產品。

配息預估值

會計年度	預估股利	預估年配息殖利率	低展望值	高展望值
2023 年 12 月	$1.09	1.18%	$1.07	$1.09
2024 年 12 月	$1.15	1.24%	$1.12	$1.18
2025 年 12 月	$1.21	1.31%	$1.17	$1.27

配息穩定性 B+ | 配息成長性 A- | 配息殖利率 D- | 配息持續性 A+

作者說

丘奇 & 德懷特是擁有美國家用產品，即生產鐵槌牌等消費性用品企業，大部分消費品企業在目前這種高利率環境下會受到投資人的冷落，而該企業卻表現良好，好像有屬於自己的經營訣竅，從有趣的過去經歷來看，小蘇打已經成功從牙膏擴張到貓砂領域，我認為它具有創新能力。換句話說，這些消費品企業如果因物價上漲就提高售價，客戶可能會轉到其他品牌，但在我看來該企業有自己的忠實粉絲，因為雖然連續上調配息的年度為 28 年，但純粹有支付的期間達 122 年。

119 康尼格拉食品 ConAgra Brands, Inc.

配息概況

代號	CAG	配息率	49.41%	配息週期	季
年股利	$1.40	年配息殖利率	4.92%	連續配息上調	4 年
同產業配息殖利率	1.89%	最近配息支付日	24.02.29	平均填息日	4.6 日

企業概況

總部位於伊利諾伊州芝加哥的美國包裝消費品控股公司，成立於1919年，康尼格拉是結合整合（consolidated）和農業（agriculture）的合成詞，生產銷售食用油、冷凍食品、熱可可、熱狗、花生醬等多種產品，主要品牌有ActII、Hunt's、Healthy Choice、Marie Callender's、Udi's Gluten-Free、Orville Redenbacher's 和 Slim Jim 等，以銷售額為準，2022年在《財富》雜誌500強企業中排名第331名。

配息預估值

會計年度	預估股利	預估年配息殖利率	低展望值	高展望值
2023 年 5 月	$1.38	4.88%	$1.31	$1.42
2024 年 5 月	$1.42	5.04%	$1.30	$1.48
2025 年 5 月	$1.47	5.21%	$1.30	$1.58

配息穩定性 B ｜ 配息成長性 C+ ｜ 配息殖利率 A- ｜ 配息持續性 A-

作者說

康尼格拉是一家加工和包裝食品公司，Healthy Choice 的雞肉冷凍食品類、Duncan Hines 的巧克力蛋糕類佔總銷售額的80%，當然雖然加工食品大家常吃，但由於最近美國颳起的減重熱潮，人們漸漸避開康尼格拉的食品，這種趨勢愈演愈烈，投資時一定要記住。

120　JM 斯馬克公司 J. M. Smucker Co

配息概況

代號	SJM	配息率	39.02%	配息週期	季
年股利	$4.24	年配息殖利率	3.37%	連續配息上調	26 年
同產業配息殖利率	1.89%	最近配息支付日	24.03.01	平均填息日	3.3 日

企業概況

該公司又稱斯馬克，是一家美國食品企業，成立於 1897 年，擁有消費食品、寵物食品、咖啡三個主要部門，主力品牌藍精靈（Smucker's）生產花生醬、冷凍三明治、冰淇淋配料等。咖啡品牌有 Folgers、Café Bustelo、Dunkin 等，寵物飼料品牌有 9Lives、Kibbles'n Bits 等，在紐約證券交易所上市，推估 2022 年市值為 146 億美元。

配息預估值

會計年度	預估股利	預估年配息殖利率	低展望值	高展望值
2023 年 4 月	$4.23	3.79%	$4.19	$4.30
2024 年 4 月	$4.38	3.92%	$4.24	$4.60
2025 年 4 月	$4.54	4.07%	$4.24	$4.93

配息穩定性 A ｜ 配息成長性 C ｜ 配息殖利率 B+ ｜ 配息持續性 A

作者說

是北美地區生產消費者食品及飲料、寵物飼料及零食的龍頭企業，2022 年推出的 Smucker's Uncrustables 速食三明治，是一種充滿優質肉類和起司的冷凍零食，另外還有各種各樣的花生醬和果醬等。

最近 2023 年 9 月以 56 億美元收購 Twinkie 製造商 Hostess Brands，Twinkie 是黃麵包中加入大量白色奶油的美國人代表零食，一個麵包熱量為 150 卡路里，因

此有可能被分類成之前所說的美國國內減重熱潮的受害股,每年銷售 5 億個麵包,現在卻開始受到冷落,雖然它的歷史足足有 100 年,但是減重的熱潮似乎不會馬上冷卻,投資時請參考一下。

121 藍威斯頓 Lamb Weston Holdings, Inc.

配息概況

代號	LW	配息率	19.92%	配息週期	季
年股利	$1.44	年配息殖利率	1.41%	連續配息上調	4 年
同產業配息殖利率	1.89%	最近配息支付日	24.03.01	平均填息日	5.2 日

企業概況

它是世界上最大的冷凍馬鈴薯產品生產和加工商之一，1950 年由吉爾伯特．蘭姆（Gilbert Lamb）成立，1988 年被康尼格拉食品（ConAgra Foods）收購，2016 年 11 月分拆，總部位於愛達荷州伊格爾。

配息預估值

會計年度	預估股利	預估年配息殖利率	低展望值	高展望值
2023 年 5 月	$1.17	1.22%	$1.12	$1.32
2024 年 5 月	$1.30	1.36%	$1.17	$1.66
2025 年 5 月	$1.33	1.39%	$1.23	$1.48

配息穩定性 A- ｜ 配息成長性 A- ｜ 配息殖利率 D- ｜ 配息持續性 C

作者說

麥當勞的冷凍馬鈴薯就是藍威斯頓製作的，麥當勞總銷售額的 11% 是藍威斯頓的功勞，因此不得不說是了不起的，而且因其冷凍馬鈴薯的品質很高，幾乎都是壟斷性的供貨，所以價格也能隨心所欲地上調，這不就是很完美的銷售結構嗎？因此淨利潤率超過 22%。這種程度在食品領域可以說是最高值。但也免不了因為被分類為減重熱潮的代表性受害股是其唯一的缺點，但是這只是單純的擔憂，還是會有實際受害的案例，還需要一段時間觀察。

[3月] 第 2 週

122　康明斯（CMI）
123　TJX（TJX）
124　威爾塔（WELL）
125　西屋制動公司（WAB）
126　嬌生（JNJ）
127　南方電力（SO）
128　安進（AMGN）
129　禮來（LLY）
130　美國電力（AEP）
131　陶氏化學（DOW）
132　百勝餐飲（YUM）
133　IBM（IBM）
134　目標百貨（TGT）

122 康明斯 Cummins Inc.

配息概況

代號	CMI	配息率	31.98%	配息週期	季
年股利	$6.72	年配息殖利率	2.57%	連續配息上調	18 年
同產業配息殖利率	2.36%	最近配息支付日	24.03.07	平均填息日	11.1 日

企業概況

康明斯是設計、製造、流通引擎、過濾、電力發電產品的美國跨國企業。另外也為燃料系統、控制台、氣體處理、過濾、排放控制、電力發電系統、卡車引擎及相關設備提供服務,成立於 1919 年,總部設在印第安納州哥倫布,產品銷往約 190 個國家和地區。

配息預估值

會計年度	預估股利	預估年配息殖利率	低展望值	高展望值
2023 年 12 月	$6.49	2.88%	$6.28	$6.58
2024 年 12 月	$6.87	3.05%	$6.28	$7.24
2025 年 12 月	$7.31	3.24%	$6.28	$7.97

配息穩定性 A ｜配息成長性 A- ｜配息殖利率 B+ ｜配息持續性 A+

作者說

康明斯不僅從事柴油及天然氣引擎,還有電力及混合動力系統相關零件的設計、生產、流通及維護管理,該公司專注於先進的電力系統,包括電池、燃料電池和制氫技術等,並提供過濾、後續處理、控制系統、氣體處理系統、自動變速箱和發電系統等服務,特別是最近主要致力於電動車上,2022 年電動車佔新車總銷量的 14%,從 2020 年的 5%、2021 年的 9% 左右持續成長,是一個令人鼓舞的數字,在過去的專營柴油引擎企業中,這是一家轉型成功的企業。

123　TJX　The TJX Companies, Inc.

配息概況

代號	TJX	配息率	28.97%	配息週期	季
年股利	$1.33	年配息殖利率	1.37%	連續配息上調	2 年
同產業配息殖利率	1.89%	最近配息支付日	24.03.07	平均填息日	1.9 日

企業概況

這是總部位於麻州弗雷明漢的跨國特價百貨商店企業，1987 年以扎伊爾公司（Zayre Corp.）的子公司成立，1989 年公司重組成為扎伊爾公司的法定存續公司，截至 2019 年 TJX 與 TJ Maxx（美國）、TK Maxx（澳洲、歐洲）、美國的 Marshalls、HomeGoods、HomeSense、Sierra、加拿大的 Winners 等一起經營旗艦店，在 9 個國家有 4,557 家特價商店，在 2021 年《財富》雜誌評選的 500 強美國企業中總銷售額排名第 97 名。

配息預估值

會計年度	預估股利	預估年配息殖利率	低展望值	高展望值
2023 年 12 月	$1.30	1.47%	$1.18	$1.37
2024 年 12 月	$1.42	1.60%	$1.18	$1.62
2025 年 12 月	$1.61	1.81%	$1.33	$1.81

配息穩定性 D ｜ 配息成長性 A ｜ 配息殖利率 D- ｜ 配息持續性 D

作者說

TJX是全世界服裝及家庭時尚的特價零售企業巨頭，最近由於就學貸款、瓦斯、保險、金融手續費等費用的增加與高利時代，低收入階層的消費者思考如何減少消費就會出現的代表性特價零售企業，據說30美元的牛仔褲在TJX購物中心能以半價出售，是知道特價祕訣的企業。

124 威爾塔 Welltower Inc.

配息概況

代號	WELL	配息率	150.90%	配息週期	季
年股利	$2.44	年配息殖利率	2.63%	連續配息上調	0 年
同產業配息殖利率	4.46%	最近配息支付日	24.03.07	平均填息日	2.6 日

企業概況

成立於 1970 年，總部位於俄亥俄州托萊多，是投資醫療基礎設施的不動產投資信託，以 2021 年的銷售額為準，2021 年在《財富》雜誌 1000 強企業中排名第 630 名，是 S&P 500 的成分股，2021 年初該公司的企業價值為 500 億美元，世界最大的醫療用不動產投資信託威爾塔，擁有美國、加拿大、英國主要高成長市場不動產的持股，投資養老住宅、社區、外來患者醫療用設施等。

配息預估值

會計年度	預估股利	預估年配息殖利率	低展望值	高展望值
2023 年 12 月	$2.45	2.80%	$2.44	$2.48
2024 年 12 月	$2.55	2.92%	$2.44	$2.68
2025 年 12 月	$2.78	3.18%	$2.44	$2.97

配息穩定性 C ｜ 配息成長性 C+ ｜ 配息殖利率 D- ｜ 配息持續性 B+

作者說

威爾塔專門經營養老住宅社區、治療設施、療養院等，考慮到現在有很多嬰兒潮世代退休進入老年生活，可以說是非常有前景的企業。問題是威爾塔是 REITs 企業，正如之前提到的 REITs 一樣，在升息周期是脆弱的行業，但這是受影響較小的 REITs 企業之一，就像每個人都會老一樣，這是一個長期投資看起來很好的個股。

125 西屋制動公司 Westinghouse Air Brake Technologies Corp

配息概況

代號	WAB	配息率	10.55%	配息週期	季
年股利	$0.80	年配息殖利率	0.60%	連續配息上調	3 年
同產業配息殖利率	2.36%	最近配息支付日	24.03.08	平均填息日	1.3 日

企業概況

這間企業以 Wabtec 廣為人知,於 1999 年由西屋空氣制動公司(Westinghouse Air Brake Company, WABC)和 Motive Power Industries Corporation 合併而成,總部設在賓州匹茲堡,生產鐵路機車、貨物列車、旅客運輸車輛等零部件,製造最大 6000 馬力(4MW)的新型鐵路機車,2019 年也收購了 GE Transportation。

配息預估值

會計年度	預估股利	預估年配息殖利率	低展望值	高展望值
2023 年 12 月	$0.69	0.59%	$0.68	$0.70
2024 年 12 月	$0.76	0.69%	$0.68	$0.89
2025 年 12 月	$0.80	0.69%	$0.68	$0.89

配息穩定性 A ｜ 配息成長性 B ｜ 配息殖利率 D- ｜ 配息持續性 B+

作者說

　　公司名稱簡稱為 Wabtec,提供鐵路機車和其他各種火車的零部件,聽到火車,可能會認為在最尖端技術暢行的美國是不是太落後了,但從兩個角度來看,美國的鐵路產業發展得很好。首先,隨著油價上漲,許多國家很可能會擴大客運列車和貨運列車的使用,第二,雖然多數政府強制推動銷售更多的電動車,但由於電動車價格相當昂貴,很多消費者無法承受,因此旅客列車的使用率提高的可能性很高,聽著聽著就會知道這不是一個落後的產業。

126 嬌生 Johnson&Johnson

配息概況

代號	JNJ	配息率	43.28%	配息週期	季
年股利	$4.76	年配息殖利率	3.02%	連續配息上調	62 年
同產業配息殖利率	1.58%	最近配息支付日	24.03.05	平均填息日	12.2 日

企業概況

成立於 1886 年，開發醫療用品、藥品和其他消費品，它是世界上最有信譽的公司，也是信用等級高於美國政府的唯二企業。消費者產品品牌有 Band-Aid、泰諾（Tylenol）、嬌生嬰兒（Johnson's Baby）、露得清（Neutrogena）、可伶可俐（Clean&Clear）、Acuvue 等，製藥部門有 Janssen Pharmaceuticals。2021 年 11 月嬌生還宣布將消費者產品和製藥及醫療技術部門分割成兩家公開上市公司。

配息預估值

會計年度	預估股利	預估年配息殖利率	低展望值	高展望值
2023 年 12 月	$4.73	3.16%	$4.69	$4.76
2024 年 12 月	$4.89	3.27%	$4.61	$5.09
2025 年 12 月	$5.14	3.43%	$4.66	$5.45

配息穩定性 - ｜配息成長性 - ｜配息殖利率 B+ ｜配息持續性 -

作者說

2023 年 5 月嬌生將泰諾、露得清、嬌生嬰兒等消費者健康部門的品牌分離上市，目前正在以集中於製藥及醫療用品部分的方式簡化事業。嬌生是美國企業中唯二企業擁有的最高信用等級 AAA 企業（另一個是微軟），還多次被列入受尊敬的製藥公司第一名，唯一的缺點就是包括嬰兒爽身粉在內的公司滑石產品中，偶爾出現的石棉引發的癌症相關訴訟，訴訟已經持續了數年還沒有結束。

127 南方電力 Southern Company

配息概況

代號	SO	配息率	64.73%	配息週期	季
年股利	$2.80	年配息殖利率	4.18%	連續配息上調	23 年
同產業配息殖利率	3.75%	最近配息支付日	24.03.06	平均填息日	2.9 日

企業概況

總部位於美國南部的天然氣和電力公共事業控股公司，總部設在喬治亞州亞特蘭大，截至 2021 年在客戶基礎方面是美國第二大公共事業公司，在 6 個州為 900 萬顧客提供公共事業服務。

配息預估值

會計年度	預估股利	預估年配息殖利率	低展望值	高展望值
2023 年 12 月	$2.78	3.99%	$2.78	$2.80
2024 年 12 月	$2.87	4.12%	$2.86	$2.94
2025 年 12 月	$2.99	4.28%	$2.94	$3.10

配息穩定性 B ｜ 配息成長性 C+ ｜ 配息殖利率 C- ｜ 配息持續性 A+

作者說

南方電力是一家公共事業企業，大部分電力都是用煤炭（2007 年 69%）生產的，但最近該公司將事業轉向更加清潔的混合能源（天然氣 52%，核能 16%，再生能源 18%，煤炭 14%），主動減少碳排放。另外正在建設統稱為 Vogtle 項目的兩個新的核電站，其中一個已經完成目前正在使用中，另一個將於 2025 年啟用，這將是一個提供更乾淨電力的公共事業公司。配息連續上調 23 年，支付配息期間為 77 年的企業，所以應該是具備所有良好要素的公共事業企業。

128 安進 Amgen Inc.

配息概況

代號	AMGN	配息率	42.30%	配息週期	季
年股利	$9.00	年配息殖利率	3.17%	連續配息上調	12 年
同產業配息殖利率	1.58%	最近配息支付日	24.03.07	平均填息日	17.4 日

企業概況

安進是世界最大的生技公司之一，1980 年在加州南奧克斯成立，是美國跨國生技製藥公司。以分子生物學及生物化學為基礎，提供重組 DNA 技術的醫療事業為目標。

配息預估值

會計年度	預估股利	預估年配息殖利率	低展望值	高展望值
2023 年 12 月	$8.55	3.22%	$8.42	$8.75
2024 年 12 月	$9.31	3.51%	$9.03	$9.58
2025 年 12 月	$10.02	3.78%	$9.57	$10.44

配息穩定性 A+ | **配息成長性 A-** | **配息殖利率 B+** | **配息持續性 B+**

作者說

安進是一家很棒的製藥公司，但是投資人不太清楚該產業的特點、情況和藥名，在這裡想簡單說明製藥公司賺錢的過程。要想理解這一點，就不得不提到安進的風溼性關節炎治療劑 Enbrel 在 2022 年創下 41 億美元的銷售額，但過 10 年後，專利保護喪失，預計未來收益將下降。在這種情況下，安進收購 Tepezza 有助於抵消和替代未來銷售減少的狀況，Tefeza 是用於甲狀腺眼科疾病的有潛力的藥物，是 Horizon Therapeutics 的產品，安進在主力藥品專利許可到期前，盡可能將銷售額最大化，並收購專利到期能成為新的收入來源的其他公司。現在明白了嗎？所以製藥公司才有很多併購，在我看來，安進是擅長併購的公司。

129 禮來 Eli Lilly and Company

配息概況

代號	LLY	配息率	28.89%	配息週期	季
年股利	$5.20	年配息殖利率	0.69%	連續配息上調	10 年
同產業配息殖利率	1.58%	最近配息支付日	24.03.08	平均填息日	9.7 日

企業概況

總部設在印第安納州印第安納波利斯，在 18 個國家設有分公司的美國製藥公司，於 1876 年由生技製藥學家 Eli Lilly 成立，Eli Lilly 以臨床憂鬱症藥物百憂解（Prozac）、辛百達（Cymbalta）、抗精神病藥物再普勒（Zyprexa）聞名，但主要收益來源是糖尿病藥物優泌樂筆（Humalog）和易週糖注射劑（Trulicity）。作為首家大量生產小兒麻痺疫苗和胰島素的公司，2019 年在《財富》雜誌 500 強企業中排名第 123 名，《富比世》全球 2000 中排名第 221 名，且為《富比士》評選美國在最佳職場名單中第 252 名。

配息預估值

會計年度	預估股利	預估年配息殖利率	低展望值	高展望值
2023 年 12 月	$4.35	0.73%	$3.18	$4.52
2024 年 12 月	$5.17	0.87%	$4.70	$6.00
2025 年 12 月	$5.93	1.00%	$4.99	$7.95

配息穩定性 A+ ｜ 配息成長性 A ｜ 配息殖利率 D ｜ 配息持續性 A

作者說

投資人對糖尿病治療劑 Mounjaro 的流行和減重藥的潛力表現出令人難以置信的樂觀態度，僅 2023 年股價就上升 60%，因此禮來成為市值超過 5,500 億美元的世界上最有價值的醫療公司，我們只要觀察其是否能像最近最熱門主題的人工智慧一樣，成為長期的熱門話題就可以了。

130 美國電力 American Electric Power Company, Inc.

配息概況

代號	AEP	配息率	59.02%	配息週期	季
年股利	$3.52	年配息殖利率	4.35%	連續配息上調	14 年
同產業配息殖利率	-	最近配息支付日	24.03.08	平均填息日	3.2 日

企業概況

由美國投資人持有的電力公共事業企業,為 11 個州的 500 萬名以上用戶供電,擁有美國最大的輸電系統,比美國所有輸電系統的總和還要多,總部位於俄亥俄州哥倫布,在 2018 年《財富》雜誌評選的 500 強美國企業中,排名第 185 名。

配息預估值

會計年度	預估股利	預估年配息殖利率	低展望值	高展望值
2023 年 12 月	$3.36	4.35%	$3.30	$3.53
2024 年 12 月	$3.55	4.59%	$3.35	$3.77
2025 年 12 月	$3.78	4.89%	$3.64	$4.04

配息穩定性 A- | 配息成長性 C | 配息殖利率 B- | 配息持續性 A

作者說

中西部大規模電力公司美國電力公司指出,未來利用煤炭發電的電力比重將從 2023 年的 41% 下降到 2030 年的 19%,相反地,可再生能源將從 23% 躍升至 53%,過去只有公共事業關注這議題。但現在由於高利環境,投資人不太喜歡公共事業,另外市場預測對新的發電站、老化基礎設施、可再生技術的投資費用將進一步提高,但擔心相關企業在財務上會變得困難,找回以前的公共事業企業獨有的魅力可能需要很長時間。

131 陶氏化學 Dow Inc.

配息概況

代號	DOW	配息率	65.24%	配息週期	季
年股利	$2.80	年配息殖利率	5.12%	連續配息上調	0 年
同產業配息殖利率	2.82%	最近配息支付日	24.03.08	平均填息日	4.6 日

企業概況

總部位於密西根州米德蘭的美國跨國化學公司,是世界三大化學生產商之一。製造塑膠、化學產品和農業產品,並進軍約 160 個國家,由於陶氏化學不是銷售給終端消費者,而是銷售給其他產業,因此也被稱為「化學公司的化學公司」,2017 年陶氏和杜邦合併成為新杜邦(Dow DuPont),材料科學部門分割後,於 2019 年 4 月使用陶氏化學公司(Dow Chemical Company)的名稱。

配息預估值

會計年度	預估股利	預估年配息殖利率	低展望值	高展望值
2023 年 12 月	$2.82	5.45%	$2.79	$2.94
2024 年 12 月	$2.87	5.55%	$2.79	$3.09
2025 年 12 月	$2.97	5.75%	$2.80	$3.37

配息穩定性 B- ｜ 配息成長性 C+ ｜ 配息殖利率 A- ｜ 配息持續性 D

作者說

陶氏化學的目標是準確預測需求,有效經營 104 個製造工廠,但是由於無法控制經濟前景和趨勢,投資人應該觀察公司如何管理成本和進行資本投資,現在由於利率高,很多企業都處於困難的經濟狀況,陶氏化學也表現出減少和控制費用的樣子,利用從 1897 年至今生存下來的經驗,良好地戰勝困難的大經濟環境,其證據就是持續性的購買庫藏股和支付配息,年配息收益率為 5% 後半段,是值得長期投資的個股。

132 百勝餐飲 Yum! Brands, Inc.

配息概況

代號	YUM	配息率	41.22%	配息週期	季
年股利	$2.68	年配息殖利率	2.00%	連續配息上調	7 年
同產業配息殖利率	1.89%	最近配息支付日	24.03.08	平均填息日	9.8 日

企業概況

百勝餐飲（以前是 Tricon Global Restaurants，Inc.）是一家美國速食公司，躋身《財富》雜誌 1000 強。在中國以外地區經營肯德基、必勝客、Taco Bell、Habit Burger Grill，在中國經營一家名為 Yum China 的公司，以前還擁有海滋客和 A&W，總部位於肯德基州路易斯維爾，1997 年從百事可樂的母公司百事可樂分拆出來。

配息預估值

會計年度	預估股利	預估年配息殖利率	低展望值	高展望值
2023 年 12 月	$2.42	1.90%	$2.37	$2.45
2024 年 12 月	$2.65	2.08%	$2.42	$2.86
2025 年 12 月	$2.92	2.29%	$2.73	$3.20

配息穩定性 D ｜ 配息成長性 A+ ｜ 配息殖利率 D ｜ 配息持續性 B

作者說

最近隨著高利率環境持續，造成對餐飲產業消費低迷的擔憂，基本上，消費者會從昂貴的餐廳轉向更便宜的餐廳，以降低消費，此時便宜的餐廳是百勝餐飲集團的連鎖店機率很高，從理論上講目前的高利環境有利於百勝餐飲，這不是單純的邏輯，也展現在其實際績效上。

133 IBM International Business Machines Corporation

配息概況

代號	IBM	配息率	62.31%	配息週期	季
年股利	$6.64	年配息殖利率	4.00%	連續配息上調	28 年
同產業配息殖利率	1.37%	最近配息支付日	24.03.09	平均填息日	10.7 日

企業概況

也被稱為「藍色巨人 Big Blue」，專門提供電腦硬體、中間硬體、軟體等，從主機到奈米技術的管理及諮詢服務，於 1911 年成立，1924 年更名為現在的公司名稱 s，在此後的幾十年中，它在包括電腦在內的各種新技術領域處於業界領先地位。從 20 世紀 90 年代開始相對衰退，2005 年將個人電腦事業部出售給聯想集團（Lenovo Group）。IBM 是道瓊斯產業平均指數上市的 30 家企業之一，也是《財富》雜誌評選銷售額排名第 7 名的技術公司。

配息預估值

會計年度	預估股利	預估年配息殖利率	低展望值	高展望值
2023 年 12 月	$6.63	4.34%	$6.62	$6.64
2024 年 12 月	$6.76	4.42%	$6.66	$6.89
2025 年 12 月	$6.94	4.54%	$6.70	$7.20

配息穩定性 B- ｜配息成長性 B+ ｜配息殖利率 A ｜配息持續性 A+

作者說

大家會記得過去的 IBM，IBM 雖然是以主機為主的硬體企業，但從 90 年代開始將領域擴大到軟體、服務等領域。目前 IBM 不是一家快速成長的公司，股價也沒什麼特別，2023 年推出名為 WatsonX 的人工智慧（AI）平台，雖然不知道以後會不會成為新的市場玩家，但還是非常令人期待。

134 目標百貨 Target Corporation

配息概況

代號	TGT	配息率	42.74%	配息週期	季
年股利	$4.40	年配息殖利率	2.94%	連續配息上調	53 年
同產業配息殖利率	1.89%	最近配息支付日	24.03.10	平均填息日	7.8 日

企業概況

總部位於明尼蘇達州明尼阿波利斯的美國大型百貨商店連鎖店，是美國第七大零售企業，是 S&P 500 指數的成分股，成立於 1902 年，以 2022 年為基準，在美國全境經營約 2,000 家賣場，以總收益為準，在 2020 年《財富》雜誌 500 強美國企業中排名第 37 名。

配息預估值

會計年度	預估股利	預估年配息殖利率	低展望值	高展望值
2023 年 1 月	$4.39	3.38%	$4.32	$4.68
2024 年 1 月	$4.50	3.46%	$4.40	$4.57
2025 年 1 月	$4.70	3.62%	$4.53	$4.98

配息穩定性 A ｜ 配息成長性 B- ｜ 配息殖利率 B- ｜ 配息持續性 A+

作者說

目標百貨是美國代表性的零售企業，最近利率提高，消費不振，讓客戶大幅減少，上季客戶流量也減少 5%，這說明主要成長指標與 2023 年初相比更為惡化，但是像沃爾瑪、好市多這樣食品必需消費品比率較高的零售企業，在進到 2023 年後呈現流量增加趨勢，也就是說，會去沃爾瑪或好市多購買急著需要的蔬菜、水果、肉類，但不會去目標百貨，這是因為目標百貨更仰賴任意消費品，食品類必需品沒有競爭對手沃爾瑪佔據那麼大的部分。長遠來看，總有一天消費會復甦，服裝和家電產品會比食品更暢銷吧？

[3月] 第3週

135	馬拉松石油（MRO）		
136	洛克威爾自動化公司（ROK）		
137	PPG 工業（PPG）		
138	馬拉松原油（MPC）		
139	標普全球（SPGI）		
140	雪佛龍（CVX）		
141	實耐寶（SNA）	156	好時食品（HSY）
142	羅林斯（ROL）	157	科迪華（CTVA）
143	CDW 公司（CDW）	158	信達思（CTAS）
144	沃爾格林聯合博姿（WBA）	159	聯合愛迪生（ED）
145	艾默生電氣（EMR）	160	新杜邦（DD）
146	埃克森美孚（XOM）	161	泰森食品（TSN）
147	中點能源（CNP）	162	家樂氏（K）
148	微軟（MSFT）	163	易速傳真（EFX）
149	牽引機供應（TSCO）	164	道爾（DOV）
150	諾斯洛普・格魯門（NOC）	165	包爾（BALL）
151	大都會人壽（MET）	166	科凱國際（KEY）
152	新紀元能源（NEE）	167	思佳訊半導體（SWKS）
153	雅詩蘭黛（EL）	168	國際紙業（IP）
154	應用材料（AMAT）	169	莫爾森庫爾斯公司（TAP）
155	CSX 公司（CSX）	170	麥當勞（MCD）

135 馬拉松石油 Marathon Oil Corporation

配息概況

代號	MRO	配息率	13.78%	配息週期	季
年股利	$0.44	年配息殖利率	1.90%	連續配息上調	3 年
同產業配息殖利率	4.24%	最近配息支付日	24.03.11	平均填息日	3.9 日

企業概況

這是總部位於德州休士頓的美國碳氫化合物勘探企業，前身是標準石油（Standard Oil），在《財富》雜誌 500 強中排名第 534 名。1887 年以俄亥俄石油公司（The Ohio Oil Company）開始，1889 年被唐·洛克菲勒（John D. Rockefeller）的標準石油公司收購，1962 年公司更名為現在的名稱，公司已確定的儲存量分別為石油 52%、天然氣 30%、液體天然氣 18%。

配息預估值

會計年度	預估股利	預估年配息殖利率	低展望值	高展望值
2023 年 12 月	$0.41	1.59%	$1.40	$1.41
2024 年 12 月	$1.45	1.76%	$0.40	$0.56
2025 年 12 月	$0.49	1.90%	$0.40	$0.65

配息穩定性 B ｜ 配息成長性 B+ ｜ 配息殖利率 D ｜ 配息持續性 D

作者說

馬拉松石油是以美國為重心的石油及天然氣勘探公司，公司的資產分布於費米安（Permian）、伊格爾福德（Eagle Ford）、巴肯（Bakken）及奧克拉荷馬（Oklahoma），截至 2022 年 12 月，馬拉松石油已確認的石油儲量達 1,338 萬桶，這可讓其免受中東衝突的影響。簡而言之，可以想成它是如果經濟狀況好轉，油價上漲的話，就會增加買入庫藏股與提高配息的公司。在過去的 7 個季度中，共買入了 42 億美元的庫藏股，這是目前市值的四分之一。

136 洛克威爾自動化公司 Rockwell Automation, Inc.

配息概況

代號	ROK	配息率	36.87%	配息週期	季
年股利	$5.00	年配息殖利率	1.83%	連續配息上調	14 年
同產業配息殖利率	2.36%	最近配息支付日	24.03.11	平均填息日	4.3 日

企業概況

擁有 Allen-Bradley、FactoryTalk 軟體、Lifecycle IQ Services 等品牌的美國產業自動化供應商，總部設在威斯康辛州密爾沃基，在全世界 100 多個國家活動中。

配息預估值

會計年度	預估股利	預估年配息殖利率	低展望值	高展望值
2023 年 9 月	$5.02	1.82%	$4.41	$5.60
2024 年 9 月	$5.39	1.96%	$4.41	$6.67
2025 年 9 月	$6.00	2.18%	$5.49	$6.50

配息穩定性 A+ ｜ 配息成長性 A ｜ 配息殖利率 C ｜ 配息持續性 A

作者說

洛克威爾是世界最大的產業自動化解決方案供應商之一，過去幾年間掀起製造領域的資本投資浪潮，該公司的顧客主要是製造業，提供自動化裝備及服務。

據國際機器人聯盟（International Federation of Robotics）透露，從 2017 年到 2022 年產業用機器人的銷售量年均增加 7%，在製造業中，機器人、產業自動化似乎是不可抗拒的趨勢，尤其是汽車製造設備相當大的投資和整體現代化造就產業機器人要求提高，而且，據研究單位 Mordor Intelligence 表示，醫療部門對產業用機器人的需求也很高，另一個部門是建築物維護管理業。我認為最重要的部分是老年化和人口減少，最終如果人口減少，只能使用機器人填補其空缺，從某種角度來看，比起令人費解的 AI，這個產業實際上會變得更大。

137　PPG 工業 PPG Industries, Inc.

配息概況

代號	PPG	配息率	27.86%	配息週期	季
年股利	$2.60	年配息殖利率	1.84%	連續配息上調	53 年
同產業配息殖利率	2.82%	最近配息支付日	24.03.12	平均填息日	4.8 日

企業概況

既是《財富》雜誌評選的 500 強企業，也是生產油漆、塗層及特殊材料的跨國企業，成立於 1883 年，總部設在賓州匹茲堡的 PPG 在全世界 70 多個國家營運，以銷售額為標準，是世界最大的塗層材料公司。

配息預估值

會計年度	預估股利	預估年配息殖利率	低展望值	高展望值
2023 年 12 月	$2.54	1.87%	$2.49	$2.58
2024 年 12 月	$2.65	1.95%	$2.50	$2.81
2025 年 12 月	$2.78	2.05%	$2.50	$3.10

配息穩定性 B+ ｜ 配息成長性 B+ ｜ 配息殖利率 C- ｜ 配息持續性 A+

作者說

　　PPG 工業是製造及銷售油漆、塗層及特殊材料的企業，與美國的 Sherwin-Williams 是競爭對手，這種競爭下對兩家企業的利潤都是負面的。而且 PPG 比起銷往現在利率高而面臨困難的住宅產業，銷往工業現場的銷售額更高，而比起經濟稍微好一點的美國，在近期陷入困難的歐洲的銷售額更高。綜合來看，Sherwin-Williams 略佔優勢，但無論如何美國強勁的經濟似乎會決定勝負，現在 PPG 工業的發展方向應該也會有所修改吧。

138 馬拉松原油 Marathon Petroleum Corporation

配息概況

代號	MPC	配息率	22.70%	配息週期	季
年股利	$3.30	年配息殖利率	2.01%	連續配息上調	2 年
同產業配息殖利率	4.24%	最近配息支付日	24.03.11	平均填息日	10.9 日

企業概況

總部位於俄亥俄州芬德利的美國石油精煉、市場行銷及運輸公司，2011 年企業分割之前，是馬拉松石油（Marathon Oil）全額出資的子公司，2018 年收購 Endeavour 後，成為美國最大的煉油廠，擁有 16 家精煉廠，日精煉量超過 300 萬桶，在 2018 年《財富》雜誌評選的 500 強美國企業中，以總收益為準，排名第 41 名。

配息預估值

會計年度	預估股利	預估年配息殖利率	低展望值	高展望值
2023 年 12 月	$3.10	2.10%	$3.07	$3.15
2024 年 12 月	$3.40	2.30%	$3.30	$3.60
2025 年 12 月	$3.56	2.41%	$3.30	$3.95

配息穩定性 B ｜配息成長性 A- ｜配息殖利率 C+ ｜配息持續性 C+

作者說

馬拉松原油公司是領先的煉油企業，也是兼具運輸及行銷的綜合能源企業，簡而言之，就是精煉原油，負責運輸和銷售。該公司的優點是從二疊紀盆地、巴肯、加拿大等地取得更便宜的原油供應，因此業績很好。就記住這個吧，去加油站選擇標準是油的品質還是價格？當然是價格了。

139 標普全球 S&P Global Inc.

配息概況

代號	SPGI	配息率	22.69%	配息週期	季
年股利	$3.64	年配息殖利率	0.85%	連續配息上調	52 年
同產業配息殖利率	1.37%	最近配息支付日	24.03.12	平均填息日	0.7 日

企業概況

2016 年 4 月之前名為 McGraw Hill Financial, Inc. 的標普全球 S&P，是總部位於紐約曼哈頓的美國上市公司，主要從事財務資訊蒐集及分析，是 S&P Global Ratings、S&P Global Market Intelligence、S&P Global Mobility、S&P Global Engineering Solutions、S&P Global Sustainable1、S&P Global Commodity Insights、JILES 公司的大股東，S&P 是 Standard and Poor's 的縮寫。

配息預估值

會計年度	預估股利	預估年配息殖利率	低展望值	高展望值
2023 年 12 月	$3.60	0.88%	$3.60	$3.61
2024 年 12 月	$3.83	0.94%	$3.53	$4.20
2025 年 12 月	$4.12	1.01%	$3.60	$4.80

配息穩定性 A+ ｜ 配息成長性 C+ ｜ 配息殖利率 F ｜ 配息持續性 A+

作者說

S&P 全球是市佔率達到 40% 的美國最高信用評價機構，仔細觀察銷售組成，一半是信用評價銷售收入，26% 是財務資訊及分析銷售，還有 S&P 500 指數相關銷售佔 13%。聽上去沒有什麼因素能讓它銷售額大幅減少的，稍微誇張一點，它的護城河讓它沒有多少競爭者，因此它還被列入 2023 年配息王名單。

140 雪佛龍 Chevron Corp

配息概況

代號	CVX	配息率	46.37%	配息週期	季
年股利	$6.52	年配息殖利率	4.23%	連續配息上調	37 年
同產業配息殖利率	4.24%	最近配息支付日	24.03.11	平均填息日	9.5 日

企業概況

這是美國的跨國能源企業，在標準石油（Standard Oil）衍生出來的企業中，是繼埃克森美孚之後的第二大企業，是政府未持有的石油公司中，排名世界第五的石油公司。成立於 1879 年，涵蓋石油和天然氣工業的各個方面，包括烴類勘探和生產、提煉、市場行銷、運輸、化學品製造和銷售、電力生產等，這是自 2020 年埃克森美孚退出後，道瓊斯產業平均指數中最後剩下的石油和天然氣成分股。

配息預估值

會計年度	預估股利	預估年配息殖利率	低展望值	高展望值
2023 年 12 月	$6.03	4.17%	$5.95	$6.07
2024 年 12 月	$6.42	4.44%	$6.16	$6.66
2025 年 12 月	$6.75	4.67%	$6.37	$7.05

配息穩定性 B ｜ 配息成長性 A ｜ 配息殖利率 C ｜ 配息持續性 A+

作者說

雪佛龍是大型能源企業，與清潔能源有著財務上的利害關係，但他們堅信，在不久的未來，化石燃料收益將成為公司賴以維生的麵包與奶油，2023 年 10 月雪佛龍同意以 530 億美元收購美國石油天然氣生產企業赫斯，這是雪佛龍歷史上最大規模的 M&A，另外還計劃在 2024 年將委內瑞拉的原油日產量增加 6 萬 5000 桶左右，未來雪佛龍能否成為美國石油產業的中心，仍有待觀察。

141 實耐寶 Snap-on Inc

配息概況

代號	SNA	配息率	37.06%	配息週期	季
年股利	$7.44	年配息殖利率	2.77%	連續配息上調	14 年
同產業配息殖利率	1.89%	最近配息支付日	24.03.11	平均填息日	9.0 日

企業概況

是一家設計、製造和銷售汽車、重型設備、海洋、航空和鐵路等運輸行業使用的高級專業設備的美國公司,成立於 1920 年,總部設在威斯康辛州肯諾沙,還銷售名為 Blue-Point 品牌的低價型工具。

配息預估值

會計年度	預估股利	預估年配息殖利率	低展望值	高展望值
2023 年 12 月	$6.55	2.36%	$6.47	$6.68
2024 年 12 月	$6.97	2.51%	$6.26	$7.68
2025 年 12 月	$7.54	2.71%	$6.58	$8.83

配息穩定性 A+ ｜ 配息成長性 A+ ｜ 配息殖利率 B+ ｜ 配息持續性 A

作者說

坦白說實耐寶是無趣但被低估的企業之一,雖然市場對汽車或重型設備的性能感興趣,但對修理它們的工具卻不感興趣。自 20 世紀 70 年代首次公開募股以來,其總收益率已悄然超過 9000%,儘管這些成功記錄以及過去 10 年每股收益（EPS）增加 3 倍,但該公司仍保持著具有吸引力的 14 倍 P/E 的股價,我們只要用它默默賺錢就行。近期的顧慮是主要侷限於內燃機車輛的工具或裝備會在電動時代落後,但這是不瞭解的人在杞人憂天,一般有八成不在修理引擎,而是更換零件,電動車時代對實耐寶來說將是更大的機會。

142　羅林斯 Rollins, Inc.

配息概況

代號	ROL	配息率	54.37%	配息週期	季
年股利	$0.60	年配息殖利率	1.47%	連續配息上調	3 年
同產業配息殖利率	1.89%	最近配息支付日	24.03.11	平均填息日	7.3 日

企業概況

成立於 1948 年，是一家北美害蟲防治公司，總部設在喬治亞州亞特蘭大，在美國、加拿大、英國、墨西哥、中美洲、加勒比海、中東和亞洲的 500 多個地區，為 200 多萬客戶提供來自白蟻、齧齒動物、昆蟲和野生動物的防治服務。

配息預估值

會計年度	預估股利	預估年配息殖利率	低展望值	高展望值
2023 年 12 月	$0.55	1.38%	$0.52	$0.59
2024 年 12 月	$0.62	1.56%	$0.57	$0.66
2025 年 12 月	$0.70	1.77%	$0.60	$0.74

配息穩定性 B-　配息成長性 A　配息殖利率 D　配息持續性 A-

作者說

比戰爭更可怕的是害蟲和蟲子，而且都不會消失。害蟲防治市場實際上並沒有受到經濟蕭條的影響，公司在大蕭條和新冠肺炎大流行期間，銷售額反而分別成長 5% 和 7%。據聯合國糧農組織統計，全球每年農作物產量高達 40% 因病蟲害損失，植物病害損失高達 2,200 億美元，病蟲害損失達 200 億美元。除草劑使用平均量減少，開發新品時間增加，同時，由於需要保證自家產品不會危害人類，對企業的監管壓力也越來越大，因此羅林斯看上去有很多事情要做。而一般來說，很少有人喜歡家裡有蟲子，只要這個議題不變，羅林斯就會好的。

143　CDW 公司 CDW Corp

配息概況

代號	CDW	配息率	21.56%	配息週期	季
年股利	$2.48	年配息殖利率	1.03%	連續配息上調	10 年
同產業配息殖利率	1.37%	最近配息支付日	24.03.12	平均填息日	0.6 日

企業概況

1984 年成立,總部位於伊利諾伊州林肯郡的 CDW 是為企業、政府、教育機關提供技術產品和服務的企業,該公司有一個名為 CDW-G 的輔助部門,專門負責美國的小學、大學、非營利醫療機構、州和地方政府、聯邦政府等美國政府機構。

配息預估值

會計年度	預估股利	預估年配息殖利率	低展望值	高展望值
2023 年 12 月	$2.39	1.11%	$2.35	$2.42
2024 年 12 月	$2.56	1.19%	$2.48	$2.66
2025 年 12 月	$2.75	1.28%	$2.48	$2.93

配息穩定性 A-　│配息成長性 A-　│配息殖利率 C-　│配息持續性 B-

作者說

21 世紀初 CDW 主要銷售桌上型電腦、筆記型電腦、印表機,今天還擴展到數據中心、網路安全、移動網路、自動化、公共/私人/雲端及 SaaS(Software as a Service)用產品。 CDW 是多種技術產品的附加價值經銷商,也是提供 B2B 訊息技術解決方案的企業,提供蘋果、亞馬遜、微軟、NVIDIA 等多間公司服務,因為不製造產品,所以幾乎沒有資本支出,完全不用於研究開發。

CDW 是技術供應商和客戶之間中介,建立獲利的結構,特定大企業購買 1,000 台辦公用電腦時,也會需要伺服器和網路安全程式等,那麼如果能把這個過程交給別人,是不是可以輕鬆採購電腦,還可以享受多種服務呢?透過追加合約條

款,還可以獲得汰換電腦或在公司內部雲端計算安裝的服務,CDW 在這個部分就起到作用。簡而言之,由 1,000 個以上的供應合作商提供的 100,000 個以上的產品銷售給 25,000 名以上的普通客戶, CDW 的客戶公司通常會簽訂 10 年以上的長期合約,隨著時間的推移,沒有 IT 專業的政府、教育及醫療機關、宗教機關和大企業等客戶正在大量流入。

144 沃爾格林聯合博姿 Walgreens Boots Alliance, Inc.

配息概況

代號	WBA	配息率	28.21%	配息週期	季
年股利	$1.00	年配息殖利率	4.48%	連續配息上調	0 年
同產業配息殖利率	1.89%	最近配息支付日	24.03.12	平均填息日	14.4 日

企業概況

總部位於伊利諾伊州迪爾菲爾德的美國、英國、瑞士控股公司，擁有零售藥局連鎖店 Walgreens、Boots 等多家製藥製造及銷售公司，成立於 2014 年，以 2022 年為基準，以總收益在《財富》雜誌 500 強企業中，排名上升到第 18 名，目前在 9 個國家營運。2018 年沃爾格林聯合博姿在道瓊斯產業平均指數中，取代通用電氣（General Electric），也是納斯達克 100（Nasdaq-100）、S&P 100 及 S&P 500 指數的成分股。

配息預估值

會計年度	預估股利	預估年配息殖利率	低展望值	高展望值
2023 年 8 月	$1.95	9.21%	$1.91	$2.09
2024 年 8 月	$1.98	9.32%	$1.91	$2.19
2025 年 8 月	$1.98	9.33%	$1.93	$2.03

配息穩定性 C+ ｜ 配息成長性 F ｜ 配息殖利率 A+ ｜ 配息持續性 A+

作者說

沃爾格林聯合博姿是美國代表性的藥局連鎖店，藥局零售領域競爭依然激烈，宏觀經濟壓力可能導致整體獲利能力下滑，再加上鴉片類藥物訴訟只會使問題更加惡化。簡而言之，我認為現在擁有沃爾格林聯合博姿是一項非常危險的投資，公司應該採取更加果斷的措施加強財務健全性，投資人現在失去信心，要想與沃爾瑪、亞馬遜、CVS 健康競爭，減少配息的可能性很高，最終公司會面令更慘痛的控制費用，但是隨著新任命 CEO，似乎會掀起一定的變化，讓我們一起關注吧。

145 艾默生電氣 Emerson Electric Co.

配息概況

代號	EMR	配息率	36.33%	配息週期	季
年股利	$2.10	年配息殖利率	2.00%	連續配息上調	67 年
同產業配息殖利率	2.36%	最近配息支付日	24.03.11	平均填息日	12.7 日

企業概況

這是一家總部設在密蘇里州弗格森的美國跨國企業，該公司經營自動化解決方案、艾斯本技術（AspenTech）、商業及居住解決方案部門，向石油及天然氣、提煉、化學、發電、生命科學、食品及飲料、汽車及紙漿及造紙、金屬及礦業、城市水供應市場等領域提供服務，生產瓦斯及電暖系統用監控設備及電子控制裝置，高爐熱水器用瓦斯閥，高爐用點火系統等。成立於 1890 年，在 215 個國家經營生產設施，僱用約 87,500 名員工。

配息預估值

會計年度	預估股利	預估年配息殖利率	低展望值	高展望值
2023 年 9 月	$2.14	2.40%	$2.10	$2.19
2024 年 9 月	$2.20	2.46%	$2.10	$2.30
2025 年 9 月	$2.20	2.46%	$2.20	$2.20

配息穩定性 B+ ｜ 配息成長性 B+ ｜ 配息殖利率 B ｜ 配息持續性 A+

作者說

成立於 1890 年，配息也上調了 67 年，那麼在分析這些企業時，什麼是重要的呢？就是透過製造業相關指標準確掌握這些企業的情況。例如可以查看 Institute for Supply Management 的 Manufacturing Purchasing Manager's Index，目前的數值為 49%，50% 以下代表萎縮，只有達到 50% 以上，相關產業和企業才會因擴張局面有所好轉，在研究企業時有必要與相關指數一起觀察。

146 埃克森美孚 Exxon Mobil Corporation

配息概況

代號	XOM	配息率	40.00%	配息週期	季
年股利	$3.80	年配息殖利率	3.70%	連續配息上調	41 年
同產業配息殖利率	4.24%	最近配息支付日	24.03.11	平均填息日	11.1 日

企業概況

為美國石油公司,總部位於德州歐文,前身是 1870 年由洛克菲勒與同行一起在俄亥俄州克利夫蘭成立的標準石油公司。1999 年埃克森(Exxon)以 835 億美元的價格併購美孚(Mobil),成為世界最大的石油企業,以埃克森(Exxon)、美孚(Mobil)、埃索(Esso)、老虎超市(Tiger Mart)的品牌流通。

配息預估值

會計年度	預估股利	預估年配息殖利率	低展望值	高展望值
2023 年 12 月	$3.70	3.53%	$3.67	$3.81
2024 年 12 月	$3.88	3.69%	$3.72	$4.36
2025 年 12 月	$3.98	3.79%	$3.80	$4.08

配息穩定性 B- | 配息成長性 A- | 配息殖利率 C | 配息持續性 A+

作者說

埃克森美孚是一家美國能源巨頭,在古老而髒亂的碳燃料世界中站穩腳跟,最近埃克森美孚與先鋒自然資源(Pioneer Natural Resources)合併,2027 年前將該地區的日產量增加到每天約 200 萬桶,石油和天然氣在未來數年內將成為重要的燃料。最終埃克森仍然把重點放在碳經濟上,是一家經營良好的能源公司,如果這對你來說是個問題,你可以考慮選擇其他投資標的,企業經營沒有正確與錯誤,也沒有善與惡,沒有壞的和好的,只要在盡到社會責任的前提下,持續提高銷售額即可。

147 中點能源 CenterPoint Energy, Inc.

配息概況

代號	CNP	配息率	46.13%	配息週期	季
年股利	$0.80	年配息殖利率	2.88%	連續配息上調	3 年
同產業配息殖利率	3.75%	最近配息支付日	24.03.14	平均填息日	8.0 日

企業概況

它是美國的公共事業控股公司，經營電力和天然氣部門，電力部門不僅包括批發電力市場的資產，還包括對用電客戶的服務和輸電及配電服務。天然氣部門為明尼蘇達州客戶提供天然氣運輸、家電保固及維修服務，並參與州內天然氣的銷售、運輸和儲存。成立於 1866 年，總部設在德州休士頓。

配息預估值

會計年度	預估股利	預估年配息殖利率	低展望值	高展望值
2023 年 12 月	$0.76	2.75%	$0.75	$0.77
2024 年 12 月	$0.82	2.93%	$0.78	$0.83
2025 年 12 月	$0.87	3.14%	$0.81	$0.89

配息穩定性 B ｜ 配息成長性 C ｜ 配息殖利率 D+ ｜ 配息持續性 B

作者說

中點能源是提供輸配電、天然氣運輸、具有競爭力的天然氣銷售及服務的美國國內能源供應公司。該公司負責維護和管理休士頓地區和印第安納西南部地區的基礎設施，包含電線、電線桿及電器等涵蓋 250 萬名顧客，另外，在印第安納州擁有約 1,300 兆瓦的發電容量。公共事業產業作為公共產品，不受經濟影響，但最近為了擺脫燃料發電，投資現代電網，正在投資低碳計畫，由於持續的溫暖天氣和利息費用壓力，預計短期內會陷入一番苦戰。

148 微軟 Microsoft Corporation

配息概況

代號	MSFT	配息率	22.45%	配息週期	季
年股利	$3.00	年配息殖利率	0.74%	連續配息上調	22 年
同產業配息殖利率	1.37%	最近配息支付日	24.03.14	平均填息日	6.1 日

企業概況

是一家提供電腦軟體、家電產品、個人電腦及相關服務的美國跨國技術公司，以 Windows 作業系統產品線、微軟 Office 系列產品線、Internet Explorer 和 Edge 瀏覽器等而聞名，主要硬體產品有 Xbox 遊戲機和觸控式電腦的 Microsoft Surface。在 2020 年《財富》500 強美國企業中，以總收益為準排在第 21 名，2019 年以銷售額為準，是世界最大的軟體製造商。

配息預估值

會計年度	預估股利	預估年配息殖利率	低展望值	高展望值
2023 年 6 月	$2.96	0.80%	$2.73	$3.10
2024 年 6 月	$3.22	0.87%	$2.74	$3.50
2025 年 6 月	$3.55	0.96%	$2.74	$3.90

配息穩定性 A+ | **配息成長性 A+** | **配息殖利率 D** | **配息持續性 A**

作者說

我們每天打開電腦就能見到的企業之一就是微軟，就像信用卡公司一樣，每天都在我們的日常生活中見到，微軟除了多種程式業務外，最近還把 AI 作為未來飯碗。在消費者及 IT 支出下降的情況下，2023 會計年度的績效成果令人印象深刻，就不用擔心微軟的股價了吧？

149　牽引機供應 Tractor Supply Company

配息概況

代號	TSCO	配息率	38.99%	配息週期	季
年股利	$4.40	年配息殖利率	1.86%	連續配息上調	15 年
同產業配息殖利率	1.89%	最近配息支付日	24.03.12	平均填息日	6.4 日

企業概況

公司成立於 1938 年，是美國零售連鎖店，主要銷售住宅裝修、農業、草坪及庭院管理、家畜、馬及寵物管理等產品，擁有 2,000 間賣場，總部設在田納西州的布倫特伍德，是《財富》雜誌評選的 500 強企業。

配息預估值

會計年度	預估股利	預估年配息殖利率	低展望值	高展望值
2023 年 12 月	$4.11	2.03%	$4.05	$4.12
2024 年 12 月	$4.41	2.17%	$4.05	$4.60
2025 年 12 月	$4.69	2.31%	$4.05	$5.06

配息穩定性 C- ｜ 配息成長性 A ｜ 配息殖利率 D ｜ 配息持續性 B

作者說

　　牽引機供應公司是農村生活設備專業公司，向農民、牧場主和屋主銷售各種產品（從寵物用品到電動工具、割草機等），最近幾年收益和股價上漲，特別是因為疫情，越來越多的人在家待著，甚至從城市搬遷到農村。

　　但是目前在高物價、高利息的情況下，所有人都在減少消費，儘管如此牽引機供應的目標每年加開 90 間，最終預計隨著時間推移，大環境情況會得到改善，銷售額也會增加。

150 諾斯洛普‧格魯門 Northrop Grumman Corp

配息概況

代號	NOC	配息率	27.06%	配息週期	季
年股利	$7.48	年配息殖利率	1.65%	連續配息上調	20 年
同產業配息殖利率	2.36%	最近配息支付日	24.03.13	平均填息日	6.0 日

企業概況

美國跨國航空航太與國防公司，2022 年在《財富》雜誌 500 強中排名第 101 名，擁有 9 萬名員工和 300 多億美元的年收入，是全球最大的武器製造商和軍事技術提供商之一。該公司生產世界唯一的隱形轟炸機 B-2 Spirit，最近正在開發可以投擲常規武器和核武器的遠程隱形戰略轟炸機 B-21 Raider，另外還將開發及生產太空望遠鏡，並生產 NASA 宇宙發射項目的固體火箭助推器。

配息預估值

會計年度	預估股利	預估年配息殖利率	低展望值	高展望值
2023 年 12 月	$7.28	1.57%	$6.92	$7.37
2024 年 12 月	$7.90	1.70%	$7.66	$8.08
2025 年 12 月	$8.50	1.83%	$8.15	$8.84

配息穩定性 A+ ｜ 配息成長性 A ｜ 配息殖利率 C ｜ 配息持續性 A+

作者說

最近，以色列和哈瑪斯之間的矛盾，再次引起已經在升息、俄烏戰爭、中國經濟的挑戰等中受到影響的投資者的注意，因地緣政治風險，這樣的紛爭、戰爭讓他們對軍工股產生興趣。諾斯洛普‧格魯門是製造著名隱形轟炸機的企業，此外還製造多種偵察機、導彈、雷達等，在各國國防預算沒有減少的情況下，有關注軍工股的必要。

151　大都會人壽 MetLife, Inc.

配息概況

代號	MET	配息率	20.95%	配息週期	季
年股利	$2.08	年配息殖利率	3.03%	連續配息上調	6 年
同產業配息殖利率	3.18%	最近配息支付日	24.03.13	平均填息日	4.8 日

企業概況

它是大都會人壽保險公司（Metropolitan Life Insurance Company）及其子公司的控股公司，是在 60 多個國家擁有 9,000 萬名顧客的世界最大的保險、年金、員工福利計劃提供企業之一，成立於 1868 年，在 2018 年《財富》雜誌 500 強美國企業中，以總收益為準排名第 43 名，總部位於紐約大都會人壽大廈。

配息預估值

會計年度	預估股利	預估年配息殖利率	低展望值	高展望值
2023 年 12 月	$2.04	3.27%	$2.00	$2.08
2024 年 12 月	$2.12	3.39%	$2.05	$2.17
2025 年 12 月	$2.20	3.51%	$2.08	$2.32

配息穩定性 B+ ｜ 配息成長性 C ｜ 配息殖利率 C ｜ 配息持續性 A-

作者說

很多保險公司的問題是透過銷售保險賺不到大錢，甚至也會發生理賠成本和營運費用成本超過一整年的保險費收入的狀況，為了彌補這一差距，保險公司必須以國債和公司債、普通股和特別股、抵押貸款和證券、不動產與股票或其他投資，組成規模龐大且多元標的的投資組合以創造投資收益。大都會人壽保險將重點放在員工福利計劃、更傳統的壽險、牙科保險、傷殘保險上的同時，將保險費收入再投資到債券、股票、對沖基金及私募基金上。

那麼現在大都會生活的問題是什麼呢？概括起來就是以下兩點，第一，亞洲銷

售額約為 16%,但亞洲最近因經濟不景氣,業務經營狀況不佳。第二,在管理投資部位的過程中,股票交易部門的績效不振也造成影響。即使存在這樣的問題,每個人都要為未來的事故做好準備,我認為從長期投資人的立場來看,保險個股並不壞。

152 新紀元能源 NextEra Energy, Inc.

配息概況

代號	NEE	配息率	56.18%	配息週期	季
年股利	$2.06	年配息殖利率	3.64%	連續配息上調	30 年
同產業配息殖利率	3.75%	最近配息支付日	24.03.15	平均填息日	3.3 日

企業概況

它是一家在美國和加拿大擁有約 14,900 名員工的美國能源公司，也是市值最大的電力公共事業控股公司，最大的子公司 FPL 是美國第三大電動公用事業公司，另一家子公司 NEER（NextEra Energy Resources）是經營風力、太陽能、天然氣、核能及石油驅動發電站的世界最大規模電力發電公司，成立於 1925 年，總部設在佛羅里達州棕櫚灘縣。

預估值

會計年度	預估股利	預估年配息殖利率	低展望值	高展望值
2023 年 12 月	$1.87	3.26%	$1.69	$2.06
2024 年 12 月	$2.06	3.59%	$1.86	$2.25
2025 年 12 月	$2.23	3.91%	$2.05	$2.44

配息穩定性 B+ ｜ 配息成長性 D ｜ 配息殖利率 D ｜ 配息持續性 A+

作者說

新紀元能源擁有美國最大的電力實用企業佛羅里達電力公司，不僅如此，考慮到它是世界上最大的太陽能和風力發電商之一，這是一個很有魅力的組合，風力、太陽能等新再生能源是很多電力公司未來的藍圖，問題是利率越高，在公司的資本投資計劃中籌措資金的成本就越高，至少在像現在這樣高利率的情況下，再健全的企業如果持續需要籌措資金，財務狀況也會變得困難，但是這種高利率狀況還會持續多久呢？誰也不知道。

153 雅詩蘭黛 The Estée Lauder Companies Inc.

配息概況

代號	EL	配息率	62.06%	配息週期	季
年股利	$2.64	年配息殖利率	1.82%	連續配息上調	0 年
同產業配息殖利率	1.89%	最近配息支付日	24.03.15	平均填息日	1.6 日

企業概況

該公司是總部位於紐約曼哈頓的美國跨國化妝品企業,也是繼歐萊雅之後的世界第二大化妝品公司,該公司擁有 La Mer、Jo Malone London、Clinique、Tom Ford Beauty 等多種品牌,成立於 1946 年,1995 年在紐約證券交易所上市,以 2018 年總銷售額為準,在《財富》500 強美國企業中排名第 258 名。

配息預估值

會計年度	預估股利	預估年配息殖利率	低展望值	高展望值
2024 年 6 月	$2.66	2.15%	$2.62	$2.83
2025 年 6 月	$2.83	2.29%	$2.64	$3.13
2026 年 6 月	$3.04	2.46%	$2.64	$3.41

配息穩定性 B+ | 配息成長性 C- | 配息殖利率 D | 配息持續性 D-

作者說

雅詩蘭黛海外銷售比重為 75%,對美元升值非常敏感。其次,中國的銷售額佔總銷售額的 30%。僅憑這兩點就能勾勒出股價走勢,一旦美元趨於穩定,中國的消費不振情況恢復,其他問題也可以獲得解決。

雅詩蘭黛的缺點在於過於老套保守,現在不是在店面銷售產品等傳統行銷的時代,而是透過社交媒體、網紅的活動,在線上進行宣傳和銷售的時代,但是雅詩蘭黛仍然在線下賣場銷售產品,作為男人的我看得也有點悶。

154 應用材料 Applied Materials, Inc.

配息概況

代號	AMAT	配息率	13.49%	配息週期	季
年股利	$1.28	年配息殖利率	0.68%	連續配息上調	6 年
同產業配息殖利率	1.37%	最近配息支付日	24.03.14	平均填息日	0.5 日

企業概況

1967 年成立，總部設在加州聖塔克拉拉的跨國美國企業，為半導體、顯示器及相關產業提供製造用設備、服務和軟體，主要開發、製造及銷售用於製造半導體晶片或集成電路的製造設備、液晶顯示器製造用產品。

配息預估值

會計年度	預估股利	預估年配息殖利率	低展望值	高展望值
2023 年 8 月	$1.25	0.84%	$0.81	$1.44
2024 年 8 月	$1.39	0.93%	$0.81	$1.76
2025 年 8 月	$1.55	1.04%	$0.96	$1.88

配息穩定性 A ｜ 配息成長性 A+ ｜ 配息殖利率 D+ ｜ 配息持續性 B

作者說

鋼鐵產業在 1901 年讓全球首次出現 10 億美元規模的公司，117 年後 IT 公司蘋果成為企業價值達到 1 兆美元的第一家公司。接下來如果 AI 會加速創造價值的速度，那會變成什麼樣呢？ AI 具有在未來生產數兆億美元規模企業的潛力，是未來引領新世代的主題，以上是我喜歡 NVIDIA 的原因。

在這裡生產人工智慧晶片的所有半導體都要經過多個製造生產階段，半導體產業在技術上也很複雜，相當需要整合，這代表著該過程的每個步驟實際上只存在 1 到 3 個競爭供應商，因此是一個有吸引力的投資產業，其中一家企業就是應用材料公司，最近半導體設備企業的精細工程技術越來越出色，例如應用材料將在 2025

年上市 2 奈米製程刻蝕設備,簡單地說,半導體有設計、生產、測試及封裝等多個階段,應用材料是製造所謂甲級半導體設備的企業,這種設備的精細工程很重要,也讓應用材料處於受到市場矚目的情況。

155 CSX 公司 CSX Corporation

配息概況

代號	CSX	配息率	21.85%	配息週期	季
年股利	$0.48	年配息殖利率	1.30%	連續配息上調	20 年
同產業配息殖利率	2.36%	最近配息支付日	24.03.15	平均填息日	5.5 日

企業概況

以北美鐵路運輸及不動產為重點的美國控股公司，Chessie System 和 Seaboard Coast Line Industries 合併後於 1980 年成立，總部設在佛羅里達州傑克遜維爾，在 1986 年將公司合併前的所有鐵路併為單一路線，被稱為 CSX 運輸，CSX 目前除了 CSX 運輸外還擁有多間子公司。

配息預估值

會計年度	預估股利	預估年配息殖利率	低展望值	高展望值
2023 年 12 月	$0.43	1.37%	$0.38	$0.45
2024 年 12 月	$0.46	1.47%	$0.34	$0.51
2025 年 12 月	$0.51	1.62%	$0.33	$0.78

配息穩定性 B ｜ 配息成長性 B+ ｜ 配息殖利率 C ｜ 配息持續性 A+

作者說

CSX 公司是一家鐵路公司，而決定鐵路公司獲利的兩個因素，第一，油價上漲，由於燃料成本代表所有運輸公司的主要投入成本，這種成本增加很可能打擊運輸公司的利潤。第二，經濟上的不確定性，很多企業會因為通貨膨脹、經濟不景氣，減少或延遲發貨，所以一般運輸指數會先行於景氣之前，那麼現在是時候擺脫上述兩個決定因素了嗎？所以 CSX 才為了搶佔卡車的貨物配送市占率，正在做出很多努力。

156　好時食品 The Hershey Company

配息概況

代號	HSY	配息率	53.74%	配息週期	季
年股利	$5.48	年配息殖利率	2.83%	連續配息上調	15 年
同產業配息殖利率	1.89%	最近配息支付日	24.03.15	平均填息日	1.2 日

企業概況

作為全球最大的巧克力生產商之一，還銷售餅乾、蛋糕等烘焙產品，以及奶昔等飲料產品，總公司位於美國賓夕法尼亞州赫希，也是好時公園和好時巧克力世界的所在地。成立於 1894 年，著名品牌有好時巧克力（Hershey's）、Kisses、Jolly Rancher、Almond Joy、奇巧巧克力（Kit Kat）、Brookside、Twizzlers、Ice Breakers、Skinny Pop 和 Dot's Homestyle Pretzels 等。

配息預估值

會計年度	預估股利	預估年配息殖利率	低展望值	高展望值
2023 年 12 月	$4.42	2.25%	$4.30	$4.61
2024 年 12 月	$4.83	2.47%	$4.52	$5.61
2025 年 12 月	$5.13	2.62%	$4.69	$6.17

配息穩定性 A ｜ 配息成長性 A+ ｜ 配息殖利率 C- ｜ 配息持續性 A

作者說

好時食品是美國市場的主導玩家，約佔美國國內糕點事業銷售額的 80%，考慮到人們喜歡吃甜食，這是一項相當強大的事業。此外還透過 Skinny Pop、Dot's Homestyle Pretzels 等品牌，將領域擴展到鹹味速食領域，該事業部門約佔銷售額的 10%，鹹味零食雖然是相對較小的部門，但是提供公司更新的成長機會。

157 科迪華 Corteva, Inc.

配息概況

代號	CTVA	配息率	18.33%	配息週期	季
年股利	$0.64	年配息殖利率	1.18%	連續配息上調	2 年
同產業配息殖利率	2.82%	最近配息支付日	24.03.15	平均填息日	1.3 日

企業概況

成立於 2019 年，總部位於印第安納州印第安納波利斯，是美國主要的農藥和種子公司，在被獨立分割企業上市之前，是 Dow DuPont 的農業部門，2019 年成為上市企業。

配息預估值

會計年度	預估股利	預估年配息殖利率	低展望值	高展望值
2023 年 12 月	$0.62	1.32%	$0.61	$0.68
2024 年 12 月	$0.68	1.44%	$0.63	$0.78
2025 年 12 月	$0.75	1.59%	$0.67	$0.88

配息穩定性 B ｜ 配息成長性 C ｜ 配息殖利率 D ｜ 配息持續性 D+

作者說

由於氣候變化和緩解溫室氣體的需要，食品和工業品的需求將會增加，這代表 21 世紀可能成為合成生物學的世紀。此外，為了向全世界提供糧食，實現氣候目標，迫切需要合成生物資源。合成生物學企業可以在 21 世紀提出新的收益和商業模式，這可能與科學和產品一樣重要。 現在說明的合成生物學的代表企業就是科迪華。科迪華專門生產基因改造（GMO）作物，科迪華的一項重大創新是能為基因改造作物訂製特殊殺蟲劑，讓農民可以更有效地管理害蟲並最終能夠減少農藥使用量。基因改造作物和殺蟲劑之間的綜效作用，不只能提高農業生產力，而且符合永續農業計畫。綜上所述，科迪華是一家有助於農作物收穫、培養土地對各種肥

料、農藥等化學物質免疫力的企業。對我們來說農業是不可或缺的產業,當經濟狀況不佳時,無法阻止糧食通膨,價格波動會對家庭和生活品質產生正面或負面的影響,因此消費者、金融專家和政府經常對此進行監控。

158 信達思 Cintas Corporation

配息概況

代號	CTAS	配息率	30.24%	配息週期	季
年股利	$5.40	年配息殖利率	0.88%	連續配息上調	4 年
同產業配息殖利率	1.89%	最近配息支付日	24.03.15	平均填息日	3.2 日

企業概況

成立於 1929 年,總部位於俄亥俄州梅森的美國企業,提供制服、墊子、拖把、清潔用品、衛生間用品、急救處理及安全產品、滅火器及測試器、安全用品等多種商品和相關服務,這是 2020 年僱用 4 萬名以上員工,該業界最大規模的企業。

配息預估值

會計年度	預估股利	預估年配息殖利率	低展望值	高展望值
2023 年 5 月	$5.06	0.92%	$4.41	$5.40
2024 年 5 月	$5.41	0.99%	$4.60	$6.20
2025 年 5 月	$5.45	0.99%	$4.60	$6.06

配息穩定性 A+ │ 配息成長性 A+ │ 配息殖利率 D- │ 配息持續性 A-

作者說

信達思為企業客戶提供多種產品和服務,市值為 500 億美元,銷售額每年也達到 90 億美元左右,是不小的企業。但與其規模相比,它的業務並不吸引人,也不怎麼有趣。因為,如果提供制服、安全設備給企業客戶,雖然就能「進行業務」,但不能像 AI 股一樣引發投資人的關注。信達思是安靜地坐在後面做自己業務的大型企業,但是因為涉及所有企業需要的產品,所以收入也穩定。別忘了,在美股歷史上,無聊的公司常有相當不錯的表現。

159 聯合愛迪生 Consolidated Edison, Inc.

配息概況

代號	ED	配息率	59.49%	配息週期	季
年股利	$3.32	年配息殖利率	3.79%	連續配息上調	51 年
同產業配息殖利率	3.75%	最近配息支付日	24.03.15	平均填息日	8.5 日

企業概況

被稱為聯合愛迪生或 ConEd 的這間企業是美國的能源公司，提供電力、天然氣、蒸汽，經營再生能源基礎設施，以 2017 年為準，年銷售額約為 120 億美元，資產超過 620 億美元，子公司有紐約聯合愛迪生公司（Consolidated Edison Company of New York, CECONY）、Orange and Rockland Utilities、聯合愛迪生解決方案（Con Edison Solutions）、聯合愛迪生能源（Con Edison Energy）等。

配息預估值

會計年度	預估股利	預估年配息殖利率	低展望值	高展望值
2023 年 12 月	$3.27	3.58%	$3.24	$3.50
2024 年 12 月	$3.36	3.68%	$3.28	$3.66
2025 年 12 月	$3.48	3.81%	$3.33	$3.90

配息穩定性 B+ ｜ 配息成長性 B- ｜ 配息殖利率 C ｜ 配息持續性 A+

作者說

聯合愛迪生是為紐約市和西切斯特郡的顧客提供電力、天然氣、蒸汽的控股公司，因為是電力公司，所以穩定的銷售額和配息是其特點。主要競爭優勢之一是消費者在最經濟困難期間，也不會減少電力消費，因此在經濟蕭條中庫存也很彈性，但這種狀況只存在於現今高利率時代之前。對公共事業行業，特別是電力公司的評價（高利率導致的投資吸引力下降）與前面幾乎相似。

160 新杜邦 DuPont de Nemours, Inc.

配息概況

代號	DD	配息率	36.34%	配息週期	季
年股利	$1.52	年配息殖利率	2.24%	連續配息上調	3 年
同產業配息殖利率	2.82%	最近配息支付日	24.03.15	平均填息日	0.6 日

企業概況

成立於 1802 年,是美國的一家跨國化工公司,20 世紀開發多種化合物,如貝斯佩爾、氯丁橡膠、尼龍、特氟龍、卡普頓、M5 纖維、氯丁橡膠、萊卡特拉等。另外還開發製冷劑產業的各種化學物質,特別是氟利昂(氫氟烴)、油漆用合成顏料和塗料等。與陶氏化學公司(Dow Chemical Company)合併後成為新杜邦,將農業相關事業部分離為柯迪華,此後新杜邦重新回到現在的角色,經營特殊產品部門,在分拆前它是世界上最大的化學公司。

配息預估值

會計年度	預估股利	預估年配息殖利率	低展望值	高展望值
2023 年 12 月	$1.44	2.02%	$1.40	$1.45
2024 年 12 月	$1.59	2.24%	$1.37	$2.14
2025 年 12 月	$1.66	2.33%	$1.44	$1.84

配息穩定性 A- | 配息成長性 B- | 配息殖利率 C- | 配息持續性 F

作者說

新杜邦提供電子、運輸、建設、水利等市場技術基礎材料和解決方案,特別是幫助水能更安全、更容易利用的 DuPont Water Solutions 佔銷售額的一半,其餘銷售額的一半透過一般產業獲利,歸根結底,這些化工企業的成長和發展取決於以下幾個因素。

首先,在北美地區,圍繞美國住宅市場的不確定性,給建築和建設帶來負擔,

隨著工業和消費品耐久性需求的放緩，化學品產量正在下降，全球經濟活動的減弱導致不確定性增加，這可能會在短期內影響化學品產量。

第二，新冠肺炎以後，由於中國經濟活動的恢復速度放緩，該國的化學產品需求遭受打擊，烏克蘭戰爭導致的歐洲經濟放緩和高通貨膨脹帶來的消費減少，也導致相關地區的需求疲弱，因此，許多化工企業為了克服困難，採取降低營運成本和積極漲價等策略，因為目前還在處在那個過程中，所以從容地觀察吧。

161 泰森食品 Tyson Foods, Inc.

配息概況

代號	TSN	配息率	55.49%	配息週期	季
年股利	$1.96	年配息殖利率	3.63%	連續配息上調	12 年
同產業配息殖利率	1.89%	最近配息支付日	24.03.15	平均填息日	7.9 日

企業概況

這是一家總部設在阿肯色州的跨國食品企業,它是僅次於全球最大肉類包裝商 JBSSA 的大型雞肉、牛肉和豬肉加工商和經銷商,每年向美國境外出口牛肉量最大。1935 年成立,2020 年以總收益為準,在《財富》雜誌 500 強中排名第 79 名,但泰森食品也曾牽涉到與環境、動物福利和員工福利相關的各種爭議。

配息預估值

會計年度	預估股利	預估年配息殖利率	低展望值	高展望值
2023 年 9 月	$1.95	4.00%	$1.90	$1.99
2024 年 9 月	$2.00	4.10%	$1.90	$2.05
2025 年 9 月	$2.09	4.28%	$2.01	$2.14

配息穩定性 C+ | 配息成長性 C+ | 配息殖利率 B- | 配息持續性 A

作者說

泰森食品是美國最大的肉類加工企業,牛肉銷售額約佔總銷售額的 35%,雞肉約佔 34%,豬肉是 11% 左右,如果這些都加起來,肉類銷售的銷售額約達 70%。泰森無法控制實際銷售的肉品價格,雖然透過減少營運費用來管理,但可以向客戶收到的價格是由無法控制的因素決定的,通貨膨脹顯然也無濟於事。因此,泰森最近收購了一家香腸製造商,將新鮮香腸、熟香腸、培根和三明治出售給零售店和餐飲業,這與其他公司銷售普通肉類不同,例如泰森已經擁有 Jimmy Dean、Ball Park、Hillshire Farm 等品牌,這類產品普遍利潤較高,約佔季度銷售

額的 18%，這個數字隨著泰森追加併購品牌將會更高。不要太執著於肉上，現在集中精力在相關加工食品吧，最近泰森食品似乎也感受到若自己能控制價格，事業就會變得多麼容易。

162　家樂氏 Kellanova

配息概況

代號	K	配息率	58.83%	配息週期	季
年股利	$2.24	年配息殖利率	3.99%	連續配息上調	0 年
同產業配息殖利率	1.89%	最近配息支付日	24.03.15	平均填息日	6.6 日

企業概況

總部位於密西根州巴特爾克里克的美國跨國食品公司，有家樂氏麥片、穀片、品客、Eggo、Cheez-It 等著名品牌的產品。家樂氏的產品在 180 多個國家製造和銷售，最大的工廠在英國，1876 年由凱洛格兄弟製作玉米片，之後成立了一家名為凱洛格的公司，2023 年以後凱洛格分離為兩家公司，家樂氏經營 Eggo 麥片、品客等高成長高獲利的零食品牌，WK（WK Kellogg）則經營麥片、Mini wheats 等低成長麥片品牌，家樂氏承接原有凱洛格的代號 K。

配息預估值

會計年度	預估股利	預估年配息殖利率	低展望值	高展望值
2023 年 12 月	$2.36	4.47%	$2.32	$2.40
2024 年 12 月	$2.36	4.47%	$2.24	$2.46
2025 年 12 月	$2.42	4.59%	$2.27	$2.58

配息穩定性 - ｜配息成長性 - ｜配息殖利率 B+ ｜配息持續性 -

作者說

家樂氏快速成長原因可能是轉變重心到成長較快的零食，事實上，麥片並不是在北美銷售的好食品，隨著消費者飲食習慣的改變，早餐的高峰期早已過去。2021 年發生的麥片工廠火災和員工罷工導致家樂氏近幾年失去了相當大的市場佔比，麥片業務已成為整個公司的絆腳石，至少在北美地區，因此 WK Kellogg 需要集中精力找回市場佔有率。相反地，家樂氏在事業上成功的可能性很高，而且初期

成功是顯而易見的,銷售和獲利成長穩健,顯然是具有收益性的。一般來說,其他食品企業如果分拆或收購銷售額高的零食類,大部分都能取得成功,讓我們一起關注一下它是否真能那樣發展。

163 易速傳真 Equifax Inc.

配息概況

代號	EFX	配息率	15.91%	配息週期	季
年股利	$1.56	年配息殖利率	0.61%	連續配息上調	0 年
同產業配息殖利率	1.37%	最近配息支付日	24.03.15	平均填息日	12.6 日

企業概況

它是美國的跨國消費者信用調查機構,與 Experian 和 TransUnion 一起是三大消費者信用報告機構之一,1899 年在喬治亞州亞特蘭大成立零售信貸公司,收集並統計全世界 8 億多個消費者和 8,800 多萬家企業的資訊,除提供信用、人口統計數據和商業服務外,還直接向消費者提供信用監測和防詐服務。

配息預估值

會計年度	預估股利	預估年配息殖利率	低展望值	高展望值
2023 年 12 月	$1.56	0.76%	$1.56	$1.56
2024 年 12 月	$1.62	0.79%	$1.56	$1.71
2025 年 12 月	$1.72	0.84%	$1.56	$2.07

配息穩定性 A+ | 配息成長性 C+ | 配息殖利率 D- | 配息持續性 C+

作者說

易速傳真為數百萬消費者提供信用記錄,該服務對貸款機構的信用評級有非常重要的作用,另外,也在確認收入及提供資方人力資源服務創造約三分之一的收益,易速傳真的主要業務是收集貸款、信用卡和其他金錢問題的資訊。這裡的問題是住宅貸款的比重增加,最近在高利率情況下,會有人交易房子嗎?除非情況緊急,否則不會買房或賣房,那麼這間公司的銷售額就會減少,因為貸款機構可能沒有信用資訊的需求,整理後發現該企業也可以分類為高利息受害股。

164 道爾 Dover Corp

配息概況

代號	DOV	配息率	20.62%	配息週期	季
年股利	$2.04	年配息殖利率	1.27%	連續配息上調	69 年
同產業配息殖利率	2.36%	最近配息支付日	24.03.15	平均填息日	0.5 日

企業概況

美國工業材料製造大企業，總部位於伊利諾伊州唐納斯格羅夫，成立於 1955 年，截至 2021 年，展品項目分為工程產品、清潔能源及燃料供應、成像與識別、泵及工藝解決方案、氣候及可持續性技術 5 個部分，它是 S&P 500 指數的成分股，在 2022 年《財富》500 強中排名第 433 名。

配息預估值

會計年度	預估股利	預估年配息殖利率	低展望值	高展望值
2023 年 12 月	$2.04	1.48%	$2.02	$2.12
2024 年 12 月	$2.10	1.52%	$2.02	$2.24
2025 年 12 月	$2.18	1.58%	$2.02	$2.46

配息穩定性 B+ ｜ 配息成長性 A ｜ 配息殖利率 C ｜ 配息持續性 A+

作者說

在食品店或便利超商購物時，看到的冷藏櫃也許是就是道爾製造的冰箱。同樣，汽車裝滿的汽油，泵也很可能來自道爾。如果你扔過什麼東西，道爾很可能參與製造垃圾或回收卡車來收集它。道爾是一家在生產用於工業上各種產品的公司，我們不知不覺中也會使用，生產如此廣泛產品的道爾是連續 69 年調升配息的為數不多的企業之一。

165 包爾 Ball Corporation

配息概況

代號	BALL	配息率	23.10%	配息週期	季
年股利	$0.80	年配息殖利率	1.29%	連續配息上調	0 年
同產業配息殖利率	-	最近配息支付日	24.03.15	平均填息日	1.2 日

企業概況

總部位於科羅拉多州布魯姆菲爾德，供應飲料、罐頭、氣溶膠容器等鋁包裝產品，發展航天市場航天器、傳感器和儀器、射頻系統等技術，提供防衛硬體、航天硬體和系統工程、衛星、遠程傳感器、地面站控制軟硬體、超低溫系統及相關傳感器冷卻裝置、星形跟蹤器等。自 1880 年在紐約州布法羅成立以來，已成為世界上最大的食品和飲料金屬容器製造商，1973 年在紐約證券交易所上市。

配息預估值

會計年度	預估股利	預估年配息殖利率	低展望值	高展望值
2023 年 12 月	$0.80	1.53%	$0.80	$0.80
2024 年 12 月	$0.82	1.56%	$0.80	$0.90
2025 年 12 月	$0.86	1.64%	$0.80	$1.00

配息穩定性 B+ ｜ 配息成長性 C- ｜ 配息殖利率 D+ ｜ 配息持續性 A-

作者說

1880 年，包爾成立一家家庭水果和蔬菜保存的玻璃瓶製造商，如今已發展成為金屬罐製造商。主要生產啤酒企業 Anheuser-Busch、Molson Coors 和可口可樂的罐頭，這種易開罐幾乎佔公司銷售額的 90%，單純地看作是易開罐製造公司也無妨，易拉罐直接關係到飲料和啤酒企業的銷售。最終包爾被評價為沒有正面提升銷售額因素的不幸企業，還有發展可能性的衛星、傳感器、地面站控制硬體及軟體製造企業 Ball Aerospace 也因負債太高被出售。

166 科凱國際 KeyCorp

配息概況

代號	KEY	配息率	49.17%	配息週期	季
年股利	$0.82	年配息殖利率	5.78%	連續配息上調	0 年
同產業配息殖利率	3.18%	最近配息支付日	24.03.15	平均填息日	8.2 日

企業概況

科凱國際的主要子公司是科凱銀行（KeyBank），總部位於俄亥俄州克利夫蘭，是美國大型銀行之一，1825 年始於紐約的奧爾巴尼商業銀行，目前有 1,000 多家分行，以銷售額為準，在 2022 年《財富》500 強企業中排名第 449 名。

配息預估值

會計年度	預估股利	預估年配息殖利率	低展望值	高展望值
2023 年 12 月	$0.82	6.67%	$0.82	$0.84
2024 年 12 月	$0.83	6.70%	$0.82	$0.88
2025 年 12 月	$0.84	6.79%	$0.82	$0.92

配息穩定性 C+ ｜ 配息成長性 D- ｜ 配息殖利率 A- ｜ 配息持續性 A

作者說

2023 年高利率環境造成銀行經營困難，因矽谷銀行等突然破產，對銀行部門集中進行檢查，這個擔憂依然壟罩市場，不久前 S&P 將科凱國際的信用等級從 BBB+ 下調至 BBB，信用評價機構表示，從長期來看高利率環境將讓科凱收益性比大型銀行更加受限，在這種情況下從科凱流出的存款正在向其他高收益投資商品移動，科凱國際計劃如何恢復還有待觀察。

167　思佳訊半導體 Skyworks Solutions, Inc.

配息概況

代號	SWKS	配息率	33.02%	配息週期	季
年股利	$2.72	年配息殖利率	2.62%	連續配息上調	9 年
同產業配息殖利率	1.37%	最近配息支付日	24.03.12	平均填息日	3.1 日

企業概況

是設計、開發、製造、銷售半導體產品的跨國企業，不僅供應放大器、天線調節器、衰減器、汽車調節器及數位收音機、循環器、絕緣器等產品，還供應航空航太、汽車、寬帶、互聯家庭、娛樂及遊戲、產業、醫療、軍事、智慧手機、平板電腦及可穿戴產品，成立於 1962 年，總部設在加州爾灣。

配息預估值

會計年度	預估股利	預估年配息殖利率	低展望值	高展望值
2023 年 9 月	$2.75	2.92%	$2.72	$2.82
2024 年 9 月	$2.83	3.00%	$2.72	$3.10
2025 年 9 月	$2.95	3.13%	$2.72	$3.41

配息穩定性 A ｜ 配息成長性 A- ｜ 配息殖利率 A- ｜ 配息持續性 C+

作者說

　　思佳訊半導體是半導體企業，用於汽車、智慧手機、國防、智慧家庭等多種產品，特別是作為蘋果的晶片供應商而聞名，隨着智慧手機銷售放緩，最近正在苦苦掙扎。思佳訊也是 RF 晶片製造商，對蘋果的銷售比重佔一半，是與蘋果綑綁的企業。在個人看來，他並不處一個很好的位置。另外如果與中國國內無線頻率零件製造商的競爭變得激烈，很有可能經歷雙重困境。隨著不斷有分析認為應該實現銷售管道多元化，最近正在試圖提升包含汽車、智慧工廠、智慧家庭、宇宙、航空、國防產業等智慧手機以外其他領域的銷售額。

168 國際紙業 International Paper Company

配息概況

代號	IP	配息率	66.36%	配息週期	季
年股利	$1.85	年配息殖利率	5.18%	連續配息上調	0 年
同產業配息殖利率	2.82%	最近配息支付日	24.03.15	平均填息日	6.4 日

企業概況

世界最大的紙漿、造紙、包裝公司，成立於 1898 年，總部設在田納西州孟菲斯，約有 56,000 名員工。透過產業用包裝和全球纖維兩個事業體運作，生產尿布或無紡布產品等使用的毛絨及特殊紙漿、紙巾等。

配息預估值

會計年度	預估股利	預估年配息殖利率	低展望值	高展望值
2023 年 12 月	$1.85	5.54%	$1.84	$1.86
2024 年 12 月	$1.87	5.59%	$1.84	$1.91
2025 年 12 月	$1.87	5.60%	$1.84	$1.94

配息穩定性 B ｜ 配息成長性 C+ ｜ 配息殖利率 A- ｜ 配息持續性 C+

作者說

國際紙業是全球領先的生產可再生纖維包裝材料、紙漿和紙製品的生產商，目前隨著通貨膨脹壓力對消費者產生影響，以及商品需求的減少，已經看到需求減弱。而消費者優先順序從商品轉向服務，也使包裝需求大幅減少，這些企業最好先列入觀察對象，中間再確認需求是否有增加。

169 莫爾森庫爾斯公司 Molson Coors Beverage Company

配息概況

代號	TAP	配息率	29.60%	配息週期	季
年股利	$1.76	年配息殖利率	2.81%	連續配息上調	3 年
同產業配息殖利率	1.89%	最近配息支付日	24.03.15	平均填息日	1.9 日

企業概況

美國、加拿大跨國飲料及釀造公司,總部位於科羅拉多州戈爾登和魁北克州蒙特利爾,2005 年加拿大的莫爾森(Molson)和美國庫爾斯(Coors)合併成立,2016 年莫爾森摩收購了米勒布魯因公司(Miller Brewing Company)的全部的國際品牌,成為當時世界第三大釀造企業。此後在紐約證券交易所和多倫多證券交易所都上市,從 2005 年開始成為 S&P 500 的成分股。

配息預估值

會計年度	預估股利	預估年配息殖利率	低展望值	高展望值
2023 年 12 月	$1.64	2.76%	$1.63	$1.64
2024 年 12 月	$1.74	2.94%	$1.64	$1.92
2025 年 12 月	$1.81	3.05%	$1.64	$2.02

配息穩定性 B- | 配息成長性 C+ | 配息殖利率 B | 配息持續性 F

作者說

莫爾森庫爾斯是一家擁有約 250 年歷史的啤酒及麥芽飲料公司,擁有 Coors Light、Miller Light、Carling 等品牌,除美國外還活躍在南美、歐洲、亞洲、非洲等多個市場。雖然不是世界上最大的啤酒企業,但也歷史悠久、品牌穩健,由於業績總是不太好,股價總是不太變動,經常在赤字和黑字之間徘徊,讓股東們心慌,現在也因為擔心業績,出現會削減配息的可能性,經過多次收購合併,導致財政惡化,最近受通貨膨脹影響銷售不振。

170 麥當勞（MCD）

配息概況

代號	MCD	配息率	49.30%	配息週期	季
年股利	$6.68	年配息殖利率	2.28%	連續配息上調	48 年
同產業配息殖利率	1.89%	最近配息支付日	24.03.15	平均填息日	6.4 日

企業概況

這是 1940 年始於加州聖貝納迪諾的美國跨國速食連鎖店，麥當勞的前總部位於伊利諾伊州橡樹布魯克，但 2018 年 6 月將全球總部遷至芝加哥，2018 年發佈的報告顯示，麥當勞是全球第二大民間企業雇主，在全球擁有 170 萬名員工。

配息預估值

會計年度	預估股利	預估年配息殖利率	低展望值	高展望值
2023 年 12 月	$6.21	2.25%	$5.99	$6.45
2024 年 12 月	$6.71	2.44%	$5.99	$7.03
2025 年 12 月	$7.24	2.62%	$6.79	$7.51

配息穩定性 D+ ｜ 配息成長性 A+ ｜ 配息殖利率 D+ ｜ 配息持續性 A

作者說

雖然不是特別有趣，但具有值得信賴的優點，公司連續 48 年每年上調配息，過去 10 年間年均配息成長率為 7%，呈現出非常令人尊敬的數值。這是歷史通貨膨脹率的 2 倍左右，配息的購買力隨著時間推移而增加，如果因為最近颳起的減重熱潮而不吃垃圾食品的話，那就沒辦法了，但是除此之外還有其他缺點嗎？

[3月] 第 4 週

171　FactSet Research Systems（FDS）
172　美盛（MOS）
173　艾利丹尼森（AVY）
174　杜克能源（DUK）
175　道明尼資源（D）
176　威富公司（VFC）
177　史丹利百得（SWK）
178　藝電（EA）
179　Elevance Health（ELV）
180　貝萊德（BLK）
181　Kimco 不動產（KIM）

171　FactSet Research Systems Inc.

配息概況

代號	FDS	配息率	22.25%	配息週期	季
年股利	$3.92	年配息殖利率	0.86%	連續配息上調	25 年
同產業配息殖利率	-	最近配息支付日	24.03.21	平均填息日	5.6 日

企業概況

成立於 1978 年，總部設在康乃狄克州諾沃克，是一家金融數據及軟體公司，提供顧客支援及學習、商務諮詢、數據傳達、索引服務、投資組合數據管理及轉換服務，FactSet 的競爭企業有彭博 LP（Bloomberg LP）、Refinitiv、S&P Global。截至 2021 年 8 月用戶達 16 萬人，加入的顧客超過 6400 人，年度顧客維持率達 95% 以上。

配息預估值

會計年度	預估股利	預估年配息殖利率	低展望值	高展望值
2023 年 8 月	$4.05	0.89%	$3.80	$4.43
2024 年 8 月	$4.27	0.93%	$3.92	$4.94
2025 年 8 月	$4.70	1.03%	$4.15	$5.42

配息穩定性 A+ ｜ 配息成長性 A+ ｜ 配息殖利率 F ｜ 配息持續性 A

作者說

FactSet Research Systems 是提供銀行、對沖基金、資產管理者及個人在內的投資人數據及分析的公司，由於對各種經濟及投資數據的需求高，所以向擁有巨大經濟損失的公司提供數據及軟體使用存取，並收取訂閱費，即使經濟再不景氣，也沒有金融公司會懶得收集重要的投資數據，在我看來，這是一項完美的事業。

172 美盛 The Mosaic Company

配息概況

代號	MOS	配息率	26.43%	配息週期	季
年股利	$0.84	年配息殖利率	2.77%	連續配息上調	3 年
同產業配息殖利率	2.82%	最近配息支付日	24.03.21	平均填息日	0.9 日

企業概況

它是美國最大的鉀和磷肥生產企業，擁有多種國際分銷網絡，開採磷酸鹽和鉀，並收集肥料用尿素，1909 年成立的肥料公司 IMC Global 和 Cargil 的作物營養事業部合併後在 2004 年成立，總部設在佛羅里達州坦帕。

配息預估值

會計年度	預估股利	預估年配息殖利率	低展望值	高展望值
2023 年 12 月	$1.05	2.89%	$1.01	$1.06
2024 年 12 月	$0.81	2.24%	$0.59	$1.00
2025 年 12 月	$0.81	2.25%	$0.80	$0.90

配息穩定性 B+ ｜ 配息成長性 B ｜ 配息殖利率 C+ ｜ 配息持續性 C+

作者說

高昂的農產品價格和誘人的農業經濟導致全球對肥料的需求不斷增加。如果聽到這裡從長遠來看股價會很好，但事實並非如此，問題在於化肥的原料硫磺和氨的價格仍然居高不下，烏克蘭戰爭進一步加劇了俄羅斯的供應不確定性，由於工廠的關閉和維護，原材料供應也變得不足。因此預計公司將面臨投入成本增加帶來的獲利壓力，世界上好像沒有容易的事業。

173 艾利丹尼森 Avery Dennison Corporation

配息概況

代號	AVY	配息率	30.74%	配息週期	季
年股利	$3.24	年配息殖利率	1.54%	連續配息上調	13 年
同產業配息殖利率	2.82%	最近配息支付日	24.03.20	平均填息日	10.5 日

企業概況

這家公司是跨國製造商兼經銷商,主要做減壓接著材料(像自黏標籤)、服裝標籤、RFID 嵌體和特殊醫療產品。

旗下有 Fasson、JAC 和 Avery Dennison 等品牌,提供標籤、包裝材料、膠帶、高性能聚合物等。1935 年成立,總部在美國俄亥俄州門托市,是《財富》500 強企業之一。

配息預估值

會計年度	預估股利	預估年配息殖利率	低展望值	高展望值
2023 年 12 月	$3.11	1.63%	$3.00	$3.24
2024 年 12 月	$3.18	1.67%	$3.00	$3.47
2025 年 12 月	$3.39	1.78%	$3.00	$30.81

配息穩定性 A｜配息成長性 A｜配息殖利率 D｜配息持續性 A

作者說

艾利丹尼森在服裝、汽車、消費者包裝、製造、零售等多個產業領域提供品牌化及資訊標籤,主要在減壓標籤上共計 65% 的銷售額,用於飲料、洗髮水、配送包裝、藥品等產品,可以想像成是直接在瓶子上蓋的標籤。簡單地說,就是飲料和洗髮水賣得好時,銷售額才會上升。對經濟景不景氣很敏感的公司。

174 杜克能源 Duke Energy Corporation

配息概況

代號	DUK	配息率	64.69%	配息週期	季
年股利	$4.10	年配息殖利率	4.46%	連續配息上調	19 年
同產業配息殖利率	3.75%	最近配息支付日	24.03.18	平均填息日	5.1 日

企業概況

成立於 1900 年，是一家美國電力和天然氣控股公司，總部設在北卡羅萊納州夏洛特，子公司 DERS（Duke Energy Renewable Services）專門開發、持有、經營全美各種發電設施。

配息預估值

會計年度	預估股利	預估年配息殖利率	低展望值	高展望值
2023 年 12 月	$4.09	4.54%	$4.06	$4.14
2024 年 12 月	$4.22	4.69%	$4.14	$4.33
2025 年 12 月	$4.35	4.84%	$4.22	$4.54

配息穩定性 B ｜ 配息成長性 B- ｜ 配息殖利率 B ｜ 配息持續性 B+

作者說

公共事業行業包括從供電公司到供水公司的各種公司，通常會提供配息，但是，與緊縮貨幣政策環境下，不斷上漲的債券收益率相比，這種紅利對投資者來說似乎沒有吸引力。杜克能源作為一家電力供應公司，也不會顯得那麼有吸引力，但值得慶幸的是它位於經濟上良好的卡羅萊納州，具有多種地理和經濟優勢。

175 道明尼資源 Dominion Energy, Inc.

配息概況

代號	D	配息率	77.39%	配息週期	季
年股利	$2.67	年配息殖利率	5.89%	連續配息上調	0 年
同產業配息殖利率	3.75%	最近配息支付日	24.03.20	平均填息日	7.7 日

企業概況

成立於 1983 年，是一家總部位於維吉尼亞州里奇蒙的電力和能源公司，為維吉尼亞州、南北卡羅萊納州供電，供應猶他州、愛達荷州、懷俄明州和西維吉尼亞州、俄亥俄州、賓夕法尼亞州、南北卡羅萊納州和喬治亞州天然氣，此外，在印第安納州、伊利諾州、康乃狄克州和羅德島州擁有發電設施。

配息預估值

會計年度	預估股利	預估年配息殖利率	低展望值	高展望值
2023 年 12 月	$2.67	5.71%	$2.67	$2.67
2024 年 12 月	$2.69	5.75%	$2.67	$2.83
2025 年 12 月	$2.73	5.84%	$2.67	$3.00

配息穩定性 B+ ｜ 配息成長性 D ｜ 配息殖利率 A ｜ 配息持續性 B

作者說

公共事業股票往往在經濟週期的各階段都能取得適度的好成績，但最近並非如此。公共事業股票的績效最近非常低迷，因為新聞中大量出現公共事業股票受到債券高收益率影響，股票價值下降的消息，因為隨著債券收益率接近 5%，公共事業配息的魅力相對下降。2023 年 10 月初向股東們提出了新的太陽能計畫。但最近隨著利率的上升，損失較大的產業就是環保能源，因為現在是不管政府還是家庭，連小錢都很難去花的時期。

176 威富公司 V.F. Corporation

配息概況

代號	VFC	配息率	20.88%	配息週期	季
年股利	$0.36	年配息殖利率	2.22%	連續配息上調	0 年
同產業配息殖利率	1.89%	最近配息支付日	24.03.20	平均填息日	10.9 日

企業概況

到 1969 年都被稱為 Vanity Fair Mills 的威富公司成立於 1899 年,總部位於科羅拉多州丹佛市,是一家美國的全球服裝及鞋類公司,擁有由戶外、活動、作業 3 個部門組成的 13 個品牌,包含 JanSport、Eastpak、Timberland、The North Face、Dickies、Supreme、Kipling、Vans 等品牌。

配息預估值

會計年度	預估股利	預估年配息殖利率	低展望值	高展望值
2024 年 3 月	$0.78	4.53%	$0.78	$0.78
2025 年 3 月	$0.40	2.33%	$0.99	$0.82
2026 年 3 月	$0.41	2.41%	$0.09	$0.86

配息穩定性 F | 配息成長性 C | 配息殖利率 B+ | 配息持續性 A+

作者說

以 Vans 和 The North Face 紅極一時的威富公司,在進入 2023 年後突然變得艱困,第一個原因是中國的消費不振,包括中國在內的亞洲地區銷售額約佔 10%。第二是服裝公司的分支,服裝部門是威富公司起伏較小的核心事業部門,如果沒有這種基礎,就只剩下更容易被消費者時尚流行所左右的時尚品牌收藏這塊。第三,這種情況導致業績下滑後,果斷進行減少配息。特別是減少配息是非常令人痛心的決策,因此被排除在連續 50 年提高配息的配息王名單之外,這恐怕是迄今為止提到的個股中,最令人遺憾的個股吧。

177 史丹利百得 Stanley Black & Decker, Inc.

配息概況

代號	SWK	配息率	56.74%	配息週期	季
年股利	$3.24	年配息殖利率	3.66%	連續配息上調	57 年
同產業配息殖利率	1.89%	最近配息支付日	24.03.21	平均填息日	6.1 日

企業概況

曾叫做 The Stanley Works 的該公司是《財富》雜誌評選的 500 強企業，也是美國產業工具及家用硬體製造企業、保安產品供應商。生產電動工具、手工工具、汽車修理、管道、焊接、液壓、農業等多種基礎設施的設備，總部設在康尼迪克州新不列顛，在 2010 年由斯坦利沃克斯（Stanley Works）和黑色 & 德克（Black&Decker）合併成立。

配息預估值

會計年度	預估股利	預估年配息殖利率	低展望值	高展望值
2023 年 12 月	$3.22	3.51%	$3.21	$3.22
2024 年 12 月	$3.28	3.57%	$3.24	$3.32
2025 年 12 月	$3.38	3.69%	$3.24	$3.57

配息穩定性 A- ｜ 配息成長性 B- ｜ 配息殖利率 A- ｜ 配息持續性 A+

作者說

史丹利百得是在疫情初期大幅成長的領先電動工具公司，在家待著的時間變長的人們，為了維修住宅和改造，投入了大量資金，結果為史丹利百得帶來創紀錄的銷售額和利潤，但後來銷售額再次恢復正常後，導致公司庫存過剩，利潤進一步下降。大多數人不需要每年購買新的電動工具，因此 2020 年或 2021 年之後購買設備的人變少，這些部分是工具銷售企業的特徵，再加上似乎又多加上一個消費不振的隱憂。但若因為最近出現的困難，而避免投資史丹利百得的投資是非常短視的，希望大家記住該公司是半個多世紀以來持續增加配息的公司。

178 藝電 Electronic Arts Inc.

配息概況

代號	EA	配息率	8.83%	配息週期	季
年股利	$0.76	年配息殖利率	0.54%	連續配息上調	0 年
同產業配息殖利率	1.37%	最近配息支付日	24.03.20	平均填息日	2.3 日

企業概況

總部設在加州紅木城的電子遊戲公司，1982 年由蘋果員工特里普霍金斯（Trip Hawkins）創立，是初期家用電腦遊戲產業的先驅者。目前 EA 不僅開發並銷售 Battlefield、Need for Speed、The Sims、Medal of Honor、Star Wars 等遊戲，還有 FIFA、NBA Live、EA Sports UFC 等體育遊戲。另外，還擁有並經營 EA 溫哥華（EA Vancouver）、DICE、BioWare 等主要遊戲工作室。

配息預估值

會計年度	預估股利	預估年配息殖利率	低展望值	高展望值
2024 年 3 月	$0.77	0.57%	$0.76	$0.80
2025 年 3 月	$0.83	0.62%	$0.76	$0.92
2026 年 3 月	$0.87	0.65%	$0.76	$1.01

配息穩定性 B+ ｜ 配息成長性 B+ ｜ 配息殖利率 F ｜ 配息持續性 D

作者說

藝電以多種體育遊戲而廣為人知，但是最近對網路遊戲的需求趨勢增加，被 PlayStation 等平台擠壓，股價受到不小打擊。另一個危險因素是，在疫情過後，消費者對電子遊戲的支出全面減少。

179　Elevance Health Inc.

配息概況

代號	ELV	配息率	15.71%	配息週期	季
年股利	$6.52	年配息殖利率	1.28%	連續配息上調	13 年
同產業配息殖利率	-	最近配息支付日	24.03.22	平均填息日	6.6 日

企業概況

美國健康保險公司，透過 Anthem Blue Cross 和 Blue Shield 等子公司提供醫療、製藥、牙科、行動健康、長期治療、殘疾相關業務，2022 年從 Anthem（Anthem,Inc.）更名為 Elevance Health，在 2022 年《財富》雜誌 500 強企業中排名第 20 名。

配息預估值

會計年度	預估股利	預估年配息殖利率	低展望值	高展望值
2023 年 12 月	$5.74	1.24%	$5.12	$5.92
2024 年 12 月	$6.12	1.32%	$5.61	$6.52
2025 年 12 月	$6.58	1.42%	$6.14	$7.12

配息穩定性 A+ ｜ 配息成長性 A+ ｜ 配息殖利率 B- ｜ 配息持續性 B

作者說

在全世界中，醫療產業表現出令人印象深刻的恢復能力，證明對醫療產品及服務的需求相對穩定，因此，該產業被分類為防守型產業。據貝萊德的資料顯示，2022 年醫療保健股票的波動比整個市場減少了 23%，另外在過去的 7 次經濟蕭條期間，醫療部門一直以平均 10% 的利潤超越市場，在過去的 6 次經濟蕭條期間，業界平均展現 21% 的獲利成長。醫療產業之所以成為防守型產業，是因為個人的健康生活是不可退讓的，而且對醫療的需求也在持續維持。以 2023 年為基準，全世界每 3 名成人中就有 1 名患有心臟病、癌症、糖尿病等慢性疾病，另外由於醫療

費上漲，幾乎不可能自行負擔費用，也凸顯健康保險的重要性。符合這一要求的民營健康保險公司就是 Elevance Health。IngenioRx PBM 佔公司總銷售額的 20% 以下，PBM 是「Pharmacy Benefit Management」的縮寫，可以看作是類似於韓國健康保險審查評價院的企業。PBM 主要負責處方的開發與維護、與藥店的合約、與藥品生產企業的折扣與回扣談判、處方藥票據的辦理與支付等工作。

180 貝萊德 BlackRock, Inc.

配息概況

代號	BLK	配息率	45.08%	配息週期	季
年股利	$20.40	年配息殖利率	2.56%	連續配息上調	14.1 年
同產業配息殖利率	3.18%	最近配息支付日	24.03.22	平均填息日	14.1 日

企業概況

美國跨國投資公司，總部設在紐約。成立於 1988 年，是一家風險管理和固定收益機構資產管理公司，截至 2022 年 1 月，管理資產達 10 兆美元，是全球最大的資產管理公司。它在 30 個國家營運，與 Vanguard 和 State Street 並列美國「三大」指數基金供應商。

配息預估值

會計年度	預估股利	預估年配息殖利率	低展望值	高展望值
2023 年 12 月	$20.01	2.79%	$20.00	$20.17
2024 年 12 月	$21.24	2.96%	$18.99	$22.00
2025 年 12 月	$23.51	3.28%	$20.81	$25.85

配息穩定性 A+ ｜ 配息成長性 B ｜ 配息殖利率 D ｜ 配息持續性 A-

作者說

貝萊德擁有廣受歡迎的 iShares 上市指數基金，管理數種傳統共同基金和少量封閉式基金，這些資產管理公司可能是散戶投資者的顧慮。這是因為它們與股票市場的起伏息息相關，市場好時，資金流入，市場不好時，資金流出。整體而言，在 2023 年，管理資產同比下跌約 5% 至 9 兆美元。貝萊德的大部分收入都與基於資產規模的手續費，因此隨著資產管理規模下降，收入也可能下降。

但無論市場近期如何起伏，貝萊德都值得留意，因為首先，貝萊德不斷推出新的 ETF，以滿足客戶的需求，僅在 2022 年，該公司就推出了超過 85 檔 ETF。其

次，貝萊德 2.8% 的配息殖利率幾乎是 S&P 500 1.5% 收益率的兩倍，而且投資者可以合理地相信公司的配息可以持續成長。第三，商品組合相當多元，被動策略約佔長期管理資產的三分之二，而 iShares ETF 平台在國內和全球的市場佔有率保持領先。

181 金克地產 Kimco Realty Corporation

配息概況

代號	KIM	配息率	122.97%	配息週期	季
年股利	$0.96	年配息殖利率	4.89%	連續配息上調	3 年
同產業配息殖利率	4.46%	最近配息支付日	24.03.21	平均填息日	6 日

企業概況

成立於 1966 年，總部位於紐約傑里科，是北美最大的上市不動產投資信託基金（REITs）之一，也是露天食品購物中心和多用途資產營運商，自 1991 年起在紐約證券交易所上市交易，並成為 S&P 500 指數成分股，60 多年來專門從事購物中心資產持有、管理、收購和重建。

配息預估值

會計年度	預估股利	預估年配息殖利率	低展望值	高展望值
2023 年 12 月	$0.96	5.13%	$0.92	$1.12
2024 年 12 月	$1.00	5.31%	$0.92	$1.25
2025 年 12 月	$1.06	5.63%	$0.92	$1.29

配息穩定性 B ｜ 配息成長性 C+ ｜ 配息殖利率 C+ ｜ 配息持續性 D+

作者說

金克地產以零售業 REITs 聞名，其租期從 5 年以下到 30 年以上不等，因此受近期利率上漲的影響較小，同時，約 72% 集中於雜貨店，因此受到近期消費放緩的影響較小，無論經濟有多糟，人們都會購買食品雜貨，利率上漲對大多數不動產投資信託基金造成傷害，但金克地產仍然表現良好。

[3月] 第5週

182	洛克希德馬丁（LMT）		
183	希爾頓全球控股公司（HLT）		
184	威廉姆斯公司（WMB）		
185	哈里伯頓公司（HAL）		
186	美國銀行（BAC）		
187	高盛（GS）		
188	吉利德科學公司（GILD）		
189	大眾倉儲（PSA）		
190	普信集團（TROW）		
191	博通有限（AVGO）	203	特靈科技公開有限公司（TT）
192	聯合太平洋公司（UNP）	204	M&T 銀行（MTB）
193	普洛斯（PLD）	205	公共服務企業集團有限公司（PEG）
194	皇冠城堡公司（CCI）		
195	碧迪醫療有限公司（BDX）	206	永源能源（ES）
196	HCA 醫療保健公司（HCA）	207	羅斯百貨（ROST）
197	洲際交易所（ICE）	208	威瑞斯克分析（VRSK）
198	萬豪國際（MAR）	209	額外空間儲存公司（EXR）
199	戴文能源（DVN）	210	阿莫林（AEE）
200	美國國際集團（AIG）	211	馬丁瑪麗埃塔材料（MLM）
201	旅行者保險公司（TRV）	212	達美樂披薩（DPZ）
202	赫斯公司（HES）	213	雷多斯（LDOS）

182 洛克希德馬丁 Lockheed Martin Corporation

配息概況

代號	LMT	配息率	45.44%	配息週期	季
年股利	$12.60	年配息殖利率	2.97%	連續配息上調	21 年
同產業配息殖利率	2.36%	最近配息支付日	24.03.29	平均填息日	12.6 日

企業概況

美國航空航天、武器、國防、資訊安全和技術公司,以 2014 會計年度營收為準,它是全球最大的國防承包商,在美國聯邦政府承包商排行榜上名列第一,公司每年營收的一半來自美國國防部。該公司有四個業務部門:航空、導彈與火力控制（MFC）、旋轉與任務系統（RMS）以及航太。此外,該公司也投資於醫療系統、再生能源系統、智慧型能源分配及小型核聚變。

配息預估值

會計年度	預估股利	預估年配息殖利率	低展望值	高展望值
2023 年 12 月	$12.16	2.73%	$12.00	$12.30
2024 年 12 月	$12.87	2.89%	$12.66	$13.06
2025 年 12 月	$13.66	3.07%	$13.40	$14.11

配息穩定性 A ｜ 配息成長性 A+ ｜ 配息殖利率 B+ ｜ 配息持續性 A

作者說

我個人認為有一些長期的主題是永恆不變的。第一水,第二環保,第三國防。洛克希德馬丁公司是美國政府的重要合作夥伴,負責開發和製造尖端武器、飛機和國防系統,它每年有 70% 的營收來自美國政府,其中大部分的業務都與軍方和 NASA 有關。我不太喜歡戰爭,但考慮到最近中美摩擦、中東衝突、中國與台灣的緊張關係,以及目前南韓和北韓的問題,我認為有必要關注國防股,無論經濟有多困難,美國都不會削減國防支出。

183 希爾頓全球控股公司 Hilton Worldwide Holdings Inc.

配息概況

代號	HLT	配息率	7.32%	配息週期	季
年股利	$0.60	年配息殖利率	0.30%	連續配息上調	0 年
同產業配息殖利率	-	最近配息支付日	24.03.28	平均填息日	1.5 日

企業概況

美國跨國飯店公司,管理和特許經營各式各樣的飯店和度假村,它由 Conrad Hilton 於 1919 年創立,總部設在維吉尼亞州的 Tysons Corner。 直至 2018 年年中以前,其最大股東為海航集團(HNA Group)、黑石集團(Blackstone)及威靈頓管理集團(Wellington Management Group)。 2019 年,該公司榮登《財富》雜誌「最適合工作的 100 家公司」榜首。

配息預估值

會計年度	預估股利	預估年配息殖利率	低展望值	高展望值
2023 年 12 月	$0.60	0.36%	$0.59	$0.61
2024 年 12 月	$0.73	0.43%	$0.59	$1.28
2025 年 12 月	$0.83	0.49%	$0.59	$1.53

配息穩定性 C- | 配息成長性 A+ | 配息殖利率 F | 配息持續性 F

作者說

希爾頓全球控股公司是一家全球性的住宿公司,在全球各地擁有並管理其飯店店和度假村資產,它在 118 個國家擁有約 2,820 家飯店,約 416,400 間客房。儘管通貨膨脹導致旅遊成本上升,與新冠肺炎大流行之前相比,越來越多的人開始計劃假期,因此飯店和度假村業者的收入正在回升。畢竟,旅行的一部分就是住在飯店,而我非常相信會想睡在好一點的地方。

184 威廉姆斯公司 Williams Companies, Inc.

配息概況

代號	WMB	配息率	90.24%	配息週期	季
年股利	$1.90	年配息殖利率	5.57%	連續配息上調	8 年
同產業配息殖利率	4.24%	最近配息支付日	24.03.25	平均填息日	9.9 日

企業概況

一家美國能源公司，總部設在奧克拉荷馬州塔爾薩市，其核心業務為天然瓦斯加工和運輸石油及發電，該公司成立於 1908 年，是《財富》雜誌 500 強企業之一，也是 S&P 500 指數的成份股之一。

配息預估值

會計年度	預估股利	預估年配息殖利率	低展望值	高展望值
2023 年 12 月	$1.80	5.07%	$1.79	$1.82
2024 年 12 月	$1.88	5.30%	$1.81	$1.94
2025 年 12 月	$1.97	5.55%	$1.84	$2.08

配息穩定性 B ｜ 配息成長性 B ｜ 配息殖利率 C+ ｜ 配息持續性 A-

作者說

威廉姆斯公司是一家天然瓦斯管道公司，天然瓦斯管道巨頭通常都有優異的配息紀錄，威廉姆斯公司自 1974 年起每季配息一次，自 2018 年起平均每年增加 6%，它不是一家股價很高或有很大成長的公司，但如果喜歡配息的公司，尤其是那些增加股息的公司，它值得留意。

185 哈里伯頓公司 Halliburton Company

配息概況

代號	HAL	配息率	17.30%	配息週期	季
年股利	$0.68	年配息殖利率	1.94%	連續配息上調	3 年
同產業配息殖利率	4.24%	最近配息支付日	24.03.27	平均填息日	2.4 日

企業概況

一家美國跨國公司,為全球能源產業提供產品和服務,負責全球大部分的水力壓裂作業,2009 年為全球第二大油田服務公司。在全球擁有數百個子公司、聯營公司、分公司和品牌遍布全球,員工約 55,000 人,在休士頓和杜拜設有雙總部。

配息預估值

會計年度	預估股利	預估年配息殖利率	低展望值	高展望值
2023 年 12 月	$0.64	1.68%	$0.64	$0.64
2024 年 12 月	$0.69	1.82%	$0.64	$0.77
2025 年 12 月	$0.73	1.93%	$0.64	$0.92

配息穩定性 B+ | 配息成長性 A- | 配息殖利率 D- | 配息持續性 A-

作者說

哈里伯頓公司是全球三大油田服務公司之一,是一家非常有趣的公司,它的有趣之處在於它不生產任何石油或天然氣。在加州淘金熱期間,一些最賺錢的公司並沒有生產任何一盎司黃金,相反,他們向淘金者出售鋤頭和鏟子,這就是哈里伯頓的商業模式。哈里伯頓是全球能源產業最大的產品和服務供應商之一,例如該公司向石油和天然氣鑽探客戶銷售鑽頭、化學品和軟體,它還向客戶銷售壓力泵、處理和工具,以完成油氣井的生產。因其業務模式如此,其營收來自世界各地,其中最大的地區是北美,佔營收的 42%,另外 25% 的營收來自中東和亞洲,拉丁美洲和歐洲/非洲的銷售額分別佔 15% 和 18%。

186 美國銀行 Bank of America Corporation

配息概況

代號	BAC	配息率	27.94%	配息週期	季
年股利	$0.96	年配息殖利率	2.83%	連續配息上調	3 年
同產業配息殖利率	3.18%	最近配息支付日	24.03.29	平均填息日	3.3 日

企業概況

美國跨國投資銀行和金融服務控股公司，也是僅次於摩根大通的美國第二大銀行、全球市值第二大銀行，美國四大銀行之一。透過一系列的併購，在 2008 年和 2009 年，它創立進行財富管理的美林公司，為進行投行業務在 2009 年成立美銀美林，以建立其商業銀行業務。截至 2018 年 8 月，它是全球第 13 大公司，市值 3135 億美元，在 2020 年《財富》雜誌 500 強排名第 25 名，在 2020 富比士全球 2000 強排名第 8 名。

配息預估值

會計年度	預估股利	預估年配息殖利率	低展望值	高展望值
2023 年 12 月	$0.92	3.07%	$0.92	$0.92
2024 年 12 月	$1.00	3.33%	$0.94	$1.03
2025 年 12 月	$1.08	3.59%	$0.96	$1.20

配息穩定性 B ｜ 配息成長性 D ｜ 配息殖利率 C- ｜ 配息持續性 A-

作者說

美國銀行通過美聯儲定期進行的壓力測試，再次確認該銀行有能力在嚴重的經濟衰退中存活下來。壓力測試的結果顯示，三個月期國庫債券利率顯著下降至接近零，而 10 年期國庫債券利率則下降至 1.5% 的惡劣情形下，美國銀行仍可存活，這非常有意義。同時，就像過去一年的情況一樣，當利率上升時，經濟就會放緩，事實上，這就是聯準為了控制通貨膨脹而升息的原因：人們花得少、賺得少、存得

少、借得也少。在此背景下，2023 年第一季的消費者資產餘額較去年減少 330 億美元，但當季新增 130,000 個新帳戶。從各方面來看，美國銀行都做得很好。這為公司在經濟復甦時取得成功奠定基礎，而且隨著時間推移，情況只會越來越好，這就是為什麼美國銀行是我最喜歡的金融股。

187　高盛 The Goldman Sachs Group, Inc.

配息概況

代號	GS	配息率	27.98%	配息週期	季
年股利	$11.00	年配息殖利率	2.86%	連續配息上調	3 年
同產業配息殖利率	3.18%	最近配息支付日	24.03.28	平均填息日	7.9 日

企業概況

美國跨國投資銀行及金融公司，主要服務國際金融市場的機構投資人，它於 1869 年由德籍猶太人 Marcus Goldman 在紐約市創立，當時是一家票據交易金融公司，透過全球 24 個國家的辦事處從事併購和發行債券的業務。按收入計算，高盛是全球第二大投資銀行，總收入在《財富》雜誌美國 500 強企業中排名第 57 名。

配息預估值

會計年度	預估股利	預估年配息殖利率	低展望值	高展望值
2023 年 12 月	$10.51	3.10%	$10.50	$10.75
2024 年 12 月	$11.39	3.36%	$11.00	$11.75
2025 年 12 月	$11.99	3.54%	$11.00	$13.00

配息穩定性 A+　｜配息成長性 C+　｜配息殖利率 D+　｜配息持續性 A-

作者說

投資銀行巨頭高盛在 2022 年經歷艱難時期，首次 IPO 的數量大幅下降，困難的市場環境使其經營舉步維艱，問題的根本原因是企業不想帶著太多不確定性上市或不想做太多交易，高盛是受此打擊最嚴重的公司之一。它最近財報銷售額減少 20%，淨收入減少 49%，導致下滑的原因是股票和債券交易減少，投資銀行手續費收入下降 48%，而年內併購活動減少也是導致下滑的原因之一。然而，由於股價略低於帳面價值，投資者之間有逢低買入的說法，雖然無法確定其股價已經經過低點，但似乎已經在低點了。

188 吉利德科學公司 Gilead Sciences, Inc.

配息概況

代號	GILD	配息率	40.85%	配息週期	季
年股利	$3.08	年配息殖利率	4.28%	連續配息上調	9 年
同產業配息殖利率	1.58%	最近配息支付日	24.03.28	平均填息日	3.3 日

企業概況

總部設在加州福斯特市,是一家美國生物製藥公司,專注於研究和開發抗病毒藥物,用於治療愛滋病、乙型肝炎、丙型肝炎、丙型肝炎、流感和 COVID-19 等疾病的抗病毒藥物,是納斯達克生物科技指數和標普 500 指數的成份股。成立於 1987 年,於 1992 年上市,並在上市後的十年間成功開發出 Tamiflu 和 Vistide 等藥物。

配息預估值

會計年度	預估股利	預估年配息殖利率	低展望值	高展望值
2023 年 12 月	$3.02	4.01%	$2.92	$3.13
2024 年 12 月	$3.18	4.21%	$2.92	$3.87
2025 年 12 月	$3.32	4.40%	$3.00	$4.16

配息穩定性 B+ | 配息成長性 A | 配息殖利率 A | 配息持續性 C+

作者說

吉利德科學公司是專門研究病毒性疾病,尤其是 HIV 和腫瘤的生物科技巨擘。但該公司在投資人心目中並不是很受歡迎,因為它的 Biktarvy、Descovy 和 Sunlenca 大都是沒有人聽過的產品。不過,該公司穩健且可預測的業務看來非常適合那些尋找估值合理的藍籌股配息的人,請記住,過去五年來,該公司的股利增加了 32%。

189 大眾倉儲 Public Storage

配息概況

代號	PSA	配息率	102.91%	配息週期	季
年股利	$12.00	年配息殖利率	4.22%	連續配息上調	1 年
同產業配息殖利率	4.46%	最近配息支付日	24.03.29	平均填息日	10.2 日

企業概況

總部設在加州格倫代爾，是美國最大的自助式倉儲服務公司，透過不動產投資信託基金（REITs）營運。在美國、加拿大和歐洲經營超過 2,500 個自助式倉儲點，成立於 1972 年，超過 90% 的營收來自自儲存業務，但也提供保險和包裝服務。

配息預估值

會計年度	預估股利	預估年配息殖利率	低展望值	高展望值
2023 年 12 月	$12.02	4.66%	$12.00	$12.15
2024 年 12 月	$12.51	4.85%	$12.00	$13.20
2025 年 12 月	$12.68	4.92%	$12.00	$13.65

配息穩定性 A- ｜ 配息成長性 A- ｜ 配息殖利率 C ｜ 配息持續性 B

作者說

大眾倉儲是美國最大的自助式倉儲設施業主，也是一家不動產投資信託基金，在美國 40 個州經營超過 2,880 家自助式倉儲設施。該公司的特色在於以按月計算的方式出租倉儲空間，供個人及企業使用。近年來由於遠端及混合工作安排、房屋銷售增加、改建，以及大都會市場的人口遷入或遷出，對自助式倉儲空間的需求激增，不過，高利率使其作為投資的吸引力降低。 然而，我相信自助式倉儲是一項「永續」的事業，人們總是需要一個安全的地方來存放他們的物品，而倉庫類型的物業具有非常吸引人的成本結構，因為與其他大多數商業物業類型相比，其建築、維護和營運成本相對較低。老實說，如果利率稍微下降，我認為它可能會復甦。

190　普信集團　Price T Rowe Group, Inc.

配息概況

代號	TROW	配息率	61.73%	配息週期	季
年股利	$4.96	年配息殖利率	4.53%	連續配息上調	38 年
同產業配息殖利率	3.18%	最近配息支付日	24.03.28	平均填息日	9.6 日

企業概況

全球投資管理公司，為個人、機構及金融中介提供基金、顧問服務、獨立帳戶管理及退休規劃，截至 2020 年，該公司管理的資產超過 1.6 兆美元，年銷售額達 62 億美元，成立於 1937 年，總部位於馬里蘭州巴爾的摩，在 47 個國家設有辦事處，一直被評為全球領先的資產管理公司，並被進入《財富》雜誌 2020 年全球最受推崇公司名單。

配息預估值

會計年度	預估股利	預估年配息殖利率	低展望值	高展望值
2023 年 12 月	$4.86	4.97%	$4.80	$4.88
2024 年 12 月	$4.99	5.11%	$4.88	$5.60
2025 年 12 月	$5.21	5.33%	$4.96	$6.40

配息穩定性 **A-** ｜ 配息成長性 **A-** ｜ 配息殖利率 **C+** ｜ 配息持續性 **A+**

作者說

　　普信集團的業務結構非常簡單，客戶給公司錢，公司收取管理費。通常費用是以客戶在普信集團持有資產的百分比計算。公司管理的資金越多，酬金就越高，管理的資金越少，酬金就越少，問題在於管理的資金正在萎縮。此外，財富大量集中在一直為退休儲蓄的年長者身上，隨著嬰兒潮一代臨近退休，生活費提領可能會增加。另一個大問題是，應該成為新客戶的年輕人已明顯地從共同基金轉向較便宜的交易所買賣基金（ETF），在他們能管理更多的資金之前，還需要一段時間。

191 博通有限 Broadcom Inc.

配息概況

代號	AVGO	配息率	37.60%	配息週期	季
年股利	$21.00	年配息殖利率	1.71%	連續配息上調	14 年
同產業配息殖利率	1.37%	最近配息支付日	24.03.29	平均填息日	12.5 日

企業概況

博通有限設計、開發和製造各種半導體與基礎架構軟體產品的全球供應商,博通有限的產品服務於資料中心、網路、軟體、寬頻、無線、儲存和工業市場。該公司成立於 1961 年,原為 Hewlett Packard 的半導體部門,2016 年併購 Broadcom Corporation 後更名為現在的名稱。這次收購大幅鞏固了其在行動、資料中心和物聯網等領域的專利地位,並使該公司成為頂級半導體供應商中第九大專利持有者。

配息預估值

會計年度	預估股利	預估年配息殖利率	低展望值	高展望值
2023 年 10 月	$18.41	1.88%	$18.40	$18.47
2024 年 10 月	$20.06	2.05%	$18.40	$22.40
2025 年 10 月	$21.81	2.23%	$18.40	$26.40

配息穩定性 A+ | 配息成長性 A+ | 配息殖利率 B- | 配息持續性 B+

作者說

博通有限主要設計網路與連線半導體與設備,最近它成為 AI 最大的受益者之一。AI 訓練和推理需要大量的高速資料網路,因此對這類網路平台的需求非常高,執行長 Hock Tan 上季表示, AI 網路的需求按季成長率高達 50%,佔晶片營收的比例將從 2023 年的 15% 成長到 2024 年的 25% 以上。該個股在相當長的時間中會成為 AI 的受益者,其獲利也將大幅成長。

192 聯合太平洋公司 Union Pacific Corp

配息概況

代號	UNP	配息率	41.22%	配息週期	季
年股利	$5.20	年配息殖利率	2.10%	連續配息上調	0 年
同產業配息殖利率	2.36%	最近配息支付日	24.03.29	平均填息日	13.2 日

企業概況

聯合太平洋公司（標誌 UP、UPP、UPY）的前身是 Union Pacific Railroad Company，是一家在美國西部 23 個州營運的貨運鐵路公司，成立於 1862 年，總部設在內布拉斯加州奧馬哈市，是僅次於 BNSF 的美國第二大鐵路公司。

配息預估值

會計年度	預估股利	預估年配息殖利率	低展望值	高展望值
2023 年 12 月	$5.22	2.38%	$5.06	$5.57
2024 年 12 月	$5.49	2.51%	$5.06	$6.13
2025 年 12 月	$5.68	2.59%	$5.06	$6.13

配息穩定性 A ｜ 配息成長性 A ｜ 配息殖利率 B- ｜ 配息持續性 A+

作者說

美國擁有世界上最大的鐵路網，每年運載全國 40% 的貨物。然而，大部分鐵路網都是由專門運送原料而非乘客的工業線所組成，因此其重要性往往被忽略。值得稱讚的是該公司已連續四年改善了燃料消耗率，最近更創下鐵路史上最省燃料的季度。效率更高的車輛不僅能減少碳排放，還能讓營運更具生產力和可靠性。然而，儘管鐵路股在過去十年來取得強勁的成長與每股盈餘（EPS）成長，但仍常被低估。

193 普洛斯 Prologis, Inc.

配息概況

代號	PLD	配息率	102.07%	配息週期	季
年股利	$3.48	年配息殖利率	2.16%	連續配息上調	12 年
同產業配息殖利率	4.46%	最近配息支付日	24.03.29	平均填息日	12.0 日

企業概況

投資於物流設施的不動產投資信託基金，總部位於加州舊金山，該公司於 2011 年由 AMB Property Corporation 和 Prologis 合併而成，成為全球最大的工業不動產公司，2022 年，它開始擴展非不動產業務 Essentials，為客戶提供太陽能、儲存系統、堆高機、發電機及其他物流設備。

配息預估值

會計年度	預估股利	預估年配息殖利率	低展望值	高展望值
2023 年 12 月	$3.48	3.16%	$3.48	$3.49
2024 年 12 月	$3.71	3.37%	$3.48	$3.83
2025 年 12 月	$3.95	3.59%	$3.48	$4.22

配息穩定性 A ｜ 配息成長性 A- ｜ 配息殖利率 D ｜ 配息持續性 A

作者說

根據稅法規定，不動產投資信託基金（REITs）每年至少要將其應課稅收入的 90% 以股利形式支付給股東。不動產投資信託基金中有一個行業一直表現良好，那就是工業不動產投資信託基金，而全球最大的物流空間運營商之一就是普洛斯。該公司表現良好的因素包括繁瑣法規造成的高進入門檻、電子商務的興起，以及接近零的空屋率。因此，當利率開始下降時，普洛斯很可能會大幅回升。

194　皇冠城堡公司 Crown Castle Inc.

配息概況

代號	CCI	配息率	246.49%	配息週期	季
年股利	$6.26	年配息殖利率	5.75%	連續配息上調	0 年
同產業配息殖利率	4.46%	最近配息支付日	24.03.29	平均填息日	10.7 日

企業概況

一家美國不動產投資信託基金及共享通訊基礎設施供應商，在美國所有主要市場擁有、經營及租賃 40,000 多座基地台及長約 128,747 公里的光纖路線，支援小型基地站及光纖解決方案。公司成立於 1994 年，總部位於德州休士頓，在全國擁有 100 個辦事處，該公司被《休士頓商業期刊》評為 2017 年最佳工作場所，並於 2019 年首次進如《財富》雜誌 500 強，總營收排名第 496 名。

配息預估值

會計年度	預估股利	預估年配息殖利率	低展望值	高展望值
2023 年 12 月	$6.26	6.03%	$6.26	$6.27
2024 年 12 月	$6.27	6.04%	$6.26	$6.43
2025 年 12 月	$6.30	6.06%	$6.26	$6.64

配息穩定性 D　｜　配息成長性 C　｜　配息殖利率 B-　｜　配息持續性 A-

作者說

　　皇冠城堡公司是一家位於德州休士頓的電信不動產投資信託基金公司，該公司最大的挑戰是電信業面臨的多重阻力，電信公司的過度競爭和成長限制，以及最近出現的鉛鞘電纜問題，都讓皇冠城堡公司的業績受損，而這些問題也延緩了更多蜂巢頻譜的部署，不動產投資信託基金五花八門，皇冠城堡公司似乎是最差的一種。

195 碧迪醫療有限公司 Becton, Dickinson and Company

配息概況

代號	BDX	配息率	26.48%	配息週期	季
年股利	$3.80	年配息殖利率	1.58%	連續配息上調	52 年
同產業配息殖利率	1.58%	最近配息支付日	24.03.29	平均填息日	6.4 日

企業概況

該公司為全球醫療保健提供者、醫生、生命科學研究人員、臨床實驗室、製藥業及大眾開發、製造及銷售醫療用品、儀器、實驗室設備及診斷產品。該公司也在某些地區提供諮詢及分析服務，在 2021 年《財富》500 強排名中名列第 177 名，公司成立於 1897 年，總部設在新澤西州富蘭克林湖。

配息預估值

會計年度	預估股利	預估年配息殖利率	低展望值	高展望值
2023 年 9 月	$3.81	1.63%	$3.40	$4.01
2024 年 9 月	$3.89	1.67%	$3.40	$4.05
2025 年 9 月	$4.12	1.76%	$4.00	$4.23

配息穩定性 A ｜ 配息成長性 B+ ｜ 配息殖利率 C ｜ 配息持續性 A+

作者說

提到醫療保健股，您是否會自動想到製藥公司？大多數人都會，但有些最重要的長期收益可能來自非製藥的醫療保健股，碧迪醫療就是這樣的一家公司，它從事各種醫療用品（針頭、針筒等）、設備、實驗室設備和診斷產品的開發、製造和銷售，供醫療保健機構、醫生、生命科學研究人員等使用，這些醫療設備和用品公司往往表現穩定，碧迪醫療也不例外，是這份股利王名單中的一員。

196 HCA 醫療保健公司 HCA Healthcare, Inc.

配息概況

代號	HCA	配息率	11.58%	配息週期	季
年股利	$2.64	年配息殖利率	0.86%	連續配息上調	4 年
同產業配息殖利率	1.58%	最近配息支付日	24.03.29	平均填息日	2.5 日

企業概況

該公司成立於 1968 年，是美國一家以營利為目的的醫療保健設施營運商，截至 2020 年 5 月，在美國 21 個州和英國擁有並經營 186 家醫院和手術中心，以及獨立的急診部、緊急護理中心和診所。在 2021 年《財富》500 強排行榜中，該公司以總營收排名第 62 名，它與 Harvard Pilgrim Institute 和美國疾病控制與預防中心（CDC）合作進行大規模臨床研究，並發表了多份醫學研究報告。

配息預估值

會計年度	預估股利	預估年配息殖利率	低展望值	高展望值
2023 年 12 月	$2.39	0.97%	$2.35	$2.40
2024 年 12 月	$2.50	1.01%	$2.31	$2.64
2025 年 12 月	$2.68	1.09%	$2.36	$2.90

配息穩定性 A ｜ 配息成長性 A- ｜ 配息殖利率 B- ｜ 配息持續性 F

作者說

HCA 醫療保健是美國最大的連鎖醫院之一，也是醫療照護產業的領導者之一。簡而言之，它提供醫療照護設施網路，讓病患可以前往接受例行照護、手術或急診。建立醫療照護設施網路需要大量的時間和金錢，因此作為一家成熟的公司有明顯的優勢，這足以讓 HCA 擁有經濟上的護城河，而人口老化及隨之而來的醫療支出增加，也將使他們受惠。

197 洲際交易所 Intercontinental Exchange, Inc.

配息概況

代號	ICE	配息率	27.28%	配息週期	季
年股利	$1.80	年配息殖利率	1.32%	連續配息上調	10 年
同產業配息殖利率	3.12%	最近配息支付日	24.03.29	平均填息日	7.4 日

企業概況

成立於 2000 年，總部位於喬治亞州亞特蘭大市，該公司經營全球金融交易所和票據交易所，並提供與抵押貸款相關的技術、數據和名單。在 S&P 500 和 Russell 1000 上市的該公司擁有金融和商品市場的交易所，並經營 12 個受監管的交易所和市場。

配息預估值

會計年度	預估股利	預估年配息殖利率	低展望值	高展望值
2023 年 12 月	$1.68	1.51%	$1.68	$1.70
2024 年 12 月	$1.79	1.61%	$1.64	$1.88
2025 年 12 月	$1.93	1.74%	$1.76	$2.06

配息穩定性 A ｜ 配息成長性 C+ ｜ 配息殖利率 D- ｜ 配息持續性 C+

作者說

洲際交易所以擁有紐約證券交易所而聞名，紐約證券交易所管理歐洲最大的證券交易所泛歐交易所（Euronext），以及廣受歡迎的商品交易所紐約交易委員會（New York Board of Trade）。這些交易所的收入來自交易和結算費用，2022 年，洲際交易所淨收入的 43% 來自結算和交易，其次是向平台商銷售交易數據的業務，不是任何人都能經營這樣的交易所，因此該公司自然擁有寬廣的護城河，收入會隨著市場波動和交易的增加而增加。

198 萬豪國際 Marriott International, Inc.

配息概況

代號	MAR	配息率	19.31%	配息週期	季
年股利	$2.08	年配息殖利率	0.86%	連續配息上調	1 年
同產業配息殖利率	-	最近配息支付日	24.03.29	平均填息日	2.5 日

企業概況

萬豪國際是一家美國跨國企業，在全球各地擁有、經營和銷售飯店、住宅和度假物業。按可用客房數計算，萬豪是全球最大的連鎖飯店。該公司成立於1927年，當時萬豪集團於1993年分拆為兩家公司：萬豪國際（Marriott International, Inc），負責特許經營和管理不動產、Host Marriott Corporation（現為 Host Hotels & Resorts），負責持有不動產。

配息預估值

會計年度	預估股利	預估年配息殖利率	低展望值	高展望值
2023 年 12 月	$1.93	0.94%	$1.84	$2.00
2024 年 12 月	$2.23	1.09%	$1.16	$2.93
2025 年 12 月	$2.70	1.31%	$2.08	$3.39

配息穩定性 C- ｜配息成長性 A ｜配息殖利率 D- ｜配息持續性 F

作者說

萬豪國際包括經典的豪華酒店品牌 JW Marriott、Ritz-Carlton 和 St. Regis；獨特的豪華酒店品牌 W Hotels、The Luxury Collection、Edition 和 Bvlgari；以及經典的高級酒店品牌 Marriott Hotels、Sheraton、Delta Hotels、Marriott Executive Apartments 和 Marriott Vacation Club。疫情一過，旅遊人數回升，公司營收顯著成長，有這麼多的酒店品牌，想不度假都難。與商務相關的住宿佔全球房間每晚的32%，尤其是隨著商務旅遊需求的回升而增加。

199 戴文能源 Devon Energy Corporation

配息概況

代號	DVN	配息率	53.94%	配息週期	季
年股利	$3.08	年配息殖利率	7.10%	連續配息上調	0 年
同產業配息殖利率	4.24%	最近配息支付日	24.03.29	平均填息日	8.3 日

企業概況

一家主要在美國勘探、開發和生產石油、天然瓦斯和天然瓦斯液體的能源公司，該公司成立於1971年，總部位於奧克拉荷馬州奧克拉荷馬市，該公司擁有約5,134口油井，在《財富》雜誌500強排名第520名。

配息預估值

會計年度	預估股利	預估年配息殖利率	低展望值	高展望值
2023 年 12 月	$0.75	1.65%	$0.54	$0.80
2024 年 12 月	$0.86	1.90%	$0.80	$0.96
2025 年 12 月	$3.16	6.96%	$2.64	$3.89

配息穩定性 B- | 配息成長性 A+ | 配息殖利率 C- | 配息持續性 B

作者說

它是一家以生產石油和天然氣為主的上游能源公司。近期股價的疲弱與油價高度相關，問題是，即使油價上漲，股價也沒有任何變化，它在衡量經濟衰退的可能性。而且由於它派發的是浮動配息，每當公司陷入困境時，它就會頻繁削減配息，換句話說，當公司陷入困境時，股東必須與它同甘共苦，老實說，有哪個投資人會喜歡這樣呢？

200　美國國際集團 American International Group, Inc.

配息概況

代號	AIG	配息率	17.34%	配息週期	季
年股利	$1.44	年配息殖利率	2.11%	連續配息上調	1 年
同產業配息殖利率	3.18%	最近配息支付日	24.03.28	平均填息日	1.4 日

企業概況

一家美國跨國金融和保險公司，業務遍及 80 多個國家和地區，它也是 AIG 女子高爾夫球公開賽的主辦單位。該公司於 1919 年在中國上海成立，並於 1939 年將總部遷往紐約，在 2018 年《財富》雜誌 500 強排名第 60 名。是 S&P 100 和 S&P 500 的成分股，2007 ～ 2008 年金融危機期間，美聯儲以 1,800 億美元救助該公司並取得控制權，2012 年 AIG 向美國政府償還了 2,050 億美元。

配息預估值

會計年度	預估股利	預估年配息殖利率	低展望值	高展望值
2023 年 12 月	$1.40	2.17%	$1.39	$1.40
2024 年 12 月	$1.54	2.38%	$1.47	$1.69
2025 年 12 月	$1.69	2.63%	$1.52	$2.00

配息穩定性 A-　｜配息成長性 C+　｜配息殖利率 D+　｜配息持續性 C-

作者說

　　AIG 是全球領先的保險公司，提供廣泛的財產及傷亡保險、人壽保險、退休方案及其他金融服務，並持續受惠於強勁的業績表現及保費成長，尤其是財產及傷亡保險業務。AIG 的財產及傷亡保險銷售額佔其總收入的 55%，除非發生像伊安颶風這樣的巨大自然災害，否則 AIG 似乎處於良好狀態。

201 旅行者保險公司 The Travelers Companies, Inc.

配息概況

代號	TRV	配息率	19.30%	配息週期	季
年股利	$4.00	年配息殖利率	1.82%	連續配息上調	19 年
同產業配息殖利率	3.18%	最近配息支付日	24.03.29	平均填息日	9.5 日

企業概況

該公司是美國領先的保險公司之一，是美國第二大商業財產，也是美國第六大個人保險承保人。公司成立於1853年，於2004年更名為現在的名稱。其總部位於紐約市，自2009年起成為道瓊斯工業平均指數的成份股，該公司的總收入為320億美元，在2021年《財富》500強名單中名列第98名。

配息預估值

會計年度	預估股利	預估年配息殖利率	低展望值	高展望值
2023 年 12 月	$3.91	2.28%	$3.67	$4.00
2024 年 12 月	$4.15	2.41%	$3.90	$4.40
2025 年 12 月	$4.46	2.59%	$3.99	$5.25

配息穩定性 A+ ｜ 配息成長性 B ｜ 配息殖利率 D+ ｜ 配息持續性 A

作者說

旅行者保險發表財報，由於美國部分地區遭受嚴重風災及冰雹暴雨，季度利潤下跌6%，暴風雨造成該保險公司的再保險淨損失由前一年的1.6億美元上升至5.35億美元。如果不是每年都發生自然災害，這家公司的股價也會有不錯的表現，我看不出有太大的下跌空間，但問題是美國有太多的颱風、颶風和野火。

202 赫斯公司 Hess Corporation

配息概況

代號	HES	配息率	14.0%	配息週期	季
年股利	$1.75	年配息殖利率	1.19%	連續配息上調	2 年
同產業配息殖利率	4.24%	最近配息支付日	24.03.29	平均填息日	14.0 日

企業概況

一家美國全球性獨立能源公司，從事原油、液化天然氣（NGL）和天然瓦斯的勘探、開發、生產、運輸和銷售。它是 Amerada Corporation 的母公司，Amerada Corporation 成立於 1919 年，在北美勘探石油，於 1968 年由 Hess Oil and Chemical 和 Amerada Petroleum 合併而成。該公司在 2016 年《財富》500 強排名中名列第 394 名。

配息預估值

會計年度	預估股利	預估年配息殖利率	低展望值	高展望值
2023 年 12 月	$1.76	1.22%	$1.75	$1.82
2024 年 12 月	$2.03	1.41%	$1.75	$2.49
2025 年 12 月	$2.48	1.72%	$1.76	$3.32

配息穩定性 - ｜配息成長性 - ｜配息殖利率 F ｜配息持續性 -

作者說

雪佛龍收購油氣生產商赫斯，赫斯在圭亞那和墨西哥灣擁有油田，雪佛龍也收購這些油田。雪佛龍似乎選擇衝突較少的地區作為石油供應地，而非中東，該交易仍在併購中糾纏，所以我在此只是淺談。

203 特靈科技公開有限公司 Trane Technologies plc

配息概況

代號	TT	配息率	29.46%	配息週期	季
年股利	$3.36	年配息殖利率	1.22%	連續配息上調	5 年
同產業配息殖利率	2.36%	最近配息支付日	24.03.29	平均填息日	1.5 日

企業概況

愛爾蘭的一家控股公司,專注於製造供暖、通風、空調和製冷系統。它成立於 1885 年。2008 年,空調製造商 Train 被工業工具製造商 Ingersoll Rand 收購,2020 年再次被收購,工具部門被分拆出來,剩下的公司更名為現在的名字。該公司在美國透過銷售辦事處、經銷商和代理商行銷和銷售其產品。

配息預估值

會計年度	預估股利	預估年配息殖利率	低展望值	高展望值
2023 年 12 月	$2.97	1.30%	$2.77	$3.13
2024 年 12 月	$3.15	1.38%	$2.91	$3.57
2025 年 12 月	$3.36	1.47%	$3.00	$3.94

配息穩定性 A+ | 配息成長性 A | 配息殖利率 C- | 配息持續性 A-

作者說

作為一家供暖、通風、空調和製冷產品公司,特靈科技公開有限公司擁有非常優異的成績。這是由於來自數據中心、高科技產業、教育、醫療保健、生命科學以及政府和工業部門的強大訂單。例如,資料中心是需要不同技術來控制溫度、濕度和空氣純度的專業空間。醫院和生命科學實驗室也是如此。唯一令人失望的是,由於今年消費疲弱,2023 年住宅冷凍的表現將較為疲弱,但我們預期 2024 年將有良好的成長,這將為商用和家用領域帶來額外收入。

204　M&T 銀行　M&T Bank Corporation

配息概況

代號	MTB	配息率	32.48%	配息週期	季
年股利	$5.20	年配息殖利率	3.79%	連續配息上調	1 年
同產業配息殖利率	3.18%	最近配息支付日	24.03.29	平均填息日	8.7 日

企業概況

成立於 1856 年，總部位於紐約州水牛城，是一家美國銀行控股公司。根據 2021 年的營收，它在《財富》雜誌 500 強排名第 519 名。自 1976 年以來，該銀行每個季度都有盈利，在 2007～2008 年金融危機期間也沒有降低配息，其子公司 Wilmington Trust 提供全球企業和機構服務、私人銀行、投資管理和信託服務。

配息預估值

會計年度	預估股利	預估年配息殖利率	低展望值	高展望值
2023 年 12 月	$5.22	3.47%	$4.80	$5.80
2024 年 12 月	$5.51	3.66%	$4.80	$6.60
2025 年 12 月	$5.72	3.80%	$5.64	$5.80

配息穩定性 B ｜ 配息成長性 C- ｜ 配息殖利率 B- ｜ 配息持續性 B+

作者說

M&T 銀行是一家總部位於紐約的地區性銀行，以資產計是美國第 19 名的銀行，該銀行因矽谷銀行破產而陷入困境，並於 2023 年 8 月遭穆迪調降評級。最近出現不良貸款，復甦可能需要一段時間。

205 公共服務企業集團有限公司 Public Service Enterprise Group Incorporat

配息概況

代號	PEG	配息率	59.36%	配息週期	季
年股利	$2.40	年配息殖利率	3.99%	連續配息上調	13 年
同產業配息殖利率	3.75%	最近配息支付日	24.03.29	平均填息日	11.9 日

企業概況

也稱為 PSEG，是一家多元化的能源公司，總部設在紐澤西州紐瓦克市，其基礎是成立於 1903 年的 Public Service Corporation，由紐澤西州的 400 多家瓦斯、電力和運輸公司組合而成，Public Service Enterprise Group（PSEG）則成立於 1985 年，負責管理 Public Service、Electric and Gas Company（PSE&G）。最大的子公司是新澤西州歷史最悠久的公共事業公司 Public Service Electric and Gas Company（PSE&G），其他子公司包括 PSE&G、PSEG Long Island 和 PSEG Power。

配息預估值

會計年度	預估股利	預估年配息殖利率	低展望值	高展望值
2023 年 12 月	$2.28	3.58%	$2.25	$2.31
2024 年 12 月	$2.41	3.78%	$2.36	$2.47
2025 年 12 月	$2.54	3.98%	$2.44	$2.65

配息穩定性 B+ ｜ 配息成長性 B+ ｜ 配息殖利率 C- ｜ 配息持續性 A

作者說

公共服務企業集團有限公司包括發電、輸電和配電，以及美國東北和大西洋中部地區的天然瓦斯配送，其電力來源從核能到太陽能和風能，與大多數公共事業的情況一樣，由於高利率降低配息的吸引力，公司股價長期低迷，然而公共服務企業的績效表現較佳。

206 永源能源 Eversource Energy

配息概況

代號	ES	配息率	60.55%	配息週期	季
年股利	$2.86	年配息殖利率	4.88%	連續配息上調	26 年
同產業配息殖利率	3.75%	最近配息支付日	24.03.29	平均填息日	9.8 日

企業概況

永源能源成立於 1966 年，總部位於康乃狄克州哈特福德市和麻薩諸塞州波士頓市，這家《財富》雜誌 500 強的能源公司為康涅狄格州、馬薩諸塞州和新罕布什爾州的約 400 萬用戶提供電力、天然瓦斯服務和供水服務，公司前身為 Northeast Utilities，於 2015 年 4 月改用現在名稱。

配息預估值

會計年度	預估股利	預估年配息殖利率	低展望值	高展望值
2023 年 12 月	$2.71	4.64%	$2.70	$2.86
2024 年 12 月	$2.87	4.90%	$2.78	$3.03
2025 年 12 月	$3.05	5.21%	$3.02	$3.20

配息穩定性 A- | 配息成長性 D+ | 配息殖利率 B | 配息持續性 A

作者說

永源能源是美國東北部的公共事業公司，也是全國少數提供水、瓦斯和電力等多種公共服務的公共事業公司之一。和幾乎所有公用事業公司一樣，它的股價最近也因為利率上漲而承受壓力。

207 羅斯百貨 Ross Stores, Inc.

配息概況

代號	ROST	配息率	20.70%	配息週期	季
年股利	$1.34	年配息殖利率	0.93%	連續配息上調	2 年
同產業配息殖利率	1.89%	最近配息支付日	24.03.29	平均填息日	16.6 日

企業概況

羅斯百貨擁有 Ross Dress for Less 和 dd's DISCOUNTS 兩個品牌,是美國的折扣百貨連鎖店,主要銷售服裝、配飾、鞋子、家居服等,主要對象為中產階級,它是美國最大的折扣零售商,截至 2022 年 9 月,在 40 個州、華盛頓和關島經營約 2,000 家商店,它成立於 1957 年,總部設在加州都柏林。

配息預估值

會計年度	預估股利	預估年配息殖利率	低展望值	高展望值
2023 年 1 月	$1.36	1.06%	$1.34	$1.47
2024 年 1 月	$1.50	1.17%	$1.34	$1.73
2025 年 1 月	$1.73	1.34%	$1.56	$2.04

配息穩定性 D ｜ 配息成長性 A ｜ 配息殖利率 D- ｜ 配息持續性 D-

作者說

羅斯百貨經營連鎖折扣零售服裝和家居飾品店,目標顧客為 25 ～ 54 歲中產家庭中注重價格的男性和女性,該公司的成功之道是以百貨公司價格的 20% 到 70% 銷售獨特的服裝和家居用品。他們也提供樸實無華的銷售展示(沒有裝飾或花俏的固定裝置)和他們以極低的折扣向供應商購買貨品,並在過程中為這些供應商清理大量庫存,成功的零售商顯然有與眾不同的因素。

208 威瑞斯克分析 Verisk Analytics, Inc.

配息概況

代號	VRSK	配息率	18.28%	配息週期	季
年股利	$1.36	年配息殖利率	0.55%	連續配息上調	4 年
同產業配息殖利率	1.37%	最近配息支付日	24.03.29	平均填息日	6.5 日

企業概況

成立於1971年，總部設在紐澤西州澤西城，它為政府、保險、天然資源、金融及風險管理等領域的客戶提供資料分析解決方案。它提供預測分析和決策支援，並在多個領域提供諮詢服務，包括承保、理賠、預防欺詐、經濟預測、保險承保、防火、災難和天氣風險，以及數據管理。

配息預估值

會計年度	預估股利	預估年配息殖利率	低展望值	高展望值
2023 年 12 月	$1.33	0.56%	$1.18	$1.36
2024 年 12 月	$1.49	0.63%	$1.40	$1.55
2025 年 12 月	$1.60	0.67%	$1.48	$1.72

配息穩定性 A+ ｜ 配息成長性 A ｜ 配息殖利率 D- ｜ 配息持續性 C

作者說

威瑞斯克分析是一家服務於保險業的風險評估和資料分析公司，利用人工智慧、機器學習和其他先進技術，快速分析大量記錄，提供分析和洞察力，協助客戶管理風險。那麼，這些分析有什麼意義呢？為了預測保險業所面臨的詐欺、極端天氣和災難，也就是說，威瑞斯克分析的業務就是為保險公司的利益服務。

209 額外空間儲存公司 Extra Space Storage Inc.

配息概況

代號	EXR	配息率	118.98%	配息週期	季
年股利	$6.48	年配息殖利率	4.58%	連續配息上調	0 年
同產業配息殖利率	4.46%	最近配息支付日	24.03.29	平均填息日	8.5 日

企業概況

一家投資於自助式倉儲設施的不動產投資信託基金,成立於 1977 年,總部位於猶他州的 Cottonwood Heights。該公司出租倉儲設施,包括氣候控制、開放式、儲物櫃、船舶儲存、房車儲存和商業儲存,是美國最大的自助式儲存物業管理公司,也是 2022 年美國第二大自助式儲存設備所有者。

配息預估值

會計年度	預估股利	預估年配息殖利率	低展望值	高展望值
2023 年 12 月	$6.44	5.02%	$5.96	$6.48
2024 年 12 月	$6.64	5.18%	$6.10	$7.13
2025 年 12 月	$6.92	5.39%	$6.30	$7.84

配息穩定性 B- ｜ 配息成長性 A ｜ 配息殖利率 C+ ｜ 配息持續性 C

作者說

額外空間儲存公司是一家自助式倉儲不動產投資信託基金,擁有和經營自助式倉儲設施。我們已經說了很多次,但面對高利率,不動產投資信託基金的吸引力已經大不如前,再加上最近人工智慧的蓬勃發展,使得成長型股票比價值型股票吸引更多人的注意,這就為不動產投資信託基金帶來麻煩。事實上,上述問題可能在幾年內就會解決,所以我的建議是以長期的眼光來看。

210　阿莫林 Ameren Corporation

配息概況

代號	AEE	配息率	54.78%	配息週期	季
年股利	$2.68	年配息殖利率	3.84%	連續配息上調	11 年
同產業配息殖利率	3.75%	最近配息支付日	24.03.29	平均填息日	1.9 日

企業概況

一家美國公共事業控股公司，透過四個部門營運：Ameren Missouri、Ameren Illinois Electric Distribution、Ameren Illinois Natural Gas 及 Ameren Transmission，該公司是多家電力公司和能源公司的控股公司。其總部位於聖路易斯，在密蘇里州中部和東部以及伊利諾伊州南部提供電力和天然瓦斯服務。

配息預估值

會計年度	預估股利	預估年配息殖利率	低展望值	高展望值
2023 年 12 月	$2.52	3.26%	$2.47	$2.53
2024 年 12 月	$2.69	3.48%	$2.62	$2.72
2025 年 12 月	$2.86	3.71%	$2.78	$2.89

配息穩定性 A- ｜ 配息成長性 C+ ｜ 配息殖利率 D+ ｜ 配息持續性 A-

作者說

阿莫林是一家成立於 1997 年 12 月的公用事業公司，為密蘇里州和伊利諾州的住宅、商業、工業和批發市場生產和分銷電力和天然瓦斯。該公司為約 240 萬電力客戶和 900 多萬天然瓦斯客戶提供服務，公共事業的特點是在市場艱困時往往表現優異，但就 2023 年來看言，強勁的市場和高利率導致股價不振。

211 馬丁瑪麗埃塔材料 Martin Marietta Materials, Inc.

配息概況

代號	MLM	配息率	12.51%	配息週期	季
年股利	$2.96	年配息殖利率	0.56%	連續配息上調	8 年
同產業配息殖利率	2.82%	最近配息支付日	24.03.29	平均填息日	6.4 日

企業概況

骨料和建築材料供應商,特別是用於道路、人行道和地基建設,它的前身是 Superior Stone,一家於 1939 年在北卡羅萊納州羅利市成立的骨料公司,目前在美國 26 個州、加拿大和加勒比海地區營運。1995 年,該公司與洛克希德公司(Lockheed Corporation)合併,成立洛克希德馬丁公司(Lockheed Martin),一年後再次分拆為獨立公司,洛克希德馬丁公司保留其航太、國防及其他製造業務。

配息預估值

會計年度	預估股利	預估年配息殖利率	低展望值	高展望值
2023 年 12 月	$2.78	0.60%	$2.64	$3.00
2024 年 12 月	$2.91	0.63%	$2.27	$3.50
2025 年 12 月	$2.99	0.65%	$2.00	$3.75

配息穩定性 A+ ｜ 配息成長性 A- ｜ 配息殖利率 F ｜ 配息持續性 A-

作者說

馬丁瑪麗埃塔是一家建築業建材供應商,近年來,隨著美國在政府 1 兆美元的龐大資助方案下,對交通基礎設施進行升級,美國核心市場對建築材料的需求也隨之增加,因此表現也相當不錯。該公司擔心較高的利率會造成不動產市場不景氣,但政府在基礎建設及其他專案上的支出卻讓人不那麼擔心。

212 達美樂披薩 Domino's Pizza, Inc.

配息概況

代號	DPZ	配息率	27.45%	配息週期	季
年股利	$4.84	年配息殖利率	1.16%	連續配息上調	11 年
同產業配息殖利率	1.89%	最近配息支付日	24.03.29	平均填息日	4.7 日

企業概況

成立於 1960 年，總部設在美國密西根州的安阿伯市，是一家跨國的披薩餐廳連鎖店，截至 2022 年 1 月，它在 90 個市場經營約 18,800 家餐廳，並於 2018 年入選「昆士蘭商業領袖名人堂」。

配息預估值

會計年度	預估股利	預估年配息殖利率	低展望值	高展望值
2023 年 12 月	$4.86	1.31%	$4.84	$4.98
2024 年 12 月	$5.33	1.43%	$4.80	$5.78
2025 年 12 月	$6.01	1.61%	$5.00	$6.65

配息穩定性 C ｜ 配息成長性 A+ ｜ 配息殖利率 D- ｜ 配息持續性 B-

作者說

達美樂披薩以領先的披薩外送公司而聞名，其他速食公司如 Chipotle 和麥當勞也加入了外送領域，形成競爭局面。不過，在最近與 Uber Eats 合作等措施的幫助下，大環境已經為該公司預備好，讓它儘快重拾昔日的榮耀。

213 雷多斯 Leidos Holdings, Inc.

配息概況

代號	LDOS	配息率	17.52%	配息週期	季
年股利	$1.52	年配息殖利率	1.23%	連續配息上調	1 年
同產業配息殖利率	1.37%	最近配息支付日	24.03.28	平均填息日	5.9 日

企業概況

也稱為科學應用國際公司（SAIC），是一家美國國防、航太、資訊科技和生物醫學研究公司，總部設在維吉尼亞州雷斯頓。2016 年，它與洛克希德馬丁公司的 IT 部門 Information Systems & Global Solutions（Lockheed Martin IS&GS）合併，成為國防工業最大的 IT 服務供應商，雷多斯與洛克希德馬丁的合併是迄今為止最大的國防領域整合。

配息預估值

會計年度	預估股利	預估年配息殖利率	低展望值	高展望值
2023 年 12 月	$1.47	1.39%	$1.46	$1.48
2024 年 12 月	$1.56	1.48%	$1.52	$1.60
2025 年 12 月	$1.68	1.60%	$1.61	$1.76

配息穩定性 B ｜ 配息成長性 B+ ｜ 配息殖利率 C ｜ 配息持續性 C+

作者說

雷多斯是一家總部位於美國的國防、航太與資訊科技公司，它在美國政府網路安全支出方面有很大的部分，可以將這檔國防類股視為五角大樓、美國政府和雷神公司之間的一個齒輪，長期而言看起來不錯，因為大多數國家一般都不會削減國防支出，鑑於美中衝突、以色列與哈瑪斯衝突及俄羅斯與烏克蘭戰爭，國防股市場永遠不會消亡。

◆◆◆

最後提醒大家，雖然大多數公司都是按照本書中列出的除息日支付股息，但除息日可能會因為盈利時間表或一個月的週數（如 4 週、5 週）變動而改變，因此必須檢查「每週配息股票」投資組合中個別公司的除息日，並留意股利存入的時間間隔。

公司的情況隨時都在變化，本書中 213 家公司的股利狀況、收益率和預測也是如此。很遺憾，平裝書的實體限制不允許我這樣做，但我希望這本書能為您提供建立股利投資組合所需的種子和養分，我衷心希望這本書能幫助您意識到配息股票的魅力，發現一些您不知道的優秀配息公司，並建立一個終生受益的投資組合。

高寶書版集團
gobooks.com.tw

RI 401
美股配息獲利法：持續買進3個月就能賺到股利，213檔高股息清單輕鬆選
매주 달러 받는 배당주 통장

作　　者	張佑碩장우석
譯　　者	李于珊
責任編輯	吳珮旻
封面設計	林政嘉
內頁排版	賴姵均
企　　劃	陳玟璇
版　　權	劉昱昕

發 行 人	朱凱蕾
出　　版	英屬維京群島商高寶國際有限公司台灣分公司
	Global Group Holdings, Ltd.
地　　址	台北市內湖區洲子街88號3樓
網　　址	gobooks.com.tw
電　　話	（02）27992788
電　　郵	readers@gobooks.com.tw（讀者服務部）
傳　　真	出版部（02）27990909　行銷部（02）27993088
郵政劃撥	19394552
戶　　名	英屬維京群島商高寶國際有限公司台灣分公司
發　　行	英屬維京群島商高寶國際有限公司台灣分公司
法律顧問	永然聯合法律事務所
初版日期	2025年05月

매주 달러 받는 배당주 통장
(Dividend stocks for receving dollars weekly)
Copyright © 2024 by 장우석 (Woo Seok Jang, 張佑碩)
All rights reserved.
Complex Chinese Copyright © 2025 by Global Group Holding. Ltd
Complex Chinese translation Copyright is arranged with PAGE2BOOKS
through Eric Yang Agency

國家圖書館出版品預行編目（CIP）資料

美股配息獲利法：持續買進3個月就能賺到股利,213檔高股息清單輕鬆選 / 張佑碩著；李于珊譯. -- 初版. -- 臺北市：英屬維京群島商高寶國際有限公司臺灣分公司, 2025.05
面；公分 .--（致富館；RI 401）

譯自：매주 달러 받는 배당주 통장

ISBN 978-626-402-231-6(平裝)

1.CST: 股票投資　2.CST: 投資技術　3.CST: 投資分析

563.53　　　　　　　　　　114003998

凡本著作任何圖片、文字及其他內容，
未經本公司同意授權者，
均不得擅自重製、仿製或以其他方法加以侵害，
如一經查獲，必定追究到底，絕不寬貸。
版權所有　翻印必究